湖南艺术职业学院 学生教育读本

主　编◎曹志超　韩云剑
副主编◎韩　超　邹　煜　许　敏
　　　　窦　骏　钱楚羊

中南大学出版社
www.csupress.com.cn
·长沙·

内容简介

　　本书围绕关爱大学生、服务大学生、引导大学生等主题展开论述，主要分为入学篇、安全篇、生活篇、学习篇、国防篇、实践篇、情感篇、交际篇、心理篇、制度篇、未来篇等11篇。本书系统阐述了大学教育的内容和要求，旨在提升大学生的人文素养。

湖南艺术职业学院
公众订阅号

湖南艺术职业
学院服务号

湖艺微学工

湖艺团小青

湖南艺术职业学院学生教育读本

编 委 会

主　审　　王章华　　周邦春

副主审　　杨向东

策　划　　周文清

主　编　　曹志超　　韩云剑

副主编　　韩　超　　邹　煜　　许　敏
　　　　　窦　骏　　钱楚羊

参加编写人员

　　　　　曹志超　　韩云剑　　韩　超
　　　　　邹　煜　　许　敏　　窦　骏
　　　　　钱楚羊　　张　华　　刘正伟
　　　　　罗改造　　杨　蕊　　梁春姣
　　　　　张　舸　　王曙光　　尹富洋
　　　　　张　达　　欧容妤　　田　川
　　　　　张　峰　　黄卉娟　　严　平

领导寄语

亲爱的同学们：

欢迎你们来到湖南艺术职业学院！

"不经一番寒彻骨，怎得梅花扑鼻香。"对刚刚步入大学校园的你们来说，这是你们第一次放下"应试"的重担，开始追逐自己的梦想；这是你们第一次离开家的港湾，开始独立的求学生活。我想告诉你们，不要害怕和担心，湖艺是你们的第二个家，她是如此的甜美而温馨！

大学是人生的一个重要阶段，它像一个梦工厂，编织着你的梦想，描绘着你的未来。当追求艺术的梦想翱翔于湖艺的天空，当奋斗之花盛开于湖艺的大地，你们的脸上会绽放出世界上最迷人的微笑。我想告诉你们，她是如此的迷人而神奇！

既然选择了远方，便只顾风雨兼程；既然选择了艺术，就勇敢地挥洒汗水；既然选择了湖南艺术职业学院，留给你们的就是无限的机会与自强的人生。艺术的敌人是不学无术，未来三五年，你可能卓尔不群，也可能平淡无奇。但我想告诉你们，"台上一分钟，台下十年功"！只要你不忘初心，努力奋斗，汗水定能换来成功的喜悦！

请诗意地书写你的艺术人生，你们终将属于远方！

祝你们成功！

党委副书记、校长：周邦春

2023 年 8 月

前言

　　大学是塑造人文精神、科学精神，培养高级专门人才，发展科学技术文化，促进现代化建设的阵地。大学是教育、学习、研究及传承和创造文化的圣地，与知识、文化、文明、正义、真理共存。尊重教育规律和学生身心发展规律，为学生提供良好的生活与学习环境，促进每一个学生健康、全面地发展，是大学一切工作的出发点和落脚点。把大学生培养成"人"，培养成"才"，既是育人的根本要求，也是历史赋予大学的使命与责任。

　　进入大学之后，同学们对大学的一切还很陌生，如何尽快地适应大学的学习与生活、找准自己的定位，是每一个学生都需要认真思考的问题。大学的学习与生活跟初中、高中相比有很多的不同之处，这就意味着同学们必须从各个方面做相应的改变，去掌握新的学习方法，调整新的人际关系，处理好学习、生活和个人发展所面临的各种各样的问题。根据党的二十大精神，结合职业教育的特点和要求，为了对学生进行价值引导、精神引领，促进学生形成正确的世界观、人生观、价值观，将学生塑造成合格的社会主义建设者和接班人，为了能够使同学们尽快地投入大学的学习和生活中，尽快地适应大学的校园管理制度，又快又好地完成角色转变，我们编写了《湖南艺术职业学院学生教育读本》一书。

　　本书围绕关爱大学生、服务大学生、引导大学生这个主题，其主要内容分为入学篇、安全篇、生活篇、学习篇、国防篇、实践篇、情感篇、交际篇、心理篇、制度篇、未来篇等 11 个方面，系统阐述了大学生认知教育的内容和要求，旨在通过学习大学学习生活过程中应知应会的常识，进一步提升同学们的人文素养，为将来立足社会打下深厚的根基。

当然，我们也深知，同学们面对的是从高中进入大学这样一个人生中的重大转折点，加之正处于人生的第二次"断奶期"，同学们要独自面对环境的巨变，接受"风暴"的洗礼，不难想象此阶段中问题的多样性和复杂性。本书不可能涉及同学们面临的全部问题，但我们希望本书能够为同学们顺利度过有意义的大学生活勾勒出一个轮廓，充当"参谋"，使同学们未雨绸缪，最大限度地缩短"预热期"，少走弯路，减少成长的代价。希望当同学们在适应和融入大学生活的过程中出现某些问题和疑惑时，能够从本书中获得启迪，理清方向。

本书由王章华、周邦春担任主审，杨向东担任副主审，周文清担任策划，由曹志超、韩云剑担任主编，由韩超、邹煜、许敏、窦骏、钱楚羊担任副主编。

参与本书编写的人员还有张华、刘正伟、罗改造、杨蕊、梁春姣、张舸、王曙光、尹富洋、张达、欧容好、田川、张嵴、黄卉娟、严平等。

编者水平有限，书中难免有疏漏之处，敬请读者指正。衷心地盼望同学们好好珍惜大学生活的每一天，早日实现心中的梦想。

编 者

2023 年 8 月

目录

第一章　入学篇

　　年轻的你，犹如停泊于青春港口的一叶小舟，第一次扬起了信念的风帆，载着希望的梦幻，驶向这片崭新的、辽阔的海洋——湖南艺术职业学院。当那封红色的大学录取通知书寄到手中的时候，你的人生轨迹已经开始转向。

　　第一次独自排队买票，第一次独自早起赶车，第一次独自坐车奔波，第一次远离温暖的家和父母……带着新鲜与好奇，来到了要独立生活、学习、交友、奋斗的学校，一切都是那么的梦幻与神秘。可是，你真的准备好入学了吗？

第一节　学校概况——梦想开始的地方

一、学校简介

　　湖南艺术职业学院是湖南省唯一的公办综合类艺术高等职业院校。学校的前身是 1923 年创立的湖南私立华中高级艺术职业学校（简称"华中艺专"或"华中高艺"，曾培养了周令钊、陈国钊、李昌鄂、王正德、刘迪耕、李立、欧阳笃才、陈白一、易图境、谢凯等一大批杰出人才）。1951 年，"华中艺专"更名改制为湖南省艺术学校，先后经历了湖南省戏曲学校、湖南艺术学院附属戏曲学校、湖南省戏曲艺术学校、湖南省戏剧学校、湖南省艺术学校等发展阶段。2002 年，湖南省艺术学校与 1979 年成立的湖南省电影学校合并升格为湖南艺术职业学院。2018 年，湖南艺术职业学院南、北校区整体搬迁至新校区，新校区坐落在国家级生态湿地公园松雅湖东岸，总占地面积 380 亩，总建筑面积 26 万平方米，校园硬件设施完善，校园环境典雅别致。

　　学校是湖南省示范性高等职业学院、湖南省文明高等学校、全国基层文化队伍培训基地、全国文化干部培训基地、全国非遗传承人群研培基地，先后荣获全国文化工作先进集体、全国学校艺术教育先进单位、湖南省职业教育先进单位等荣誉称号。

学校坚持艺术为本，始终围绕立德树人根本任务，秉持"德艺双馨，敢为人先"的校训和"围绕舞台，造就人才；立足文旅，服务社会"的办学理念，不断探索校企合作的道路，加强产、学、研融合，拓展职业教育的新理念、新视野，大力弘扬文艺"工匠精神"，积淀了深厚的人文艺术底蕴，形成了鲜明的办学特色，培养了一大批高素质、多样化的文化艺术人才。学校现有5万余名校友、数十位"文华奖""梅花奖"获得者活跃在国内外文化艺术领域，创造了一个又一个艺术表演、艺术教育、艺术创作的辉煌，为湖南乃至全国文艺事业繁荣和经济社会发展做出了重要贡献。其中，中华人民共和国成立后，聂南溪、黄铁山、朱辉、龚谷音、左大玢、张也、雷佳、王丽达、瞿颖、沈伟、吴军、周浩、甘萍、刘赛、万茜等蜚声海内外的艺术名家，都是从这里走向全国、走向世界的，学校被誉为"文艺湘军的摇篮"。

学校现设有戏剧、音乐、舞蹈、数字产业、设计艺术、文化旅游6个专业学院和马克思主义学院、公共教学部、体育部、湖南省艺术学校（中专部）等教学机构；共开设31个专业，构建了以表演艺术专业群为核心，以舞台艺术设计专业群、广播影视专业群、文化旅游专业群为支撑的四大特色专业集群，是湖南省高水平专业群建设项目单位。

学校立足湖南，面向全国招生，在高职招生的同时，招录五年制、六年制中专学生进行长期艺术培养教育。现有全日制在校生7000余人；专任教师389人，正高职称32人、副高职称109人，多人享受国务院特殊津贴，多人入选教育部课程思政教学名师和教学团队、文化部优秀专家、文化和旅游部百名优秀戏曲专业教师，多人入选湖南省"121人才工程"、湖南省文艺人才扶持"三百工程"，多人被评为省级教学名师、湖南省文旅行业标兵等。同时，学校聘请了一大批国内外艺术名家来校任教授艺，师资队伍水平不断提升。

新时代，新征程。在湖南省委、省政府的大力支持下，学校将以建设高水平专业群为契机，以建设职业本科大学为目标，以更加开放的办学理念，创新人才培养机制，提高人才培养质量，推进文化传承发展，服务全省"三高四新"战略定位与使命任务，将学校建设成为新时代文化艺术领域高技能人才的摇篮、以戏曲为代表的非遗传承保护基地、湖湘文化研学旅游基地、全国文旅干部和湖湘文旅能人培训基地、高水平文艺作品创作推广基地，为新时代文化艺术职业教育高质量发展提供湖艺样板，成为具有湖湘特色的全国文化艺术行业高水平示范院校。

二、学校的标识

1. 学校名称

学校全名为"湖南艺术职业学院",简称"湖艺",英文译名为 Hunan Vocational College of Art,学校网址为 http:/www. arthn. com。

2. 学校校标

学校的新标识由我校设计艺术学院的何进教授于 2018 年完成设计,核心图形是篆书"湘"字(湖南简称)和甲骨文"艺"字,亦图亦文,如印章。汉字能突出我国的文化精髓,充分体现湖湘文化,表现了湖湘文化的博大精深和源远流长。整体标识由核心图形和学校的中文名、英文名构成。学校的中文名由湖南省书法家协会主席鄢福初同志书写。

标识字体(湖南艺术职业学院)

3. 学校的人才培养理念

学校的人才培养理念是"围绕舞台、造就人才,依托文化、面向市场";学校的校训是"德艺双馨,敢为人先";学校的校园文化精神是"尚美、崇德、博学、精艺"。

4. 学校的地址及面积

学校位于湖南省长沙县星沙街道特立东路 719 号,占地面积 380 亩,建筑总面积 20 余万平方米,可容纳 12000 余名师生学习、生活和工作。

三、学校的机构设置

学校目前的机构设置主要可分为四大类,一是党政管理机构,二是教学机构,三是教辅机构,四是产业机构。同时,学校根据工作需要,还适时地设置有临时的工作机构。

(一)党政管理机构

1. 党政办公室(宣传统战部)

2. 组织人事部

3. 发展规划处

4. 学生工作部(校团委、武装部)

5. 教务处(实训处)

6. 科研处

7. 计划财务处

8. 保卫部

9. 总务基建处

10. 招生就业与创新创业指导处

11. 纪检监察处

12. 工会(离退休人员管理办公室)

(二)教学机构

1. 马克思主义学院

2. 公共教学部

3. 体育部

4. 戏剧学院

5. 音乐学院

6. 舞蹈学院

7. 设计艺术学院

8. 数字产业学院

9. 文化旅游学院

10. 湖南省艺术学校(中专部)

(三)教辅机构

1. 三馆中心(信息技术中心)

2. 质量评估中心

3. 艺术培训部

(四)产业机构

湖南省星河演出公司(含交响乐团、民乐团、合唱团)

四、学校各二级学院的专业设置

(一) 戏剧学院

1. 高职：戏曲表演 (表演、器乐方向)；音乐剧表演；影视戏剧表演
2. 中职：戏曲表演 (表演、器乐方向)；音乐剧表演；影视戏剧表演

(二) 音乐学院

1. 高职：音乐表演 (声乐、器乐方向)；计算机音乐制作；钢琴调律
2. 中职：音乐表演 (声乐、器乐方向)

(三) 舞蹈学院

1. 高职：舞蹈表演；舞蹈表演 (国标方向)
2. 中职：舞蹈表演；舞蹈表演 (国标方向)

(四) 设计艺术学院

1. 高职：产品艺术设计；人物形象设计 (服装、化妆方向)；环境艺术设计 (室内、景观方向)；数字媒体艺术设计；舞台艺术设计与制作；影视照明技术与艺术；广告设计与制作 (UI、平面方向)
2. 中职：环境艺术设计

(五) 数字产业学院

高职：摄影摄像技术；影视编导；影视动画；新闻采编与制作；广播影视节目制作；广播影视节目制作 (栏目包装、剪辑调色方向)；影视多媒体技术 (影视合成方向)；播音与主持

(六) 文化旅游学院

高职：酒店管理；酒店管理 (国际海乘方向)；空中乘务；文化市场经营管理 (演艺策划方向)；文物修复与保护；公共文化服务与管理 (艺术启蒙方向)

第二节　认识——关于大学的种种

儒家经典《大学》中有一句话："大学之道，在明明德，在亲民，在止于至善"。它提出，"大学"的规律、宗旨就在于弘扬人性中光明正大的品德，使人达到最完善的境界，再推己及人，使人人都能去除污秽而自新，精益求精，达到最完善的境界并且保持不变。

步入大学校园，首先必须了解大学的意义，认识大学的内涵和精神，并认真地问自己"大学生是什么"，这是一名大学生在开始大学生活时必须回答的问题。

一、大学是什么

所谓大学，是高等教育的学府之一，即提供教学和研究条件的高等教育机构。不过这种定义过于简单，大学其实还是人生梦想起飞的地方。

【案例直播】

高考结束后，小李长吁了一口气，毕业狂欢后，他开始憧憬未来的大学生活：自由地上课、游玩、谈恋爱……每次想到这些，他都十分激动。可是，在听了正在上大学的表哥的描述后，小李发现表哥嘴里的"大学"和自己想象中的"大学"完全不一样，他不禁纳闷了：大学究竟是什么样的呢？

【温馨提示】

经历了长达十多年基础教育的学业长跑，高三学子们终于踏上了开往大学的"班车"。一直以来，大学都被家长和亲友描述为自由和轻松的"乐土"。不过，对大学生活的向往与猜测却使得一部分新生认不清大学到底是什么。那么，大学究竟是什么呢？

(1)大学是独立的起点。虽然对于有些早已习惯独立生活的学生而言这种说法未必科学，但对大多数在大学门口张望的年轻面孔来说，大学是第一个要求你完全独立的地方。

进入大学，终于放下了高考的重担，第一次开始追逐自己的理想、兴趣。

大一新生第一次离开家庭生活，第一次独立参与团体和社会生活。这时你不再单纯地学习或背诵书本上的理论知识，第一次有机会在学习理论的同时亲身实践；第一次不再由父母安排生活和学习中的一切，而是有足够的自由处置生活和学习中遇到的各类问题，支配所有属于自己的时间。换言之，独立是大学最好的代名词。

（2）大学是人生的关键阶段。李开复曾说，大学是人生的关键阶段。这是因为，这是你一生中最后一次有机会系统地接受教育。这是你最后一次能够全新地建立你的知识基础。这可能是你最后一个可以将大段时间用于学习的人生阶段，也可能是最后一个可以拥有较高的可塑性、集中精力充实自我的成长历程。这也许是你最后一次能在相对宽容的、可以置身其中学习为人处世之道的理想环境。

所谓学习，是指自由探索、自我思索的过程，考试和分数都只是对学习肤浅的标注。而大学这段宁静的时光，正是自由学习、充实自我的宝贵时机。在这里，你可以潜心钻研专业，博览文学名著，顺便再拾起一直梦寐以求的业余爱好。

（3）大学是智慧的象征，是探求知识、追求真理的地方。这里崇尚自由、科学、民主的精神，这里充溢着智慧的灵性与光芒。大学是实现我们理想的工厂，更是酝酿崭新人生的作坊。她将滋养我们的思想与人格，激荡我们的灵魂与心智，孕育我们新的精神与智慧。大学是一个缩小的世界，她将教会我们如何面对人生中的成功与失败，她无穷的能量会助推我们实现青春飞扬的愿望。

（4）大学是精神的家园，是不断丰富头脑、提高素质的地方。这里有着其他地方无可比拟的人文与科学资源：睿智博学的专家学者、精悍高效的管理队伍、生动活泼的学生群体、勤奋好学的同窗学友、形式多样的学术交流、五彩缤纷的课余生活、先进尖端的科研设备和丰富充裕的文献资料……这里有我们取之不尽、用之不竭的宝藏。我们可以充分利用这些资源，不断地充实自己、锻炼自己、完善自己，全面提升自己的素质。

（5）大学是人生成才、成就事业的新起点。从某种程度上说，大学是人生最重要的转折点。她一方面整合了我们过去的知识与经验，另一方面又传授给我们挑战未来的方法与技能。学习、工作、生活、社交等方面都需要从这里进行摸索、思考、实践。在这里，我们将学会理解与宽容，培养海纳百川的豪迈气度；学会高雅与文明，培养健康向上的人格魅力；学会思考与探索，培养个人的兴趣和求知欲。所以说，大学是自主成长的地方。将来想要成为什么样的人、过怎样的生活，就决定于大学里的选择与追求。

二、高职是什么

高等职业技术教育(简称"高职教育")，就是在高等教育框架下强调职业导向的大学教育。它既是高等教育，又是职业技术教育，是职业技术教育的高等阶段。

高等职业教育是国民教育体系中高等教育的一种类型和层次，是和高等本科教育不同类型、不同层次的高等教育。和本科教育强调学科性不同，它按照职业分类，根据一定职业岗位实际业务活动范围的要求，培养第一线实用性(技术应用性或职业性)人才。高等职业教育主要可以使求学者获得某一特定职业或职业群所需的实际能力(包括技能和知识等)，提供通向某一职业的道路。这种教育更强调对职业的针对性和职业技能能力培养，是以社会人才市场需求为导向的就业教育。层次上的"高等性"和类型上的"职业性"是高职教育的基本特征。

【案例直播】

据【财新网】报道：腾讯-麦可思调查显示，2013届大学毕业生10月签约薪资较上届同期有所增长，高职高专毕业生的签约薪资涨幅高于本科生和硕士生。调查数据显示，2013届高职高专毕业生签约薪资涨幅达9%；本科涨幅为6%；硕士与上届同期基本持平。

国家统计局呼和浩特调查队日前对首府人才市场的调查资料显示：2013年，高职毕业生有着比较高的就业率，达90%左右，超过了本科毕业生。某些行业和某些专业的高职学生在大一大二的时候就通过"订单式"的培养，使就业率达到了100%。国家统计局于2013年组织专题调研，实地走访了部分本科、高职院校，与就业指导部门负责人和部分大学毕业生就当前的就业形势与就业方向开展座谈、交流，并和当地人事局、教育局、劳动局等部门有关专家进行了深入探讨。调查中，向应届毕业生发放了无记名调查问卷。就目前调查的情况看，发现高职层次毕业生的整体就业情况要明显好于本科毕业生。

【温馨提示】

职业型和技能型是高职人才的显著特点，高职教育既不是"复制"普通高等教育，更不是普通高等教育的压缩版。高职教育具有实用性、职业性、超前性等重要属性，职业性是其本质属性，具有准确的职业定向和职业特征的高职教育凸显着强大的生命力。随着中国工业化进程的加快、产业结构的调整和技术设备的不断更新换代，企业对技术工人的要求越来越高，对熟练掌握高精尖设备操作技术、具有技术革新和创造力的高级技能人才的需求量越来越大。在"中国制造"横扫全球和产业升级的今天，更加需要大量的生产、建设、管理、服务第一线的高素质技能型专门人才，这给高职学生带来了更加广阔的就业空间和前景。

提升职业教育在整个教育体系中的地位、振兴职业教育逐渐成为社会的共识。尤其是在近两年国家政策大力扶持和企业用工极度短缺的形势下，职业教育的发展面临前所未有的机遇。如今，高职教育已迅猛发展成为中国高等教育的"半壁江山"。1995 年深圳职业技术学院的创办，标志着中国高等职业教育的起步。二十多年来，我国把职业教育作为社会经济发展的重要基础和教育工作的战略重点，出台了一系列政策措施，使我国高等职业教育实现了跨越式的发展。1998 年，国家首批高等职业院校仅有 14 所，到目前为止，独立设置的高等职业院校已经超过 1200 所，占全国高校总数的 70%，高职在校生人数超过 1300 万。

未来，中国企业对就业者的职业资格和学历层次的要求将越来越严格。既有"学历文凭"又有"职业资格证书"的高职学生恰恰能满足这一需求，市场需求将逐渐成为中国高等职业教育发展的根本动力。

三、大学学什么

原香港中文大学校长金耀基先生说过：大学生在大学里，实际上是学四种东西，一是学怎样读书；二是学怎样做事；三是学怎样与人相处；四是学怎样做人。寥寥数语，道出了大学生学习的真谛。

【案例直播】

> 开复老师：就要毕业了，回头看自己所谓的大学生活，我想哭，不是因为离别，而是因为什么都没学到。我不知道，简历该怎么写，若是以往我会让它空白。最大的收获也许是对什么都没有的忍耐和适应。
>
> 上面是某大学生写给李开复的一封信，这封信道出了不少毕业学生的心声。大学期间，有许多学生放纵自己、虚度光阴，还有许多学生始终找不到正确的学习方向。当他们收到第一封来自应聘企业的婉拒信时，这些学生才惊讶地发现，自己的前途是那么渺茫，一切努力似乎都为时已晚。

【温馨提示】

爱因斯坦说过："学校的目标始终应当是，青年人在离开学校时，是作为一个和谐的人，而不是作为一个专家。"具体来说，大学生应该从以下五个方面提高自己。

(1)学会做人。古人云，修身，齐家，治国，平天下。修身是一切理想实现的前提，而人格知识是大学时代最重要的知识。在许多大师身上，卓越的学识与人格的魅力相得益彰，大学生们能在大学时代接触一批德识双馨的好老师，从他们身上接受和学习到的人格知识将影响其一生。不管以后从事何种职业，一个具有高尚的内心和行为的人，他的工作业绩一定能映照出他人格的伟岸与光辉，也更能显示出他工作的意义。只要这样的"他"越来越多，这个社会就会越来越进步。

(2)学会做事。大学是人生难得的自我提高的场所，大学生尤其是大学新生应该充分认识到这一点，在职业发展和人生规划目标的指导下充分利用大学这段宝贵的时间和难得的环境，多做事，学会做事，培养和储备自己的职业能力，为将来拓展自己的职业选择面和职业发展空间打下坚实的基础。因为职业能力是顺利完成某种职业活动所必须具备的素质和技能。能力高的人适应面广，能胜任的工作也就相对多些。

(3)学会学习。人们经常将大学称为"知识的殿堂"。专业知识不仅是大学时代需要掌握的重点之一，而且在毕业离校后的求职阶段占据重要地位。很多刚走出校门的同学会觉得"我没有经验，但我有能力"。能力体现在哪里？

能力其实不单纯是适应能力，还有专业知识能力。只是有些职业对专业知识要求得少一些，有些多一些而已。尤其是工科、经济等专业性很强的岗位，对这方面的要求更严格。因此，在找工作的时候，首先要明白自己所找的这份工作对专业性知识有多高的要求，自己是否符合要求。调查研究显示，不管是毕业生还是用人单位都认为，对能否胜任工作影响最大的因素是专业知识和技术能力的高低。表达能力、人际交往能力、健康状况和科学思维能力等因素相对要靠后一些。

(4)学会相处。常言道：独学而无友，则孤陋而寡闻。良好的人际关系可以使一个人在温馨的环境中愉快地学习和生活，它是评价大学生心理健康的重要方面。心理学研究告诉我们，一个人要健康地成长，要与他人交往，尤其是与异性交往，要在交往中更好地认识自己和他人。所以，无论是学习知识还是人际交往，都要有意识地学习和实践。第一，要调整自己的认知，树立交往的自信心。对交往妨碍最大的，莫过于自卑和自傲。自卑的人在交往中虽有良好的愿望，但总是怕别人轻视和拒绝自己，因而对自己没有信心，很想得到别人的肯定，又常常很敏感地把别人的不快归因于自己的不当。有自卑感的人往往过分地自尊，为了保护自己，常表现得非常强硬，难以让人接近，在人际交往的过程中变得格格不入。所以，要克服自卑心理，首先要敢于正视自己的不足。了解一下同学们到底是怎么看自己的、别人和自己的想法有没有差距、原因在里，既不要贬低、否定自己，也不要脱离自身实际、事事要强。

第二，要了解交往的技巧。可以阅读有关交往技巧的书籍，向身边交往自如的同学请教，并多与同学接触。

第三，保持一颗平常心，不要对自己提出过高的要求，可以设立一些较为现实、具体的目标，例如：能多说几句话、能正常表达自己的想法，不断地使自己得到鼓励；锻炼自己的心理承受能力，不要因为一次不顺利而消沉，或因自己某一句话的过失而全盘否定自己。

大学的教育就是一种人文的教育。人文教育就是做人的教育，大学教育就是要为年轻人建立一个精神故乡，使他们以后在瞬息万变的世界上闯荡时，有一个心灵的家园。

四、大学与中学

中学与大学是不同的人生阶段，在不同的舞台上，大学新生应该懂得如何扮演相应的角色。下面来了解一下大学与中学的区别，以便新生在进入大学时能尽快地适应。

【案例直播】

　　进入大学后，新生刘某忽然感到不适应。习惯了中学生活的他发现大学生活根本不像高中的时候，老师可以随时出现在身边，不需要和同学们朝夕相处，生活安排、学习安排都要靠自己……种种变化，让刘某感觉到了大学与中学的不同。

【温馨提示】

大学生活与中学的不同主要体现在以下几个方面：

（1）生活方式。中学生一般住在家里，拥有独立的生活空间，起居由父母安排，除学习外凡事不用操心。大学生过集体生活，住宿舍，吃食堂，凡事自己处理。

（2）生活范围。中学生活的领域较窄，基本上从家门到校门，学习几乎成了唯一的内容，课余时间少，校园生活单一。大学生活领域拓宽，学习不再是唯一的任务，校园文化活动丰富多彩，让人目不暇接。

（3）学习任务。中学生的学习任务是学习各学科的基础知识。大学是培养专业人才的场所，大学生要学习基础知识，又要掌握专业技能，学习内容多、任务重、范围广、要求高。

（4）学习方法。中学生上课多、自习少，学生巩固知识的方式靠做题，依赖课堂上各个教学环节。老师安排得很具体，督促检查严格，学生对老师依赖多。大学生上课少、自习多，巩固知识靠学生自己复习、钻研、查资料，要求学生独立思考、融会贯通、举一反三。

（5）人际关系。中学的人际关系比较单一，交往对象主是同窗好友、家人。班主任天天与学生见面，饥饱冷暖、学习成长样样关心，家人体贴入微、关怀备至。中学生依赖性较强，不善交际，有父母的照顾和学习的压力，对友谊的渴望不那么强烈。大学生的交往环境复杂，人际关系不以个人的好恶而定，必须学会与不同的人建立和保持和谐的关系。班级同学来自天南地北，习惯和个性可能各不相同，令人难以适应。师生关系也不像中学时那么亲密，有时甚至几天见不到辅导员。大学生远离父母，难诉衷肠，交往场所扩大到学习、生活、娱乐等方面。进入大学，新的伙伴、新的环境，要求大学生独立地、主动地与各种同学交往，社会化要求高，对友谊的渴望强烈，但由于交往技巧的缺乏，有时会发生人际冲突。

(7)教学管理。中学在固定的教室上课。大学实行学分制，必须修完课程学分和辅助学分才能毕业，上课没有固定的教室。

(8)管理方法。在中学时代，学校、老师对学生采取直接管理，事事由老师安排。大学更多地强调学生的自我管理、自我教育、自我服务，各项事务由学生干部布置，活动由学生自己组织。

中学时，老师总说大学是自由的天堂，进入了大学就如同打开了未来的大门。进入大学，你会发现自由是相对的，而大门可能是紧闭的。

第三节　了解——适应全新环境

对于一个大学新生来说，离开熟悉的环境，离开有着深厚感情的老师和同学，离开疼爱自己的父母，进入一个全新的环境，如何尽快适应环境是一个很重要的问题。

一、地理环境

新生进入大学后，能否迅速地了解和熟悉校园环境，决定了大学新生能否在这个环境中自如地生活和学习。

【案例直播】

大一新生王某以优异的成绩被湖南某高校录取，有过独立旅行经验的他，没有让父母陪同，独自一人报到入学。一切安排妥当后，王某抱着旅游的心态，开始了解学校周边的环境，过了半天的时间，他就掌握了学校周边的地理信息。在后来的新生聚会时，王某利用自己搜集的校园信息，找到了一家既美味又实惠的餐厅，此举受到了同学们的赞扬。

【温馨提示】

大学新生入学后，首先要尽快熟悉校园的"地形"。有的新生在入校一安排好行李后，就马上到校园的各处熟悉情况，例如，教室、图书馆、商店、邮局在什么地方；实验室、复印店、图书馆的开放时间和使用方法；食堂什么时候开饭，如何购买水、电，甚至学校有几个门……这样，在办理各种手续、解决各种问题的时候就会比别人更顺利、更节省时间。

其次，要多向高年级的同学请教。直接向高年级的同学请教是熟悉校园环境的一个快捷的方法。一般来说，高年级的同学都比较愿意把他们的经验传授给新生，以帮助新生尽快适应校园生活、少走弯路。另外，向自己的同乡请教学校的情况也是不错的选择。

最后，在班级里担任一定的职务，也能帮助自己尽快地适应校园生活。对环境适应快的大学新生，很快就可以成为班级中的核心人物，并担负起一定的班级工作。与老师、同学接触得越多，掌握的信息越多，锻炼的机会也越多，能力提高得越快，自信心也就逐渐建立起来了。

大学新生除了要熟悉校园环境，还应该主动接触社会环境，了解学校所在城市的情况。在三年的大学生活里，大学生不可能只待在校园里，难免会有这样那样的事情，需要走出校门，这就需要对学校所处的城市有大致的了解，如学校处在城市的哪个位置，出门时该坐哪几路公交车，城市的名胜古迹有几处，该怎么走等等。把自己关在校园里面埋头读书，对外面的社会不闻不问，是永远不会适应社会环境的。勇敢地走出"象牙塔"，到校园外面的世界看一看，不逃避现实，也不做无根据的幻想，有目的地进行一些有益的社会实践活动，可以给自己树立一个正确的定位。

此外，要了解大学里与学生关系比较密切的部门，这对于大学新生来说也是非常重要的。一般需要了解清楚的学校部门如下：

(1)教务处。教务处是学校的教学管理机构，主管各二级学院的教学任务、目标、进度及计划，学生的学籍、学习要求、目标、计划及考试等教与学各方面的事务。

(2)学生工作部。学生工作部(简称"学工部")是主要负责学生事务的工作机构，是在学校党委和行政领导下开展大学生思想政治教育的职能部门。学工部根据教育行政部门和学校党委、行政关于学生工的指导思想和原则，创造性地开展工作，包括学生资助、大学生心理健康教育和心理咨询等工作。

(3)招生就业指导处(也称"就业指导服务中心")。招生就业指导处主要负责学校的招生工作,为毕业生提供就业指导与服务,还负责毕业生升入高一层次学校深造等事宜。

(4)保卫部。保卫部是维护校园良好秩序的职能部门,其主要任务是负责校园内的安全、保密、消防、交通、警卫、巡逻、治安、综合治理、外来人口登记等方面的工作。

(5)学校团委。学校团委负责学校的共青团工作,在校党委、上级团组织的领导下,围绕学校的中心工作,结合共青团工作自身的特点,开展生动活泼的思想政治教育工作,具体指导学生会和社团联合会的工作。

(6)各二级学院。各二级学院负责具体的教学计划工作的实施,下面分设各专业教研室、学生工作办公室等,具体负责学生的日常管理和服务。

(7)图书馆。图书馆是大学的标志之一,是学校重要的教学、教研服务机构。进入大学之后,图书馆是每个大学生必须去的地方,因为求知是每个大学生上大学的重要任务,只靠课堂教学是远远不够的。

(8)后勤服务中心。学校后勤务中心主要是为师生员工生活提供服务的部门。

(9)大学生心理咨询中心。这是为大学生提供心理帮助的机构,是为大学生提供"心灵陪护"的地方。

(10)学生资助中心。学生资助中心是为帮助家庭经济确有困难的学生顺利完成学业而成立的机构,它以广大家庭经济困难的学生为服务对象,以落实"国家助学贷款、勤工俭学、奖学金、学费减免、困难补助、社会资助"等帮困助学措施为工作内容,集教育、管理、指导和服务功能于一体,为广大困难学生排忧解难。

二、人文环境

马克思说过:"人创造环境,同样,环境也创造人"。校园的人文环境不仅包含了学校的办学理念、治校方针、育人标准、价值观念等教育思想,也包含了师生的衣着打扮、文明习惯等文化修养的外在表现,它充分体现了一个学校的个性、品位与风范。

【案例直播】

> 洋洋一向是班级里成绩最好的学生，高考时也以优异的成绩考上了自己向往已久的大学。但是学习一段时间后，她不快乐了，她发现所在的学校并不像想象的那样美好，自己的想法好像与学校的环境格格不入，并且她发现自己好像干什么都不行，和同学的相处也遇到了很多困难。

【温馨提示】

俗话说："近朱者赤，近墨者黑"。校园的人文环境具有独特的育人作用。它是一本无言的教科书，可以潜移默化地影响着我们的言行，让我们不自觉地按照环境的要求规范自己的言行，并且内化为我们自觉的行动。学校里的学习气氛就像一种"磁场"，大学生处在这种"磁场"里面，不自觉地会受到吸引。校园内的人际关系的和谐与否，直接影响着交往率的高低。高频率的交往对保持学生健康的人格会产生积极作用。

在中学里，老师教的更多的是知识；而在大学里，老师教的不仅仅是知识，还有如何做人与做事。如果所在大学的老师在平常扮演着"长者与智者"的角色，那么学生就会下意识地扮演着"晚辈和无知者"的角色，学生对老师的畏惧心理会在交往时自觉或不自觉地流露出来。如果所在大学的老师能和学生打成一片，学生和老师之间从学习到生活无所不谈，那么，师生之间亦师亦友的关系就容易使师生融为一体。有的老师喜欢学生多看书，从书中取知识，学习第一。有的老师则喜欢让学生多动手实践，到企业中去实习、参与课题设计，理论结合实践。

新生入学后要尽快熟悉所在学院的老师，这也会为其以后的学习生活提供帮助。选择自己喜欢的老师，可以提高自己的学习兴趣。同时，各个老师的教学风格也不同，选择适合自己的老师，能较好地为自己今后的学习生活提供指导。现在，每个老师的教学、科研任务都比较繁重，学生要尽快地与喜欢的老师取得联系，才能及早地得到老师的指导。

三、院系专业

根据相关调查，在如今的大学生群体中，有超过30%的人对自己的专业不满意，同时大部分学生因为对所学专业不满意而对所在的院系毫无归属感。这种思想是十分危险的。

【案例直播】

> 罗某出生在甘肃省某县的一个普通农村家庭，这个县是当地有名的状元县。2013年，高三的罗某选报大学。当时，经济、管理等专业颇为热门。罗某最初的梦想是北京广播电视大学的广告学专业，这个专业在甘肃只招收8人，他有些担心，便转报了重庆大学，提前参加了素描速写考试，成绩很好。但他看到了大连海事大学的航海学专业的简介，加上重庆大学拒录，他便选报了该专业。入学后，他才发现专业课是枯燥的电子学、电工学、天文航海、地文航海。不到半年，罗某便选择了退学。

【温馨提示】

有些新生在熟悉环境后，感觉对大学生活有"幻灭"之感，抱怨学校的教学设备陈旧，图书资料贫乏，甚至怀疑自己当初的选择是否值得。可能有些学生在入学之前，在心中将大学过于美化了，理想中大学和现实的差距使学生容易产生失落感。因此，学生会把自己当成"校外人"，宿舍卫生搞不好，他们骂学校；伙食差些，骂学校；教材缺页，骂学校；连走路被树根绊着，也骂学校。他们不管事情是什么原因造成的，一有不满意就骂，似乎建设好学校他们没有一点责任。缺乏认同感正是影响他们情绪的一个重要原因。也有的新生由于各种原因没能进入自己喜欢的专业，于是就觉得上课无味，提不起兴趣来，如此恶性循环，最终导致成绩不理想，没学到有用的知识，白白浪费了大好青春。

面对不尽如人意的现实，需要新生放弃不切实际的幻想，发挥自己的主观能动性，相信环境并不能决定一切，在同样的环境下，人是可以达到不同的发展水平的。大学生应该充分利用环境中的优势，使个人的能力与潜力得到最大程度的促进与提高。如果大学生对自己选择的专业不满意，也要充分利用学校转专业的政策，在有效的申请时间内及时申请更换专业。

第四节 变化——实现角色转变

新生在进入大学后，学习和生活的环境、方式、内容都发生了根本性的变化。如何迅速适应大学学习、生活是每个新生必须面对的现实问题。能否顺利地完成从高中生到大学生的角色转换，将直接影响我们在大学期间的学习和生活的好坏。

一、及时完成文化认同

所谓文化认同，是对一个群体或文化的身份认同，或者指个人受其所属的群体或文化影响，而对该群体或文化产生的认同感。

【案例直播】

2013 年，苏某报考了一所师范院校，由于选报的专业被安排在老校区，因此硬件条件不是很好。在入学的第一天，苏某就对校园的设施"颇有微词"。随着时间的推移，苏某发现自己对于学校的一些文化现象也不能接受，比如就餐、活动等。慢慢地，苏某变得很消极，整天对学校的安排看不过去，长久下来，学习成绩下滑严重。

【温馨提示】

人的根本属性是社会性，这决定了每个人都处在一定的社会关系中。意识到并承认自己是这个关系中的一员，为自己所处群体的发展自觉出力，自觉维护自己所依附的群体，这便是认同感。多一份认同感，就会多获得一种平和的心境；多一份认同感，就会更深刻地领悟到大学的价值追求；多一份认同感，就会多一份成熟。事实证明，有共同的奋斗目标，有共同的责任感，才有建设好一个群体的基础。身在群体内，心在群体外，不为群体尽一份责任，却把群体当成攻击的目标，这个群体一定搞不好。

二、培养自理能力

现在的大学生在入校前普遍生活在"襁褓"之中，衣来伸手、饭来张口，进入大学后也没有"断奶"。家长往往过分看重孩子的智能和技能的提高，忽视了生活自理能力才是孩子独立生活的第一要素。因此，大学新生入学的第一件事就是培养自理能力。

【案例直播】

冷女士的儿子王虎前年考入南方某大学，没有独立生活经验的王虎面对换下来的衣服大感头疼。每学期开始时，他都把从家里带去的干净衣服先穿一遍，然后再挑出相对干净点的衣服穿下一轮。实在找不出干净衣服了，就去洗衣店花钱洗。而每学期结束时，他都会把剩下的脏衣服拎回家洗。可一学期攒了太多的脏衣服，拎回家觉得麻烦，所以想了个"高招"——把脏衣服直接打包寄回家。冷女士对儿子的"机智"也是哭笑不得。

【温馨提示】

对于大一新生来说，上大学可能是他们第一次离家，第一次开始独立生活，第一次开始住宿生活。因此，培养生活自理能力是大学生活的重要一课。高中生由于学业的繁重，大部分时间和精力都用在学习上，生活上的事情绝大多数由父母包办打理。上大学后，生活环境有了很大的变化，没有了父母、长辈的悉心照料，许多事情要由自己处理了。可以说，真正的独立生活开始了。独立的大学生活，不仅仅意味着独自面对吃穿住用行，也意味着开始独立地规划并创造自己的人生，很多事情要开始学会独立思考和解决。

首先应学会日常生活的打理。要学会准时起床、运动，学会自己料理床铺、收拾房间，学会自己洗衣服、缝补衣服，学会自己照料自己。在学习的过程中，如果能够和同学进行交流就更好了，因为同学间的互相影响和互相学习能够在一定程度上促进生活自理能力的提高。

独立生活的另外一个重要方面是对钱财的管理。大学新生要培养理财的观念，要注意考虑：在生活中，哪些开支是必需的，哪些开支是完全不必要的，哪些开支是可有可无的。钱要花在刀刃上，要避免完全不必要的消费，可花可不花的尽量少花。此外，还要根据父母的经济能力和自己勤工俭学的能力来进行日常消费。

从高中时代走来，每一个大学新生所面临的都是一个全新的世界，生活从原来的两点一线变得多维丰富，许多事情需要独自处理。因此，大学新生除了学习，还必须学会打理个人生活，培养独立生活的能力。

三、自我心理调适

在身心发展过程中，有意识地掌握一些常用的心理调适方法，如自我暗示法等，对心理放松、消除心理压力是非常有帮助的。

【案例直播】

　　某高校大一新生陈明来自四川省，在大学校园里乡音难改，同学们常拿她的口音来说笑。这些本是善意的玩笑，小陈却觉得下不来台，心情非常郁闷。同学们谈论流行时尚的话题时，小陈插不上话。而她自己觉得很好笑的事情，讲给同学听，竟无人回应。就连让她引以为自豪的高考成绩，在班里也只算一般，从小学到中学都是班长的她，竞选班干部也失败了。以上种种挫折让她心理严重失衡，但为维持自尊，她平日里尽量装作没发生什么事情，硬撑着对别人微笑，但心里已无法承受。

【温馨提示】

自我暗示是靠思想、词语对自己施加影响，以达到心理卫生、心理预防和心理治疗的目的。通过自我暗示，可以调理自己的心境、感情、爱好、意志乃至工作能力。比如，面临紧张的考场，反复告诫自己"沉着、沉着"；在荣誉前，自敲警钟"谦虚、谦虚"；在遭遇挫折时，安慰自己"要看到光明、要提高勇气"等。

学习自我暗示，需要坚强的意志，要对自己有坚定不移的信心，并在实践中进行锻炼，使自我暗示得到恰如其分的应用。下面介绍两种具体的自我暗示的方法：

1. 冥想放松法

可以借助一件真实的物件，如某种球类、某种水果或者手头可以找到的小块物体，发挥想象的能力。具体做法如下：

(1)凝视手中的橘子(或其他物体),反复、仔细观察它的形状、颜色、纹理脉络。然后用手触摸它的质地,看是光滑还是粗糙,再闻闻它有什么气味。

(2)闭上眼睛,回忆这个橘子给自己留下了哪些印象。

(3)放松肌肉,排除杂念,想象自己钻进了橘子里。想象一下:里面是什么样子?感觉到了什么?里面的颜色和外面的颜色一样吗?然后假想尝了这个橘子,记住它的滋味。

(4)想象自己走出了橘子的内部,恢复了原样,记住刚才在橘子里面所看到的、尝到的和感觉到的一切,然后做五次深呼吸,慢慢数五下,睁开眼睛,会感觉到头脑清爽,心情轻松。

2.自主训练法

自主训练法又叫适应训练法,较简单的一种方法如下:

(1)取坐姿,把背部轻轻靠在椅子上,头部挺直,稍稍前倾,两脚摆放与肩同宽,脚心贴地。

(2)两手平放在大腿上,闭目静静地深呼吸三次。排除杂念,把注意力引向两手和大腿的边缘部位,把意念集中在手心上。

(3)不久,会感到注意力最先指向的部位慢慢地产生温暖感,然后逐渐地扩散到手掌的全部。这时,在心里可以反复默念:"静下心来,静下心来,两手就会暖和起来。"

(4)做五遍深呼吸,慢慢数五下,睁开眼睛。

大学新生需要面临一个艰难的心理适应期,能否在这个心理转型与重塑的过程中成功地进行大学生角色的转换,将直接影响到大学期间的学习、生活质量。

四、积极适应转变

大学新生的大部分情绪问题都起源于不能及时地转换角色。因此,调适自己的心理,首先要从这方面入手。人的社会角色会不时地转换,由中学生变成大学生便是一种角色转换。角色意识如果滞后,人的情绪便会被扭曲。因此一定要记住自己扮演的角色:从这一刻起,你是一名大学生!

【案例直播】

　　刘女士非常重视女儿婷婷的学习，为女儿的升学、就业定下了相当高的目标。虽然自己工作繁忙，但对女儿，从小学到高中十几年如一日地接送上下学，从袜子到外套，所有的衣服全部自己洗，从扫地到做饭，所有的家务从没让女儿动过手。

　　功夫不负有心人，在高考中，婷婷以优异的成绩考入了某所高校。开学之际，为了送婷婷到大学报到，刘女士特意请了半个月假，夫妇二人一同把女儿送到了学校。可是刘女士在安顿好女儿后，刚到家没几天就接到了女儿打来的电话。女儿在电话里哭着说，学校里老师和同学都不熟悉，生活很不方便，她想家、想爸爸妈妈，甚至想要退学。想到自己之前对女儿过分的溺爱，刘女士的心里充满着担忧和后悔。

【温馨提示】

　　进入大学之后，新生们要适应大学的生活环境，要做到以下五个转变：

　　1. 社会角色的转变

　　大学生与中学生担任的校内角色不同。在中学时，不少人是在校内或班内担任了一定职务、受人尊敬的学生，而在人才荟萃的大学校园里，他们中的大多数可能是不担任任何职务的普通学生。大学新生需要适应这种由抛头露面到默默无闻，由高才生到一般学生的转变。此外，大学生与中学生所担当的社会角色也不同，中学生的心理和思想正在发展过程之中，职业方向和社会角色不够确定。大学生的职业方向基本确定，社会地位有了较大的提高，社会对大学生的期望和要求比中学生要高得多。因此，大学新生要处处用大学生的标准严格要求自己，既学做人又学做事。

　　2. 奋斗目标的转变

　　大学是人生成才、成就事业的一个新起点。古人云："有志者事竟成"，"学必先立志"。大学生应从高考的满足或失利的痛苦中清醒过来，根据学校教学的客观现实和自己的实际，制定自己在学业、思想道德、心理发育等方面的奋斗目标和行动方略，以增强进取的内动力，为创造人生辉煌打下良好的基础。

　　3. 思维方式的转变

　　与中学相比，大学的生活节奏快、活动空间大、结交的人多，面对这些环境的变化，大学新生的思维方式要做到由"非成人化"向"成人化"转变。在遇到问题时，要做到辩证、全面，不要唯心、片面，要有远见、务实，而不要目光短浅，对于人生中的重大问题的选择要深思熟虑，三思而后行，而不要盲目冲动或感情用事，要加强道德和法制观念，做事要考虑后果。

4. 生活方式的转变

在中学里，有些生活琐事可以依靠父母亲友的帮助。进入大学后，衣食住行等个人生活都要由自己处理，自主、自立、自律是大学生活的主旋律。大学生应适应这些生活方式的变化，自主而合理地处理好个人的学习和生活问题，注意培养独立生活的能力。要自觉地遵守学校的规章制度和作息时间，养成良好的生活习惯。要积极参加学校、班级组织的文体活动和第二课堂活动。

5. 交往方式的转变

大学生与中学生的来源不同。中学生大多在家乡就读，同学间充满着乡音乡情。而大学生来自全国各地，在语言、个性、生活习惯上有较大的差异，这就要求交际方式有所转变。新生们要注意从以"自我"为中心向以"集体"为中心转变，在班级中要多关心他人，在宿舍里要相互礼让。

第一，要做到相互了解、相互适应，主动交往；第二，同学间要相互尊重、相互关心，为人要诚恳热情、待人宽律己严，大事讲原则，小事讲风格；第三，与同学交往要坚持与人为善，全方位交往，不要有老乡观念、搞宗派、拉帮结伙，注意人际关系的和谐。

第五节　规划——把握自己的人生

俗话说"有备无患"，提前做好人生的规划，便能够在人生路上先人一步。命运掌握在自己手中，要想实现自己的理想，改变自己的人生，就要先从改变自己开始，做好自己的职业生涯规划。

一、认清自己

由于学习和生活环境的变化，大学新生如果不能正确地认识自己，重新进行自我评价，会极大地影响到自己对学习、生活等方面的适应。因此，对新入学的大学生来说，客观、公正、有效地认识自己，重新进行自我评价，进行正确的自我设计，建立新的奋斗目标，对维护适应期的心理健康是非常重要的。

【案例直播】

　　爱因斯坦小时候十分贪玩。他的母亲常常为此忧心忡忡，再三告诫他应该怎样怎样，然而这对他来讲如同耳边风。一直到16岁的那年秋天，一天上午，父亲将正要去河边钓鱼的爱因斯坦拦住，并给他讲了一个故事，正是这个故事改变了爱因斯坦的一生。故事是这样的："昨天"，爱因斯坦父亲说，"我和咱们的邻居杰克大叔清扫南边工厂的一个大烟囱。那烟囱只有踩着里边的钢筋踏梯才能上去。你杰克大叔在前面，我在后面。我们抓着扶手，一阶一阶地终于爬上去了。下来时，你杰克大叔依旧走在前面，我还是跟在他的后面。后来，钻出烟囱，我发现一个奇怪的事情：你杰克大叔的后背、脸上全都被烟里的烟灰蹭黑了，而我身上竟连一点烟灰也没有。"爱因斯坦的父亲继续笑着说："我看见你杰克大叔的模样，心想我肯定和他一样，脸脏得像个小丑，于是我就到附近的小河里去洗了又洗。而你杰克大叔呢，他看见我钻出烟囱时干干净净的，就以为他也和我一样干净呢，于是就只草草洗了洗手，就大模大样地上街了。结果，街上的人都笑痛了肚子，还以为你杰克大叔是个疯子呢。"爱因斯坦听罢，忍不住和父亲一起大笑起来，父亲笑完了，郑重地对他说："其实，别人谁都不能做你的镜子，只有自己才是自己的镜子。拿别人做镜子，白痴或许会把自己照成天才的。"爱因斯坦听了，顿时满脸愧色，从此离开了那群顽皮的孩子。他时时用自己做镜子来审视和映照自己，终于映照出生命中的熠熠光辉。

　　盲目地与别人相比较，以为自己比身边的人聪明就满足了，或者觉得自己不如别人就沮丧了，这是多么愚蠢的想法。每一个人都有其不同的人生目标和生活方式，自己才是这个世界上最可靠的人生向导，认清自己，才能走得更远。

【温馨提示】

　　看清自己的位置，是制定人生规划的前提。大学生们要看清自己，就要从以下几方面做起：

　　1.客观地认识自我

　　自知、自鉴是自励、自勉、自控的基础，它对人的各种活动和行为起着调节的作用，是建立理想自我的基础。实践证明：一个人自我认识、自我评价的水平越高，越能促进自身的健康发展。只有全面而客观地评价自己，才能使自己健康发展。

大学新生对自己要有一个明确的认识和正确的了解，客观地评价自我，对自己的身材和外貌、品德和才能、优点和不足、过去和现在，甚至将来都应有一个正确的认识，做到全面而客观地评价自己，才能有助于适应新的环境。

2. 正视优势与劣势

反省自我即运用自我观察、自我分析、自我报告的方法进行自我评价。大学新生要对自己的言行举止、心理活动等进行耐心的观察，在观察中加强对现实的分析，在合理的自我分析中形成自我评价报告。通过对自己的反省，严于解剖自己，达到使自我评价更客观、更独立与更稳定的目的。

对自己有了客观的评价，还应接受自己、正视自己的优势与劣势。一年级的大学生应有勇气承认自己的缺点与不足，不要过分地追求完美。俗话说，金无足赤，人无完人。世界上没有十全十美的人，现实中的每个人都有优点和缺点、长处和短处，一个人的能力再强，或者再优秀，也不可能在每件事上都超越别人。

3. 基于现实的"理想我"

"理想我"是指个体理想中的个人自我，包括自己所希望达到的理想标准，以及希望他人对自己所产生的看法。"现实我"即个体实际表现的自我，个体现实存在的水平。"理想我"与"现实我"存在一定程度的差异，可以促进个体的发展，但如果对"理想我"要求太高，反而会丧失信心，出现各种问题。

大学新生应将"理想我"建立在"现实我"的基础上，树立合乎自身实际情况的"理想我"，即不要将"理想我"的标准定得太高。否则，"现实我"与"理想我"之间存在太大的差距，别人的评价亦达不到自我的期望，易产生失望、抑郁等消极情绪，带来心理问题。

4. 结合优势确立目标

大学新生还需要在对自己全面、正确的认识与评价的基础上，从自己的实际出发，结合自己的优势，确立新的奋斗目标。有了目标，才能形成前进的动力；才不至于无所事事、无所适从，产生空虚、无聊等情绪。在确立目标的过程中，必须遵循由近到远、由低到高、循序渐进的原则，一个一个地实现。每个目标还应适当、合理，经过努力可以达到。心理学研究表明，一个人从事某种活动的动力，取决于他们行动的全部结果的期望值和达到目标的可能性。因此，确立适合自身实际情况的奋斗目标，对于实现理想、发挥潜力，适应大学生活都是有益的。

二、选定人生方向

很多时候，成功除了勇敢、坚持不懈外，更需要方向。有了一个好的方向，成功来得比想象的更快。

【案例直播】

有两只蚂蚁想翻越一段墙，寻找墙那边的食物。一只蚂蚁来到墙脚就毫不犹豫地向上爬去，可是每当它爬到大半时，就会由于劳累、疲倦而落下来。可是它不气馁，一次次地跌下来，又迅速地调整一下自己，重新向上爬去。另一只蚂蚁观察了一下，决定绕过墙去。很快，这只蚂蚁绕过墙到食物前，开始享受起来。而另一只蚂蚁还在不停地跌落又重新开始。

【温馨提示】

正确的方向，建立在正确的目标抉择的基础上。所目标抉择，就是在职业生涯的路线上确定自己的方向。目标的确立是有科学性的，方法不对，目标就毫无价值，甚至会为了一个不科学的目标浪费时间，却终身一事无成。

1.目标的确立要适合自身的特点

不同的人有不同的特点，如性格、兴趣、特长等。要使目标符合自己的最优性格、最大兴趣、最佳特长。做到这一点，就能心想事成。

2.目标的高低要恰到好处

职业生涯目标是高一点好，还是低一点好呢？总的来看，还是高一点好。远大的目标能起到激励作用。但目标过高，脱离了实际，会因好高骛远而失败。目标太低，不用努力就能实现，目标也就失去意义。

3.目标的幅度不宜太宽

奋斗目标有高有低，专业面有宽有窄，从科学的角度来看，专业面越窄，所需的努力越少。也就是说，用相同的努力对不同的工作对象，专业面越窄，其作用越大，成功概率越高。所以，目标的幅度不宜过宽，最好选一个窄一点题目，把全部精力投入进去，较易取得成功。

4.目标要长短配合

目标的确立应该长短结合。长期的目标为人生指明了方向,可鼓舞斗志,防止短视行为。短期目标是实现长期目标的保证,没有短期目标,长期目标就不能实现。特别是在职业生涯发展的过程中,通过短期目标的达成,能体验到达成目标的成就感和乐趣,鼓舞自己为了取得更大的成就,向更高的目标前进。

5.目标要具体明确

目标就像射击的靶子一样,清清楚楚地摆在那里。如果目标含糊不清,就起不到目标的作用。例如,有人决心干一番大事业,具体干什么不知道,这就等于没有明确的目标。自以为有目标,而没有明确的目标,不仅起不到目标的作用,还可能造成假象欺骗自己,投入了时间、精力和资金,却起不到达成目标的作用。

6.目标要留有余地

职业生涯的目标要有余地,也就是在实现目标的时间安排上,不要过急、过满或过死。如果过急,比如需要五年才能达到的目标,改为三年或两年就完成,就会"欲速则不达",不是计划落空,就是影响工作的质量。

三、人生在于规划

"理想是指路明灯",没有理想与目标的人生如迷失航向的船只。大学是人一生中最宝贵的黄金时段,是"第二次降生"的生命季节,是新的起点、新的梦想,是梦想起飞的地方。"每个人都是自身的设计师",设计自我,规划人生,志存高远,平凡做起,脚踏实地,实现梦想,才能成为与众不同的自己。

【案例直播】

哈佛大学曾经进行过一个关于目标对人生影响的跟踪调查。他们在一群智力、年龄、学历、环境等条件都差不多的年轻人中进行调查:

3%的人有十分清晰的长远目标;

10%的人有清晰的短期目标;

60%的人只有一些模糊的目标;

27%的人根本没有目标。

25年后，再次对他们做跟踪调查，结果令人十分吃惊。那3%的人全部成了社会各界的精英；那10%的人都是各专业领域的成功人士；那60%的人大部分生活在社会的中下层，事业平平；那27%的人工作不稳定，过得很不如意。这个调查告诉人们，目标对人生有着巨大的导向作用。因此，规划人生、确定人生目标是十分重要的。

【温馨提示】

每个大学生都应经常问问自己："人生之路到底该如何走？"一位哲人这样说过："走好每一步，这就是你的人生。"是啊，人生之路说长也长，说短也短。每个人都在设计自己的人生，都在实现自己的梦想。

大学生可以把自己的人生目标分成几个阶段：大一完成什么目标，大二完成什么目标，大三完成什么目标，要做到心中有数。

当然，社会上的不良诱惑的确太多了，大学生的个人追求和个人素质也不尽相同，他们的最终结局也相差甚远。一个人的目标有多大，他的成就就会有多大，脚下的路都是自己走出来的。

第六节　入学——大学第一节课

经过了近两个月的等待，幸运的准大学生们终于踏上了"征程"，他们从五湖四海出发，奔向理想中的大学。不过马上到来的，是对于大学新生的第一道考验，那就是入学，包括入学准备、新生报到、住宿分配和参加军训等方面。

一、准备

背起行囊，独自远行。从家到大学的距离并不遥远，却有那么多的第一次等着我们去体验。当我们认真地走过才发现，其实只是刚刚完成了一次人生的蜕变，而这种蜕变，是从出发前的准备工作开始的。

【案例直播】

罗曼·罗兰是20世纪上半叶法国著名的人道主义作家,他是诺贝尔文学奖的获得者。对于自己的成功,他曾经说过:"人们常觉得准备的阶段是在浪费时间,只有当真正的机会来临,而自己没有能力把握的时候,才能觉悟到自己平时没有准备才是浪费了时间。"可见准备的重要性。

【温馨提示】

"身份证要带吗?""衣服该带多少? 不用带夏装吧?""是带现金好还是带银行卡好?"将要迈入大学校门的大一新生在开学前手忙脚乱,该准备些什么呢?

1. 少量现金+银行卡

到外地求学,钱是必不可少的,究竟该带多少钱是家长们最发愁的事,带少了怕孩子受苦,带多了又怕路上丢失。给孩子办张银行卡,就放心多了。把学费和生活费都存入银行卡,孩子离家时只要带上卡和少量现金就行了。如果卡丢了,挂失再办一张,钱不够时,只需要把钱存入孩子的账户就行了。现在各银行的借记卡均可异地存现金,但需要收取金额不等的手续费。

2. 车票、机票+证件材料

"儿行千里母担忧",出行是准大学生的家长最放心不下的事。学生票是提前发售的,准大学生可凭入学通知书购买学生票。对于一些准备乘飞机出行的学生来说,他们也能享受到优惠。对于准大学生来说,带齐相关的证件材料是很重要的,如果是团员,应由团籍所在学校的团委在团员证上填写将要转至的高校团委,并加盖公章。如是党员,则需要所在学校组织开具转出证明。此外,还要携带好自己的相关组织关系档案。出行前要认真阅读录取通知书中的要求,然后逐一落实,身份证也应随身携带。此外,入学后,学校会要求上交一些一英寸的照片,所以准大学生们最好提前做好准备。

3. 应季衣服+生活用品

很多准大学生都是第一次出远门,准备生活用品就成了很琐碎的事情。准大学生们在购买生活用品前,可以列一张购物清单,然后按单子逐一购买。衣服方面,如果学校在本地,那么带少量的衣物即可,如果学校在外地,那么可以在离家前拨打大学所在地的气象咨询电话(区号+12121),了解当地的天气状况，再准备衣服。

新同学可能不习惯学校的饮食餐具，最好准备饭盒、汤匙、筷子等简单餐具，也可以带一些自己喜爱的、易保存的食品，以备初来乍到作"救急"之用。高校都是公寓化管理，所以被褥等物品是统一购买的，但毛巾、牙刷、牙膏、剪刀、剃须刀等生活必需品则需要自带，如果担心分量过重，也可到校后就近购买。

二、报到

大学环境是陌生的，大学的生活是丰富多彩的。在这全新的环境中，必不可少的一件事就是进行入学注册。入学注册是新生取得学籍的首要条件。

【案例直播】

> 各高校陆续开学，骗子们又出新花样。有的利用短信、电话，冒充教育系统或有关部门的工作人员，谎称有优惠政策可退还相关款项、领取相关补贴或以孩子的银行卡丢失等理由，骗取家长信任后实施诈骗。
>
> (1)银行卡诈骗。骗子声称自己的银行卡被盗，请求借卡转账，再以"我帮你操作"等理由骗得密码，然后用另一张卡调包。
>
> (2)手机诈骗。有些新生会接到类似的手机短信："您好，我们公司现在将对您的手机进行线路检测，请您暂时关闭手机三个小时。"然后，骗子会利用提前获取的新生的家庭电话号码，假称是新生的同学、朋友和老师，声称新生突发急病或遭遇车祸，向新生的家长骗钱。
>
> (3)代缴费诈骗。骗子会利用新生排队缴费的机会，谎称自己是老师或老乡，帮新生代办缴费事务，以此骗取钱财。
>
> (4)警惕虚假的网络信息。校园论坛是每个新生必须进入的网络世界，新生在这里难免会受到混杂在其中的以骗钱骗色为目的的危险信息的干扰。

【温馨提示】

大学生初入社会，比较单纯，很容易被不法分子盯上。加上有些新生并不清楚开学报到的流程，很容易被骗。那么，大一新生要怎么报到呢？报到当天是最繁忙的一天，很多大学新生看见这种场面会不知所措。虽然很多学校的报到流程不一样，但大致程序是一样的。具体流程如下：

1. 新生资格审核

到达学校后，会看到学校的迎新人员在写着二级学院名称的帐篷里迎接新生。

在新生接待处，会有招生就业处的老师为你做新生资格审核，你必须出示自己的身份证、录取通知书等相关证件。然后，院系报到点会告诉你的宿舍房间号，领到一张报到证，上面会注明你所在的学院和你的学号。

2. 住宿手续

迎新的老师和学长会告诉你怎么办理各项手续，有什么不懂的可以马上请教。各位学长顶着烈日、冒着大雨，都会面带微笑、热情地为你服务，一定要记得对他们说声谢谢。学长会先带你去宿舍，办好住宿手续。住宿手续一般比较简单，通常只要到公寓一楼的宿管处，向工作人员出示报到证并填一些简单的个人信息，对方就会交给你一把宿舍钥匙。将行李放到分配好的宿舍里，然后就可以轻轻松松地去办理入学手续了。

记得要把行李摆放在自己的位置上，防止别人拿错。可请留在宿舍的舍友帮忙照看下行李，宿舍内有衣柜的话可将行李放进去锁好。贵重物品，如银行卡、手机等要随身携带，切勿留在宿舍。

3. 入学手续

学校的相关部门会集中在一个地点统一为新生办理入学手续。一般的入学手续包括以下几部分：

(1) 缴学杂费。已通过银行代扣学杂费的同学凭通知书领取缴费收据。

(2) 户口迁移。在相关窗口交上户口迁移证。

(3) 办理保险。学生本着自愿原则购买保险，如购买则要在入学时一次性交完大学三年的保险费，办理相关手续，所买的保险为城镇医疗保险和商业保险。学生保险费不高，且理赔的范围涉及面广，所以如果经济条件许可的话，建议新生购买保险。

(4) 绿色通道。近年来，为切实保证困难家庭的学生顺利入学，教育部规定各公办普通高等学校都必须建立"绿色通道"制度，即对被录取入学、经济困难的新生，在报到时持家庭所在地乡镇或街道以上政府所开困难证明，高校一律先为其办理入学手续，入学后再根据核实后情况，采取措施予以资助。

三、军训

每一个大学生入学之后最先经历的事情就是军训。军训是锻炼意志、体现个人品格的重要活动。大学新生在军训中良好的表现不仅可以给教官、老师、同学留下一个好印象，而且还可以锻炼自己的意志和毅力。

【案例直播】

武汉某大学一名男生在军训时突然晕倒，被送到医院急诊科。半个小时不到，另一所大学的两名大一女生也在军训时突然晕倒，被送到急诊科。这三名学生晕倒的原因都是体质较差，经输液等治疗后，三名学生都在当晚康复返校。

【温馨提示】

为了保障军训时每一位新生的身体安全，顺利完成军训这一堂大课，应了解以下注意事项：

(1)做好准备工作。出门前要认真检查军训服装，如军帽、帽徽、臂章、腰带等，免得到时候"英雄白走路"。

(2)装束一定要合身。腰带要适当紧一点，走起路来会更有精神；袜子最好穿棉制运动袜，鞋子里面垫一块软鞋垫，这样脚后跟会舒服一点。

(3)注意补充水分。以运动饮料和茶水、盐水最佳，不要过多地喝矿泉水。

(4)注意补充营养。军训后体力消耗极大，这个时候不要亏待自己，多吃一些肉类、蛋类，最好还要多喝点菜汤。

(5)注意防中暑。若平时锻炼少，在高温环境下连续军训时间较长，出现乏力、头痛、头晕、胸闷、心慌、心悸、恶心、大汗不止等情况时，可能是中暑的先兆，要及时报告教官，请求到阴凉通风处休息或到校医院就诊，以防中暑发生。

(6)注意防晒。对于日光过敏者可涂防霜，并且出门前半小时就要涂，因为防晒霜也需要时间吸收。

(7)不要硬撑。军训时讲求"坚持再坚持"，但如果实在坚持不下去，一定要休息，不要硬撑，防止出意外，特别是体质较差的同学。一旦出现头晕、眼前发黑的现象，要及时蹲下或平躺，并报告教官，以防晕倒摔伤。

（8）按时作息。军训期间要按时作息，养精蓄锐，为军训打下良好的基础。

（9）注意沟通。军训生活中要学会与同学沟通，有困难要学会虚心向同学和老师请教。

（10）身体的重要器官有病者不要参加军训。心脏、肝脏、肾脏等人体重要器官有疾病者不要参加军训，但需办理免训手续。办理程序为本人书写免训申请，校医院医生检查后签署意见，学生工作部等有关部门批准即可。

第二章　安全篇

随着高校扩招政策的进一步推行、后勤服务的不断社会化、网络信息化的快速发展，高等职业院校的规模也越来越大，在校学生的数量急剧上升。随之而来的是潜伏在校园内外的许多不安全因素，各类校园安全事故时有发生，大学生的安全问题已经成为社会关注的热点。对于刚踏进大学校园的大学生来说，掌握一定的安全防范知识是非常必要的。

第一节　食品——吃得放心

俗话说"病从口入"，饮食安全是身体健康的基本保证。所谓饮食安全，既包括食品卫生安全，也包括饮食习惯的安全。因此，大学生不仅要掌握一些有关食品安全的知识，更要从自身做起，保证健康饮食，拥有健康的体魄。

一、谨防食物中毒

人群密集的大学校园是食物中毒等食源性疾病的多发地。大学新生刚入学时，可能因为饮食习惯的不同，选择购买零食，这大大增加了发生食物中毒的风险。食物中毒事故危害极大，轻则引起人体不适，重则造成脏器损害，严重者危及生命，因此大学生要谨防食物中毒。

【案例直播】

　　2014年1月20日，77名来自日本宫城、山形、福岛的大学生，在位于日本山形县上山市的一家名为"吾妻屋"的旅馆住宿后，出现腹泻、呕吐及发热等症状，被迅速送往医院诊治。经初步诊断，他们可能是因感染诺沃克类病毒而引发食物中毒的。同样的食物中毒事件还发生在日本浜松市。据报道，日本宝福食品公司生产的面包导致了日本滨松市的多所小学发生学生集体食物中毒事件。宝福公司也开始正式召回其在静冈及其他地区销售的共计约 88000 个面包。

【温馨提示】

食品安全是日常生活的大事，正处于身体发育关键阶段的大学生尤其要注意.具体来说，可以从以下几点做起，以保证自己的饮食安全。

1.选择安全食品

安全食品是指食品具有相应的色香味形等感官性状，没有发生腐败变质等异常变化。在购买食品前，一定要对相关的安全认证标识有所了解。

（1）QS 标识。QS 是英文"质量安全"（quality safety）的缩写，是工业产品生产许可证标志的组成部分，也是取得工业产品生产许可证的企业在其生产的产品外观上标示的质量安全的外在表现形式。QS 标识从 2010 年 6 月 1 日起已陆续换成新样式，主要是在标志的中文字样上有所变动，原先 QS 标志下方的"质量安全"字样已变为"生产许可"。

（2）无公害农产品标识。广义的无公害农产品包括有机农产品、自然食品、生态食品、绿色食品、无污染食品等。这类产品生产过程中允许限量、限品种、限时间地使用人工合成的安全化学农药、兽药、肥料、饲料添加剂等，符合国家食品卫生标准，比绿色食品的标准要宽。无公害是人们对食品质量安全最基本的需要，是最基本的市场准入条件，所有食品都应达到这一要求。

（3）绿色食品标识。在我国，绿色食品是指按特定生产方式生产，并经国家有关的专门机构认定，准许使用绿色食品标志的无污染、无公害、安全、优质、营养型的食品。

（4）有机食品标识。有机食品（organic food）也称作生态食品或生物食品等，是国际上对无污染的天然食品的一种比较统一的说法。有机食品通常来自有机农业生产体系，是根据国际有机农业生产要求和相应的标准生产加工的食品。

2.食品要彻底加热

肉、奶、蛋、四季豆和豆浆等是容易引起食物中毒的食品，食用前应烧熟煮透。经冷藏保存的熟食和剩余食品及外购的熟肉制品,在食用前应彻底加热,食物的中心温度须达到70℃,并至少维持2分钟。

3. 少吃隔夜饭

节俭历来是我们中华民族的优良传统,聚餐后往往会有大量剩菜,如何处理这些剩菜成了一件令人头疼的事。人们常采用的方法是将剩菜放进冰箱,等下一餐再拿出来食用,殊不知隔夜菜不仅营养流失严重,而且还会产生对身体有危害的不良物质。

4. 要善保存食品

食物在保存时要注意生、熟分开,熟食放在上面,生食放在下面,防止交叉污染。同时,熟食要尽量放在阴凉、通风、干燥并能够防蝇、防虫、防鼠的地方。使用冰箱保存食物时,冰箱冷藏室的温度要保持在10℃以下,以4℃左右为宜。鱼、肉等容易腐败的食品,应及时冷藏或冷冻,冷冻贮存的温度为零下18℃左右。

5. 养成良好的卫生习惯

不良的个人卫生习惯会把致病菌从人体带到食物上去。比如说,如果手上沾有致病菌再去拿食物,污染了的食物就会进入消化道,从而引发细菌性食物中毒。

6. 保持厨房卫生

厨房应当有相应的通风、冷藏、洗涤、消毒、污水排放等设施,且布局合理,从而防止食物加工过程中的交叉污染。厨房应当保持清洁,用来制备食品的所有用具的表面都必须保持干净。接触餐具和厨房用具的抹布应该在再次使用之前彻底清洗,必要时可以煮沸消毒。

7. 增强自我防范意识

要树立正确的食品卫生安全意识,养成良好的饮食卫生习惯,增强防病能力。在日常饮食中,应做到不暴饮暴食,不吃不洁、腐败、变质的食物,不买校园周边无照(证)商户出售的盒饭及食品,不食用用来历不明的可疑食物,以防病从口入。尽量在学校食堂就餐。学校食堂都是标准化的食堂,有学校统一管理,食品卫生和食物来源都有保障。

二、酗酒危害健康

"酒文化"一直是我国的传统文化,无论是亲友聚会,还是同学重逢,总会有酒的身影。古人也有诗云,"举杯邀明月,对影成三人",可见饮酒在人们日常生活中的重要性。可是，凡事物极必反，过度饮酒会严重影响身体健康。

近年来，大学生酗酒的现象日益严重，由此引发的违纪违法现象日益突出，给学校和同学们带来了不良影响。作为社会中的特殊群体，大学生具备较高的文化素质，但是由于自控能力较差，非常容易醉酒、酗酒。尤其是在心情郁闷或同学聚会时，这种情况更是常见。这种行为不仅会对身体造成很大的伤害，而且容易引发违法犯罪行为。

【案例直播】

2012年2月15日早上7时许，某高校宿舍内的一名男生躺在床上没有动静，送医院后抢救无效死亡。据死者的同学介绍，2月14日（情人节）晚上，他们几个同学在一起聚餐，喝了很多白酒，死者大约喝了一斤白酒。

2013年11月，某高校一学生在饭店过量饮酒后，不听劝阻，将该饭店的桌椅砸坏，用手将隔断玻璃打碎，结果自己的右手腕被玻璃扎伤，血流不止，缝了10余针。该学生不但要受到治安处罚，而且需赔偿损坏饭店餐具、桌椅等的经济损失。

【温馨提示】

大学生年轻气盛，在聚会时喝酒难以避免。怎样喝酒才能做到既联络感情又不伤身呢？

（1）忌空腹喝酒。饮酒前可以先喝一杯牛奶或酸奶，或吃几片面包，勿空腹喝酒，以免刺激胃黏膜。

（2）服用B族维生素。饮酒之前，可以服用维生素B族，以保护肝脏。也可有意识地多吃富含维生素B族的动物肝脏、猪牛羊肉、蛋黄、蔬菜、燕麦等食物，以提高体内B族维生素的含量。

（3）多喝白开水。喝白酒时，要多喝白开水，让酒精尽快地随尿液排出体外；喝啤酒时，要勤上厕所。

（4）忌豪饮。喝酒不宜过快过猛，应当慢慢喝，让身体有时间分解体内的乙醇。

（5）多吃绿叶蔬菜。绿叶蔬菜中所含的抗氧化剂和维生素可保护肝脏。

（6）多吃豆制品。喝酒时可多吃豆制品，其中的卵磷脂有保护肝脏的作用。

(7)不要喝碳酸饮料。喝酒时不要喝碳酸饮料，以免加快身体吸收酒精的速度。

三、关注食品卫生

随着我国经济的发展，人民的生活质量大幅度提高。但我们也要看到，一些不法商贩唯利是图、道德沦丧，导致我国的食品卫生安全事故频频发生。尤其是在大学校园，食品卫生已经成为一个严峻的问题，从"瘦肉精"到"染色慢头"，从街边摊到"地沟油"。长期食用不卫生的食品，轻者会出现食物中毒，重者会产生生命危险。针对这种情况，高校和大学生要共同努力，一方面加强对校园食品卫生的管理和监督，另一方面杜绝去无证的路边摊就餐，坚决消灭食品卫生问题。

【案例直播】

2011年3月，上海的一些超市在销售同一个公司生产的三种馒头。这些看起来白白香软的小麦馒头、淡黄诱人的玉米面馒头，其实都用了染色剂。"染色馒头"对人体的危害来源于其中添加的染色剂，这些染色剂可导致多种疾病。如果长期或一次性大量食用，可能引起过敏、腹泻等症状。当摄入量过大，超过肝脏负荷时，会在体内蓄积，对肾脏、肝脏产生影响。

【温馨提示】

大学校园的食品卫生形势严峻，应该如何保证校园的食品卫生安全呢？

1. 学校要加强对食品卫生的管理

(1)进一步提高学校领导的食品卫生安全意识，落实和完善学校食品卫生安全责任制度。

(2)根据《食品卫生法》《学校食堂与学生集体用餐卫生管理规定》《学校食物中毒事故行政责任追究暂行规定》等要求，依法管理学校食品卫生。

(3)进一步完善和落实学校食品卫生安全责任制和责任追究制。建立定期通报制度，定期对学校突发公共卫生事件发生情况、报告情况、责任追究与整改情况进行通报。

(4)加大对学校食堂从业人员的培训力度，建立食堂从业人员上岗培训制度,增强其食品卫生安全意识,使之自觉遵守食品卫生操作规范。

(5)加强学校食品卫生安全知识的宣传教育工作,提高学生的自我保护意识和能力。

(6)加大督促检查力度,通过专项督导与专项检查,督促各地落实各项食品卫生安全措施。

2.学生要养成良好的卫生习惯

(1)饭前要洗手。人的双手每天会接触各种各样的东西,很容易沾染细菌、病毒和寄生虫卵。吃东西以前要认真用肥皂洗净双手,减少得病的概率。

(2)生吃瓜果之前要洗净。瓜果蔬菜在生长过程中不仅会沾染病菌,而且还可能残留着农药和杀虫剂等,如果不洗净,不仅可能染上疾病,还可能造成农药中毒。

(3)不随便吃野菜、野果。野菜和野果的种类繁多,一般人很难分辨哪些是无毒的,哪些是对人体有害的,不随便食用就可以避免中毒,确保安全。

(4)不吃腐烂变质的食物。食物一旦腐烂变质就会变酸、变苦,散发出异味,这是由细菌大量繁殖引起的,吃了变质的食物会造成食物中毒。

(5)拒绝食用街边摊食物。街头小摊出售的食品大多不符合食品卫生安全标准,随意食用会危害健康。

(6)不喝生水。水是否干净,仅凭肉眼是很难分辨的,所以应尽量喝烧开的水。

第二节　住宿——住得安心

学生宿舍是学生日常生活和学习的重要场所。学生宿舍管理事关学生的人身和财产安全,事关学校正常的教学、生活秩序。良好的宿舍环境不仅能使学生感到安全舒适,而且能带来平和愉悦的心情,会对大学生产生潜移默化的影响,培养学生良好的生活习惯、高尚的情操,对于提高大学生的素质具有重要作用。因此,优化宿舍管理,创建一个文明健康、舒适整洁、安全有序的宿舍环境,将对大学生的健康发展起到积极的促进作用。

一、用电安全

电与生活是息息相关的,它存在于我们生活的每一个角落。然而正是由于我们对电太过熟悉,以致忽略了电的危害性。安全用电历来都是学校安全工作的一个重点。目前，在大学宿舍中，许多同学都在使用诸如电脑、电热毯、电饭锅等电器，由于用电量过大，电线常常超负荷运载。因此，大学生要知晓安全用电知识，并学会排除用电险情，当危险发生时能够正确应对。

【案例直播】

> 小韩是河北某高校物理系的大二学生。2012年6月30日下午5时左右，小韩下课后回到宿舍自习，因学习时需要用到手提电脑，为节省手提电脑电池的用电，他决定外接电源，不想在接电过程中触电，抢救无效身亡。据称，小韩所在的宿舍楼属于老式学生宿舍，室内没有安装外接用电插座，而学校为了统一用电管理，明确规定在校学生不得在宿舍内使用电器，不得私拉乱接电线。然而，小韩所在的铺位为靠近门口的上铺，与屋顶上安装的一台摇头式吊扇距离最近，小韩找出两根铜芯电线，准备从头顶上的吊扇电源上引出电线作为手提电脑的电源。但在接线过程中，由于操作不慎，他被强大的电流击倒在床上。

【温馨提示】

1. 预防用电危险

触电事故的发生具有明显的季节性，事故多发生在夏、秋两季。一方面是因为天气炎热，人体出汗多，电阻降低，危险性增加；另一方面是因为多雨潮湿，电器的绝缘性能下降，容易出现漏电情况。大学宿舍安全用电要以预防为主。

(1) 不要购买"三无"的假冒伪劣电器产品。

(2) 使用电器时应有安全的电源线接头，金属电器要接地保护。

(3) 不要用湿手接触带电设备，不要用湿抹布擦拭带电设备。

(4) 不要私拉乱接电线，不要随便移动带电设备。

(5) 电器电源线破损时，要立即更换或用绝缘胶布包扎好。

(6) 家用电器与电源连接时，必须用可断开的开关或插接头，禁止将导线直接插入插座孔。

(7) 常用电器，尤其是电热类电器要随手关掉电源。

(8) 宿舍内禁止使用电炉、电饭煲、热得快等违规电器。

2. 触电应急措施

一旦发生触电事故，救护者一定要冷静，必须在保证自身安全的情况下，在第一时间切断电源。具体做法如下：

（1）如开关箱在附近，可立即拉下闸刀或拔掉插头，断开电源。

（2）如距离闸刀较远，应迅速用绝缘良好的电工钳或有干燥木柄的利器切断电线，或用干燥的木棒、竹竿、硬塑料管等物体迅速将电线挑开。

（3）若现场无任何合适的绝缘物可利用，救护人员可用几层干燥的衣服将手包裹好，站在干燥的木板上，拉触电者的衣服，使其脱离电源。

（4）发生高压触电时，应立即通知有关部门停电，并迅速拉下开关，或由有经验的人采取特殊措施切断电源。

3.触电急救措施

（1）对触电后神志清醒者，要有专人照顾、观察，情况稳定后方可正常活动；对轻度昏迷或呼吸微弱者，可针刺或掐人中、十宣、涌泉等穴位，并送医院救治。

（2）对触电后无呼吸但心脏有跳动者，应立即采用口对口人工呼吸法；对有呼吸但心脏停止跳动者，应立刻采用胸外心脏按压法进行抢救。

（3）如触电者心跳和呼吸都已停止，则须同时采取人工呼吸、俯卧压背法、仰卧压胸法、心脏按压法等交替进行抢救。

二、防火安全

在大学校园中，火灾一直是威胁学生生命财产安全的重要因素。近年来，大学宿舍频频发生火灾事故，严重影响了教学科研活动的正常进行，同时对学生的人身财产安全造成了危害。大学生是校园的主人，预防校园火灾，大学生起着十分重要的作用。我们应该掌握消防知识，提高防火技能，为校园的安全防火尽自己的力量。

【案例直播】

2010年12月19日上午10时，株洲某高职院校的4号女生楼213室发生了一起失火事件，造成宿舍学生财物、公物被焚毁。由于发现及时，扑救迅速，组织人员疏散得当，未造成人员伤亡。经调查，起火原因是某同学使用违禁电器"热得快"烧水，在没切断电源的情况下锁门离开。热得快长时间加热，暖瓶中的水被烧干了，引燃了暖瓶表层的塑料及附近的布帘等可燃物，最终造成了火灾。

【温馨提示】

"预防为主、防消结合"是与火灾做斗争的两个基本手段。在学校管理工作中，要将火灾预防放在首位，积极贯彻落实各项防火措施，防止火灾的发生。同时，要加强对于火灾应急处理方法的宣传教育，使学生在面对火灾险情时不急不慌、从容应对。

1. 宿舍火灾的预防

根据以往的火灾事故，宿舍火灾预防主要应采取以下措施：

（1）严格用电管理，加装用电控制设备（电流过大时会自动切断电源），防止学生在宿舍中使用大功率电器。

（2）要经常检查学生宿舍，防止学生乱拉电线、违规使用电器设备等。

（3）严格管理危险品，特别是燃气设施、酒精、打火机、易燃化妆品等，这些物品在储存或使用不当时会引起火灾事故。

（4）加强对吸烟行为的管理。严禁学生在宿舍里吸烟，防止因吸烟引起的火灾。

（5）加强对明火的管理，特别是在节日期间，防止在宿舍燃放烟花鞭炮、点蜡烛、烧垃圾等。

（6）加强对学生的管理教育，培训消防知识，学习基本的防火措施。

（7）开展消防培训，组织消防演习。

2. 公共场所的火灾预防

随着学校建设的发展，教室、餐厅、图书馆等地点的人员往来频繁、密度变大；公共场所的管理松散，大部分师生的防火意识不强；室内装修使用的可燃物质、有毒材料多，而且用电量高，高热量照明设备多——这些都是严重的火灾隐患。这些地方一旦发生火灾，极易造成人员伤亡，特别是群死群伤。因此，大学生在公共场所滞留时，应掌握如下防火知识和方法：

（1）清醒地认识到公共场所的火灾危险性，时刻提防。

（2）严格遵守公共场所的防火规定，摒弃一切不利于防火的行为。

（3）进入公共场所时，首先要了解所处场所的情况，熟悉消防通道。

（4）善于及时发现初起的火灾，做出准确判断，能及时扑救的要及时扑救，不能控制的要立即疏散逃生。

3. 火灾的应急处理方法

火灾的发展过程分为初起、发展、猛烈、下降、熄灭等五个阶段，而在火灾中，自救的最佳时间段是前三个。

（1）初起阶段。一般，固体物质燃烧时，在前15分钟内火灾的面积不大，烟和气体的流动速度比较缓慢，辐射热较低，火势向周围蔓延的速度比较慢，火焰一般还没有突破建筑的外壳。在这个阶段，要以最快、最有效的方法灭火，同时可用湿毛巾捂住口鼻，及时逃生。如果是电器导致的火灾，首先要迅速切断电源，防止触电。

（2）发展阶段。发展阶段是指从起火点引燃周围可燃物到轰燃之间的阶段。在此阶段，如果消防队没有赶到火场，火势将很快地转入猛烈燃烧阶段。所以，一旦发现火灾，必须先报警，使消防队能争分夺秒地赶到火场，防止火势扩大。

（3）猛烈阶段。燃烧的程度达到高潮，燃烧温度最高，辐射热最强，温度和气体对流达到最高限度，建筑材料和结构的强度受到破坏，发生变形或倒塌。在这个阶段，应该选择最佳的疏散路线进行逃生自救，争取尽快逃离现场，切不可为了穿衣或取财物而延误逃生的宝贵时间。

4. 灭火的方法

（1）隔离法。将着火的地方或物体与周围的可燃物隔离，燃烧就会因缺少可燃物质而停止。可以将靠近火源的可燃、易燃和助燃的物品搬走；把着火的物体移到安全的地方；关闭可燃气体、液体管道的阀门，减少和终止可燃物质进入燃烧区域。

（2）窒息法。阻止空气流入燃烧区域，或用不燃烧的物质冲淡空气，使燃烧物得不到足够的氧气而熄灭。如用石棉毯、湿麻袋、黄沙、灭火器等不燃烧或难燃烧的物质覆盖在物体上；或是封闭建筑的门窗和设备容器的顶盖，使燃烧源窒息。

（3）冷却法。将灭火剂直接喷射到燃烧物上，以降低燃烧物的温度。当燃烧物的温度降低到该物的燃点以下时，燃烧就停止了；或者将灭火剂喷洒到火源附近的可燃物上，防止辐射热引起火灾。

（4）化学抑制灭火法。将化学灭火剂喷入燃烧区，使之参与燃烧的化学反应，从而使燃烧停止。

5. 身上着火的处理办法

发生火灾时，如果身上着火，千万不能奔跑。因为奔跑时会形成空气的流动，大量新鲜空气冲到着火人的身上，火会越烧越旺。而且，着火人乱跑，还会把火种带到其他场所，造成新的燃烧点。

(1)身上着火时，一般先烧衣服、帽子，这时最重要的是先设法把衣、帽脱掉，如果来不及，可把衣服撕碎扔掉。脱去衣、帽，身上的火也就熄灭了。

(2)如果来不及脱衣，可卧倒在地上打滚，把身上的火苗压熄。若有其他人在场，可用麻袋、毯子等包裹着火人把火扑灭，或者向着火人身上浇水，或者帮助着火人将烧着的衣撕下。但是，切不可用灭火器直接向着火人身上喷射，因为多数灭火器内所装的药剂会使得烧伤者的创口发生感染。

(3)如果身上的火势较大，来不及脱衣服，旁边又没有其他人协助灭火，如附近有水池、河流，可直接跳入水中灭火(虽然这样做可能对后来的烧伤治疗不利，但是，至少可以减轻烧伤程度和烧伤面积)。但不会游泳的人不要这样做。

6. 电脑着火的处理办法

在此推荐几种应对电脑着火的处理办法：

(1)开始冒烟或着火的电脑，应立即关机或切断总电源，然后用湿毛毯或棉被等将电脑盖住。这样既能防止毒烟的蔓延，一旦电脑爆炸，也可挡住屏幕的玻璃碎片伤人。

(2)不要向着火的电脑泼水，或使用任何性质的灭火设备灭火。对于已关机的电脑也是这样，因为温度突降，会使灼热的显像管爆裂。此外，电脑内仍有剩余电流，泼水可能引起触电。

(3)不要在短时间内揭起覆盖物观看。即使想看一下燃烧情况，也只能从侧面或后面接近电脑，以防显像管爆炸伤人。

7. 灭火器的使用方法

(1)干粉式灭火器。干粉灭火器使用方便、有效期长，一般家庭使用的灭火器都属于这种类型。它适用于扑救各种易燃、可燃液体和易燃、可燃气体火灾以及电器设备火灾。干粉灭火器的使用方法很简单，使用前要先拔下保险插销，然后将喷射口对准燃烧物，压握把手即可。

(2)泡沫式灭火器。泡沫灭火器适用于扑救各种油类火灾和木材、纤维、橡胶等固体可燃物火灾。使用泡沫式灭火器时，要将其倒过来稍加摇晃，药剂即可喷出。使用泡沫灭火器时应该注意：人要站在上风处，尽量靠近火源，因为它的喷射距离只有2~3米；要从火势蔓延最快的一边喷起，然后逐渐移动；注意不要留下火星，手要握住喷嘴木柄，以免被冻伤。

(3)二氧化碳灭火器。二氧化碳灭火器的灭火性能高、毒性低、腐蚀性小、灭火后不留痕迹，使用比较方便。它适用于各种易燃、可燃液体和可燃气体火灾，还可扑救仪器仪表、图书档案和低压电器设备以及600伏以下的电器初起火灾。二氧化碳灭火器有开关式和闸刀式两种。使用时，先要拿掉保险销，然后一手握住喷射喇叭上的木柄，一手按动鸭舌开关或旋转开关，最后是提握器身。需要注意的是，闸刀式灭火器一旦打开后，就再也不能关闭了。

(4)1211灭火器。1211灭火器(卤代烷灭火器)主要适用于扑救易燃或可燃液体、气体、金属及带电设备的初起火灾；可以扑救精密仪器、仪表、贵重的物资、珍贵文物、图书档案等初起火灾；还可以扑救飞机、船只、车辆、油库、宾馆等场所的固体物质的表面初起火灾。1211灭火器的使用方法与干粉灭火器相同。

8.烧伤的应急处理方法

烧烫伤紧急处理的五个步骤是冲、脱、泡、包、送。

(1)"冲"是指烧烫伤后立即脱离热源，用流动的冷水冲洗创面，降低创面温度，减轻高温所造成的组织损伤。

(2)"脱"是很多人容易忽视的。如果被开水烫伤，衣服上仍然有较高的水温，不脱去衣服，相当于没有脱离热源，仍然会加重伤情。所以边冲边脱衣服是正确的处理方法。

(3)"泡"是指脱下衣服后要继续把伤口泡在冷水中。泡冷水可持续降温，避免起泡或加重病情，如果出现小水泡，不要弄破，应由医生处理。

(4)"包"就是包裹伤面。送医院之前一定要包裹伤面，可以裹上一块干净的毛巾，切忌滥涂"药膏"。

(5)"送"就是送医就诊，寻求医生的救助。

三、卫生安全

学生宿舍是学生在校期间学习、生活、休息的重要场所，直接关系到学生的精神风貌和身心健康。高校要采取多种措施保持学生宿舍区的清洁卫生，形成良好、整洁、优美的宿舍环境。

【案例直播】

2012年5月23日，浙江省省长批评一些大学生宿舍脏乱差，要求浙江高校的寝室一定要干净。此消息引起河北经贸大学师生的关注，该校一位大三学生在网上发帖，代表同学们向全省大学生发出倡议，争做文明、健康、高雅的新时代大学生，努力成为高素质人才，受到网友的热捧。

【温馨提示】

保持寝室环境的卫生对大学生养成良好的生活习惯有着不可替代的作用。寝室是大学生的第二个家，也是学校文化建设的重要阵地之一。一个良好的生活环境不仅可以影响大学生的生活习惯，还可以给他们带来良好的精神面貌和积极向上的生活态度，对于大学生的身心发展有至关重要的作用。此外，干净、整洁的环境卫生所带来的是大学生综合素质的提高，是大学文明程度的体现。想要保持大学宿舍的环境卫生，必须从以下几点做起：

1. 落实寝室卫生制度

针对目前许多大学生普遍存在的卫生问题，建议每个寝室制定出切实可行的寝室卫生制度，其中应包括不养宠物、每日值日安排、值日生保质保量完成打扫工作、不打扫的惩罚措施等内容，并将卫生制度打印出来贴在墙上。寝室长应起模范带头作用，认真、及时、负责地起到督促作用，带领寝室成员认真打扫卫生。

2. 做好评比工作

学校或寝室长应加大对寝室卫生的监督，切实起到监督作用，宣传做好寝室卫生工作的重要性。每月组织一次寝室卫生评比活动，对优秀寝室给予奖励并在全校公示，鼓励大家维护寝室卫生。

3. 从我做起，从身边的小事做起

大学生应改变关于保持寝室卫生的观念，不能认为扫地是小事而不屑去做，也不能以现在有事，改天再清理或者晚点清理为理由推脱，应从我做起，从身边的小事做起。

4. 爱护卫生，从自身做起

要想寝室干净简洁舒服，首先要做好自己的分内工作。换下来的衣服、袜子要及时清洗，被子及个人用品要摆放整齐。个人垃圾、废物要放在规定的地方，而不是随手乱丢。要增强卫生意识，重视细节，爱护卫生，从自身做起。

5. 切实可行的制度

学校的卫生监管部门应加大对各寝室卫生的督查力度，提高大学生的整体卫生素质，并定期对各寝室的卫生情况进行检查。应在寝室张贴关于爱护卫生和注意个人卫生的事项和制度招贴，同时对能够保持卫生的寝室提出表扬。学校可用海报的形式呼吁学生爱护卫生，如不随地吐痰、不将剩饭菜随意丢弃等，积极展开有关卫生问题的宣传和讨论工作，增强同学们的卫生意识。学校也可开设有关卫生方面的选修课。

第三节　财产——保护钱财

学习和生活在"象牙塔"中的大学生与人类社会中的其他群体一样，难免会面临各种危险。本节将针对大学生可能遇到的几种常见的财产安全情况进行简单的介绍，目的是帮助大学生进一步提高安全防范意识，加强自我保护，积极参与学校的安全管理，共同维护和营造安全稳定的发展环境。

一、防盗

宿舍是高校重要的教学设施之一，是大学生生活、学习的集中场所，是高校安全工作的重要组成部分。这里本应是大学生安全、安静的"栖息地"，但却会因为一系列盗窃事件的发生而显得并不太平。

【案例直播】

2013 年 11—12 月，株洲某高职院校新校区的学生宿舍连续发生了多起盗窃案件，多台笔记本电脑被盗。次年 4 月 25 日，湖南某高职院校市区老校区的学生宿舍的 4 台电脑和 1 智能手机被盗。

【温馨提示】

大学生可以采取以下措施防范盗窃事件的发生：

1. 居安思危，提高自我防范意识

一般防盗的基本方法是人防、物防和技防。其中"人防"是预防和制止盗窃犯罪最可靠的方法。对大学生而言，提高防范意识，做好防盗工作，不仅是个人的事，也是全校师生共同关心的大事。只有人人参与其中，群防群治，才能真正有效地控制和防止盗窃案的发生。事实上，发生在大学生周围的盗窃案件大部分都是由于大学生自身的防范意识淡薄而引起的，不注意对自身财物的保管，给盗窃分予以可乘之机。在日常生活中，大学生应在以下几个环节上加强安全防范的意识，提高防盗能力：

（1）大额现金不要随意放在身边，应就近存入银行，同时办理加密业务，将存折和印鉴、密码、身份证分开存放，最好不将自己的生日、手机或家庭电话号码、学号作为存折或信用卡的密码，防止被他人盗取。

(2)贵重物品，如手机、电脑、照相机等，不用时要妥善保存，最好使用保险柜保管。

(3)不要怕麻烦，要随手关窗锁门，离开寝室时要锁好门。

(4)相互关照，勤查勤问，对陌生人要多留一个心眼。

(5)积极参与安全值班，共同维护集体利益。

(6)思想上高度重视，保管好自己的财物，要有安全防范意识。

2.遵守纪律，落实学校安全规定

为营造一个安全的学习环境，学校有关部门制定了相关的管理制度来规范大家的日常行为，但有些同学常常为了个人的一时之便，置学校的纪律于不顾，违反规定，结果给自己和他人造成财物损失。

(1)不随意留宿他人。大学生在宿舍违规留宿外人而引起被盗的例子很多，应该从中吸取教训。在日常生活中，同学、老乡、朋友来访本是很正常的事，但有些同学对来访的人并不十分了解，又碍于情面，宁可违反学校的有关规定，也不做对不起朋友、老乡的事。江湖义气实不可取，如果来客一时无法离校，可以安排客人住在学校周边的招待所，确实需要将客人留在宿舍时，也应向有关部门报告，并办理相关的登记手续。

(2)爱护公共财物，保持门窗和室内设施完好无损。有些同学忘带钥匙时为图省事，便毁锁开门，还有部分学生将衣柜、书桌损坏了。这些公物被损坏后如得不到及时的维修，寝室的门、柜便形同虚设，起不到任何保护财物的作用。

3.提高修养，养成良好的生活习惯

有关调查表明，盗窃作案分子盗窃欲望的产生在许多情况下是因为受到了盗窃目标的诱惑与刺激。我们日常生活中的不良习惯也给盗窃分子提供了机会。如有意无意地在人面前显现大额现金，贵重的照相机、随身听任意摆放在室内等，所以加强自身财物的保管意识是减少被盗的有效方法。

(1)加强团结。友好地与人相处，形成互相帮助的风气。

(2)谨慎交友。克服哥们义气，少交酒肉朋友，防止引狼入室，甚至同流合污，避免成为盗窃分子的帮凶。大学生在交友过程中要特别慎重，擦亮眼睛，以免终生悔恨。

二、防抢

大学生被抢事故的发生，很大一部分原因是受害人的防范意识差，应对抢劫事件的行动欠妥，不仅给犯罪分予以可乘之机，还给自己造成了伤害。

【案例直播】

小雪是北京某大学的大二学生，为了迎接期末考试，她每天都在学校图书馆温习功课。2014年6月15日晚11时左右，天下着雨，她准备到校外的麦当劳吃点夜宵，但发现人很多，便打算返回学校。当步行至海淀区清河桥时，从路边突然蹿出一名男子从后面紧追上来，并用一只手捂住了她的嘴，意图抢夺她手中的包。小雪一下子蒙了，想起包里有公交卡、笔记本电脑，电脑中存储有自己的个人资料、照片以及考试资料等文件，她下意识地抓紧了手里的包，不肯撒手。那男子挥刀扎向了她，致使小雪身中10余刀，重伤晕倒，后经过抢救才苏醒过来。

【温馨提示】

大学生要确保自己的财产和生命安全，避免"两抢"案件的发生。平时应加强自我安全意识的培养和锻炼，在人多、环境复杂的地方不要逗留，要处处留心，小心谨慎，一旦发生被抢夺、抢劫事件后要迅速报警。无论何时都要以保证自身安全为第一要义，要视现实情况冷静判断、灵活应对，切勿鲁莽行事。

1. 携带现金不要多

外出时不要携带过多的现金和珍贵物品，特别是需要经过抢劫、抢夺事件易发生的地段时。需要携带大量现金或较多的珍贵物品时，应请同学陪同随行。

2. 贴身携带不露财

现金或珍贵物品最好贴身携带，不要置于手提包或挎包内，不要露出或向人炫耀，要将现金、珍贵物品放于隐藏处。

3. 偏僻小道不要走

尽量不要在午休或夜深人静时单独外出，特别是女同学。不要在僻静、阴暗处行走、逗留。如必须通过僻静阴暗处，最好结伴而行，或者携带一些防卫工具。

4.发现可疑别慌张

发现有人尾随或窥视时，切忌紧张并露出胆怯的神态，可以大胆地回头多看对方几眼，或哼首歌曲，或大叫同学、教师的名字，并改变原定路线，立即向有人、有灯光的地方走。

三、防诈骗

诈骗是指以非法占有为目的，用虚构事实或者隐瞒真相的方法骗取公私财产的行为。由于这种行为不使用暴力，而是在一派平静甚至"愉快"的气氛下进行的，加之受害人的防范意识较差，所以较易上当受骗。

【案例直播】

> 某一天下午，镇江市某高校的学生小蔡正独自走在回宿舍的路上。一名文质彬彬的小伙子突然走上前来，向她寻求帮助。他说在学校这边投资了一个研究院，但不知道研究院的位置，而自己的所有东西都被偷了，想借小蔡的手机一用。有人遭遇不幸，又是在校园里，小蔡一下子就放松了警惕，非常放心地把电话借给了这名男子。然而打完电话，这名男子又向小蔡提出，因为自己的银行卡也丢了，想借小蔡的银行卡用一用。眼看这名男子焦急万分，又不像什么坏人，小蔡也没有拒绝。随后，这名男子开车将小蔡带到了校外一家银行门口，以"将小蔡和自己的钱区分开"为由，要求小蔡说出银行卡密码。虽然遭到小蔡的拒绝，但男子却趁小蔡在银行自动取款机上输入密码时，偷偷记下小蔡的银行卡密码。随后，这名男子又以借卡办理银行卡业务为名，拿走了小蔡的银行卡并将卡内的钱取了个精光。

【温馨提示】

大学生可以从以下几点入手，预防高校诈骗案件的发生：

1.提高防范意识，学会自我保护

社会环境千变万化，青年大学生必须尽快适应环境，学会自我保护。要积极参加学校组织的法制和安全防范教育活动，多知道、多了解、多掌握一些防范知识，这对于自己有百利而无一害。在日常生活中，要做到不贪图小便宜、不谋取私利。在助人为乐、奉献爱心的同时要提高警觉性，不能轻信他人的花言巧语。不要把自己的家庭地址等信息随便告诉生人，以免上当受骗。发现可疑人员要及时报告，上当受骗后更要及时报案、大胆揭发，使犯罪分子受到应有的法律制裁。

2. 交友要谨慎，避免以感情代替理智

人的感情既是主观体验，也是对外界的反应，包含着理智的成分。如果只凭感情用事，一味"跟着感觉走"，往往容易上当受骗。交友最基本的原则有两条：一是择其善者而从之，真正的朋友应该建立在志同道合和高尚的道德情操的基础之上，朋友之间是真诚的感情交流，而不是简单的利益关系，要学会了解、理解和谅解对方。二是严格做到"四戒"：戒交低级下流之辈，戒交挥金如土之流，戒交吃喝嫖赌之徒，戒交游手好闲之人。与人交往要区别对待，保持应有的理智。对熟人或朋友介绍而认识的人，要学会"听其言，察其色，辨其行"，而不能"朋友的朋友就是朋友"。对"初相识的朋友"不要轻易"掏心窝子"，更不能言听计从，受其摆布利用。对那些"来如风雨，去如尘"的上门客，态度要热情，处置要小心，尽量不为他们提供单独行动的时间和空间，以避免给犯罪分子作案创造条件。

3. 同学之间要相互沟通、相互帮助

在大学里，班集体是最基本的组织形式。在这个集体中，大家向往着同一个学习目标，生活和学习是统一的、同步的。同学间、师生间的友谊非常宝贵，因此相互间应该加强沟通、互相帮助。有些同学习惯于把个人之间的交往看作个人隐私，但必须了解，既然是交往就不存在绝对保密。将有些交往关系在适合的范围内透露或公开，有利于个人安全。特别是在自己觉得可能吃亏上当时，与同学进行沟通，或许会得到一些帮助，避免受到伤害。

4. 服从校园管理，自觉遵守校纪校规

为了加强校园管理，学校制定了一系列管理制度。制度，是用来约束人们的行为的，在执行过程中可能给同学们带来一些不便，但是制度是必不可缺的。况且，绝大多数的校园管理制度都是为控制闲杂人员和犯罪分子混入校园作案，为维护学生正当权益和校园秩序而制定的。因此，同学们一定要认真执行有关规定，自觉遵守校纪校规，积极支持有关部门履行管理职能，并努力发挥出自己应有的作用。

第四节　交通——出入平安

　　交通安全指交通参与者要严格遵守交通法规，提高警惕，不因麻痹大意而发生交通事故。大学生交通安全是指大学生在校园内和校园外的道路行走、乘坐交通工具时的人身安全。近几年来，高校与社会的交流越来越频繁，校园内的人流量和车流量急剧增加，无论是校内还是校外，大学生被撞伤、撞死的事故时有发生。要做到交通安全，最重要的是严格遵守国家的交通安全法规，掌握一定的交通安全知识，增强交通安全意识，避免交通违章，减少交通事故。

一、行路安全

　　行路安全是指步行安全，即大学生们在校园道路上行走或是在校外逛街过马路时的安全。大学生在行走时一定要关注交通状况，遵守交通规则，绝不违规横穿马路或逆向行走，避免被来往车辆撞伤。

【案例直播】

　　2012年10月15日晚上9点左右，常州某学院的两名女学生从学校北门出校门。如果正常按照路线，她们应从地下道道到达马路对面，然而她们直接从马路上横穿而过，结果被快速驶来的一辆车撞上，被弹出去60多米。一名学生当场死亡，另一名学生重伤，被送往医院抢救，然而肇事司机很快就逃离了现场。

【温馨提示】

　　1. 如何确保行路安全

　　(1) 在道路上行走时，须走人行道；在没有人行道的道路，要靠路边行走。

　　(2) 在通过有交通信号的人行横道时，按信号提示行进，不能闯红灯。

　　(3) 横穿有隔离栏的马路时，除按信号提示通过人行横道外，还可走过街天桥或地下通道，严禁贪近而跨越隔离栏。

　　(4) 横穿黄灯闪烁的人行横道时，要环视四方，注意来往的车辆，在确认安全的情况下快步直行，不要斜行或猛跑急停。

（5）走路时要专心，玩耍、逗闹、看书、玩手机、聊天都会影响对路况的判断。

（6）遇到车辆、人流高峰时，应时刻小心，切不可拥挤，更不可在机动车之间穿行。

（7）晚间行路要选择有路灯的马路，需提防停在路边的车辆突然启动。

（8）在雨天、雾天或雪天行路时，应增强判断力，做出及时的反应，使机动车司机及早发现自己。要小心路边的无盖窨井，否则容易坠入。

2. 行人交通事故中的应急措施

（1）行人与机动车发生事故后，应立即报警，并记下肇事车辆的车牌号，等候交通警察前来处理。

（2）行人被机动车严重撞伤时，驾车人应立即打110、122报警，并拨打120求助，同时检查伤者的受伤部位，并采取初步的救护措施，如止血、包扎或固定。应注意保持伤者的呼吸通畅。如果呼吸和心跳停止，应立即采用心肺复苏法抢救。

（3）行人与非机动车发生交通事故后，在不能自行协商解决时，应立即报警。

（4）遇到撞人后驾车或骑车逃逸的情况，应及时追上肇事者。在受伤时，应求助周围群众拦住肇事者。

（5）发生重大交通事故时，伤者很可能脊椎受伤，这时千万不要翻动伤者。如果不能判断脊椎是否骨折，也应该按脊椎骨折处理。

二、乘车安全

大学生在课余时间进行购物、观光、访友，或离校、返校、外出旅游、参加社会实践活动、求职时，需要乘坐各种交通工具。而各地高校的大学生因乘坐交通工具发生交通事故的情况时有发生，有时甚至造成群体性伤亡，教训十分惨痛。

【案例直播】

2011年10月7日16时许，在滨保高速上，一辆河北省的大客车与小轿车相撞，造成大客车倒翻。经初步核实，事故中有35人遇难、19人受伤，其中6人伤势危重。大客车属于唐山某运输集团，核载53人，实载55人，车上除司机外全是返回唐山上学的保定籍大学生。

【温馨提示】

1. 候车时的注意事项

(1)等候公共汽车时，要在站台和指定地点。

(2)排队候车，按先后顺序上车，不要拥挤。

(3)应等车停稳以后再上下车。因为在汽车没停稳的时候，如果突然拦在车前，会使驾驶员措手不及，而且候车人互相争抢，容易发生踩踏事件。

(4)不要在机动车道上拦出租汽车。

(5)在地铁、火车站台候车时要站在百色安全线以外，避免发生危险。

(6)不要把汽油、爆竹等易燃易爆危险品带入车内。易燃易爆物品容易在挤压、碰撞或车辆震动时被引燃和爆炸，严重危及大家的生命安全。

2. 乘车安全常识

(1)拒绝乘坐"三无车辆"(无牌、无证、无保险)；乘坐出租车时，要及时将车辆信息告诉可靠人员，有效避免其他损失。

(2)无论是乘坐公交车还是火车，在车辆行驶过程中都不要把头、手、胳膊伸出窗外，也不要向车窗外扔杂物。

(3)乘车时要坐稳扶好。没有座位时，要双脚自然分开，侧向站立，应握紧扶手，以免因车辆紧急刹车而摔倒受伤。

(4)坐火车时，不要在车门和车厢连接处逗留，因为易发生夹伤、扭伤等事故。

(5)乘坐客车时，应系好安全带。

(6)尽量避免坐在货车车厢内，因为货运车厢仅为装卸货物方便而设计，没有考虑乘车人的安全，车辆转弯时的离心力或车身颠簸有可能将乘车人员甩出车厢，乘车人也容易被车外物体刮碰。

三、骑行安全

高校校园的面积较大，宿舍与教室、图书馆等的距离较远，所以许多大学生以自行车、电动车代步，骑车出行逐渐成为大学校园里的一道风景线。另外，在课余时间，许多大学生还喜欢骑车出行游玩，非常潇洒自如，但是，在车来车往中穿行是十分危险的。

【案例直播】

> 2012 年 6 月 10 日晚 8 时左右，在广州大学城外环路岭南印象园路段，一辆小汽车与同向行驶的自行车相撞。接到报警后，警方赶处现场。经医务人员确认，骑自行车者吴某与李某当场死亡，两人是一对大学生情侣，小汽车驾驶人员陈某头部受伤，无生命危险。

【温馨提示】

无论是骑车外出游玩，还是在校内骑车代步，大学生们必须注意交通安全，了解最基本的骑行安全常识，做到安全骑行。

1. 穿着要专业

骑自行车最好穿骑行服、戴头盔。

2. 闪烁的尾灯

天色变暗时，自行车的尾灯必须打开，在没有专用非机动车道的路段，白天也要打开尾灯。在混合车道骑自行车的时候，司机有可能看不见你，闪烁尾灯则有助于提醒汽车司机注意自行车的存在。

3. 保持安全距离

从任何停止的车辆边经过时，一定要保留 1.5 米以上的安全距离。如果道路太窄，无法保留足够的安全距离，就需要把速度降到 5 千米/小时以内，同时，要提前观察车内人的动作。

4. 十字路口要注意

通过十字路口时，要先看有没有准备右转的机动车。

5. 在门口区域要提高警惕

道路右边的小区门口、单位门口、小巷子口、弄堂口，是比十字路口更危险的地方。通过这些路口时，应提前做好准备。

第五节　逃生——求生技能

在日常生活中，人们会遇到各式各样的危险，正确的逃生方法是对生命最好的保护。针对校园中经常出现的安全事故，大学生需要掌握一些逃生技能，学会使用逃生工具。希望大学生通过学习逃生方法，培养处变不惊的心理素质。

一、电梯逃生

电梯的普及给生活在城市中的人们带来了不少的方便。当电梯出现故障，乘坐者被困在电梯里时，可以利用平时掌握的自救逃生方法，合理控制情绪，科学分配体力，成功脱困。

【案例直播】

> 2013 年 5 月 15 日上午 11 时 36 分，深圳市某电梯间发生一起惨剧：一名在大厦内实习的女护士在搭乘电梯时，因电梯出现故障，在即将迈出电梯时身体被电梯门夹住，随后被电梯拖行致死。

【温馨提示】

1. 电梯被困自救

(1) 保持镇定，安慰被困的人员，向大家解释不会有危险。因为电梯槽有防坠安全装置，会牢固地夹住电梯两旁的钢轨，安全装置也不会失灵。即使电梯上的安全绳断了，在电梯槽的底部还有缓冲器，它可以降低掉下来时的冲击速度。电梯内的人是不会受到伤害的，所以不要害怕。

(2) 利用对讲机救援，如对讲机，可拍门叫喊，或脱下鞋子敲打电梯门，请求立刻来人营救。

(3) 如不能立刻找到电梯技工，可请外面的人打火警电话。

(4) 如果外面没有受过训练的救援人员，不要自行爬出电梯。

(5) 千万不要尝试强行推开电梯内门，即使能打开，也未必够得着外门。想要打开外门安全脱身更不可能。电梯外壁的油垢还可能使人滑倒。

(6) 电梯天花板上若有紧急出口，也不要从此处爬出去。出口板一旦打开，安全开关就无法使电梯运行。但如果出口板意外被关上了，电梯就可能突然启动，令人失去平衡。

(7) 被困在电梯中时，有可能持续几小时。在这种情况下，最安全的做法是保持镇定，候机救援。要注意倾听外面的动静，如果有人经过，要设法引起注意。

2. 电梯坠落自救

电梯出现突然急速下坠时，乘客应采取以下措施进行自救：

(1) 要迅速把每一层楼的按键按下，一般电梯紧急电源启动时，可停止下坠。

(2) 若电梯里有把手，乘客最好紧握把手，这样可避免因重心不稳而摔倒。

(3) 在电梯下坠的过程中，乘客要将整个背部跟头部紧贴住电梯内墙，这样可以运用电梯墙壁保护脊椎，同时，膝盖要保持弯曲姿势，利用韧带来缓冲压力。

(4) 在电梯停止下坠后，应利用应急电话或手机与值班人员、维保人员取得联系。

二、火灾逃生

火魔无情，当被困在火场内时，如果能够利用地形和身边的物体采取积极有效的自救措施，就可以为生命赢得更多的生机。火场逃生不能寄希望于急中生智，只有靠平时对消防常识的学习掌握，才能在危难关头应对自如，从容逃离险境。

【案例直播】

2009 年 2 月 9 日，兰州大学医学院校区 2 号女生公寓 4 楼 409 宿舍发生火灾，广场消防中队在接警后出动两台消防车赶到现场将大火扑灭。据调查，假期期间，该宿舍内的一名女生由于做兼职家教没有回家。当日，这名女学生在私自用电热棒烧水时突然接到同学电话，在未拔下插头的情况下便离开了宿舍。电热棒的线路长时间受热引起了火灾。

【温馨提示】

在日常生活中，火灾事故往往给人们带来严重的伤害，如果能够掌握一些急救常识，便很可能可以挽救一条生命。

1. 绳索自救法

屋内有绳索的，可直接将一端拴在门框、窗框或重物上，然后沿另一端爬下。在爬下的过程中，脚要夹紧绳子，双手交替，并尽量利用手套、毛巾等对手进行保护。

2. 贴近地面

由于火灾发生时烟气大多聚集在上部空间，因此在逃生过程中应尽量将身体贴近地面。

3. 毛巾捂鼻法

火灾中产生的烟气具有温度高、毒性大的特点，一旦吸入，很容易引起呼吸系统烫伤或中毒，因此在疏散过程中应用湿毛巾捂住口鼻，起到降温及过滤的作用。

4. 棉被护身法

可以将用水浸泡过的棉被或毛毯、棉大衣盖在身上，在确定逃生路线后用最快的速度撤离到安全区域。

5. 毛毯隔火法

可以将毛毯等纺织物钉或夹在门上，并不断往上浇水冷却，以防止外部火焰及烟气侵入，从而达到抑制火势蔓延、延长逃生时间的目的。

6. 被单拧结法

可以把床单、被罩或窗帘等撕成布条，拧成麻花状，按绳索逃生的方式沿外墙爬下。

7. 跳楼求生法

火灾发生时，在万不得已的时候，住在低楼层的居民可采取跳楼的方法进行逃生，但要将席梦思床垫、沙发垫、厚棉被等抛下做缓冲物。

8. 管线下滑法

当建筑物外墙或阳台边上有落水管、电线杆、避雷针引线等竖直的管线时，可借助其下滑至地面，但一次下滑的人数不宜过多，以防止因管线损坏而坠落。

9. 竹竿插地法

可以将结实的晾衣竿从阳台或窗台斜插到室外地面或下一层平台，固定好两头以后顺竿滑下。

10. 卫生间避难法

当实在无路可逃时，可利用卫生间进行避难，用毛巾紧塞门缝，把水泼在地上降温，也可躺在放满水的浴缸里躲避。但千万不要钻到床底、阁楼、衣柜等地方避难，因为这些地方的可燃物多，且容易聚集烟气。

11. 火场求救法

发生火灾时,可在窗口、阳台或屋顶向外大声呼叫,或击打金属物品、投掷柔软的物品引起别人的注意,白天应挥动颜色鲜艳的布条发出求救信号,晚上可挥动手电筒或白布条引起救援人员的注意。

12. 逆风疏散法

要根据火灾发生时的风向来确定疏散方向,迅速逃到火场的上风处躲避火焰和烟气。

13. "搭桥"逃生法

可在阳台、窗台、屋顶平台处用木板、竹竿等较坚固的物体搭在相邻的建筑物上,逃离到相对安全的区域。

三、地震逃生

地震是地质灾害的主要表现,因其突发性和危害范围较大,常常造成严重的人员伤亡。地震发生时常伴有火灾、水灾、有毒气体泄漏、细菌及放射性物质扩散等事故,并可能造成海啸、山体滑坡、地面崩塌、地裂等次生灾害。虽然目前人类无法避免和控制地震,但是只要掌握正确的逃生技巧,是可以将伤害降到最低的。

【案例直播】

2013 年 4 月 20 日 8 时 2 分,四川省雅安市芦山县发生 7.0 级地震。震中芦山县龙门乡 99% 以上的房屋倒塌,卫生院、住院部停止工作,停水停电。截至 24 日 14 时 30 分,地震共计造成 196 人死亡,失踪 21 人,1470 人受伤。

【温馨提示】

地震逃生技巧有以下几种:

1. 及时关火

大地震发生时,常常不能依赖消防车灭火。因此,一定要在地震发生时及时地关火、灭火。

2. 不要慌张地向户外跑

地震发生时,不要慌慌张张地向外跑,因为碎玻璃、屋顶上的砖瓦、广告牌等掉下来是很危险的。此外，水泥预制板墙、自动售货机等也有倒塌的危险，不要靠近这些物体。

3.将门打开，确保出口畅通

地震的晃动会造成门窗错位，打不开门窗。应先将门打开，确保出口畅通。

4.躲在桌子等坚固家具的下面

在地震发生时，首先要在重心较低且结实牢固的桌子下面躲避，并紧紧抓牢桌子腿，还要用坐垫等保护好头部。

5.在户外时，要保护好头部，避开危险的地方

在繁华街区、楼区，最危险的是玻璃窗、广告牌的下面，要注意手提包等物件保护好头部。

6.公共场合不慌乱

在百货公司等人员较多的地方时，最危险的是发生混乱，一定要依照商店职员、警卫人员的指示行动。

7.汽车靠路边停车

发生大地震时，汽车的轮胎会像泄了气似的，难以驾驶。因此应将车子靠路边停下。

8.务必注意山崩、断崖落石或海啸

在山边、陡峭的倾斜地段，有发生山崩、断崖落石的风险，应迅速到安全的场所避难。还要注意，在海岸边有遭遇海啸的危险。

9.避难时要徒步，携带最少的物品

地震时，应以市民防灾组织、街道等为单位，由负责人及警察等带领，采取徒步的方式避难，携带的物品要少。绝对不能利用汽车、自行车避难。

10.不要听信谣言，不要轻举妄动

在发生大地震时，人们在心理上易产生动摇。为防止混乱，应依据正确的信息，冷静地采取行动。一定要相信政府防灾机构发布的信息，决不轻信不负责任的流言蜚语，不要轻举妄动。

四、公交车逃生

在日常生活中，人们经常选择乘坐公交车出行。因为乘坐公交车不仅环保，而且非常便捷。但是，公交车上也是安全事故的多发地，尤其是公交车发生火灾时，很容易因为乘客拥挤而导致人员伤亡。因此，要学会如何应对公交

车上的突发事故，在发生危险时顺利逃生。

【案例直播】

2008年5月5日上午9时15分，上海黄兴路大润发附近一辆公交车发生爆燃，造成3人死亡，多人受伤。17时45分，警方称火灾是由于一名乘客携易燃物品上车所导致的。2009年6月5日8时25分，成都的一辆公交车在闹市区发生燃烧，造成28人死亡、74人受伤。7月2日，警方查明，事故是由于有人携汽油上车故意纵火导致的。

【温馨提示】

1. 旋转车门上的应急开关

公交车车门一般都是由驾驶员通过电动开关控制的，一旦出现电动开关按钮损坏的情况，就需乘客用另一种方式开门。公交车车门上方的显眼处一般设有一个红色按钮，称为应急开关。如果车门无法正常开启，乘客可以按箭头指示方向旋转应急开关，这时会听到一阵"嘶嘶"声，表示气阀内的气压已放掉，然后用手就可推开车门了。

2. 用逃生锤敲开侧窗

每辆公交车上都安装有2~4个逃生锤，均放置在驾驶员和车窗附近。危急情况下，乘客可取下逃生锤，用锤尖用力锤击车窗玻璃的四个角，击碎玻璃后要清除车窗上的玻璃碎片，然后从车窗逃出。有些公交车车窗的中间位置安装了防止乘客甩出车外的栏杆，乘客击碎玻璃逃离时可抓住栏杆跳出窗外。

3. 推开车顶天窗

公交车车厢前后有两个换气用的天窗，当遇到紧急情况时，乘客可以按箭头指示方向旋转天窗一侧的按钮，然后用力向上推开天窗，就可以踩着座椅等爬上天窗，安全逃生。

五、公共场所逃生

人员集中的公共场所是安全事故的高发地点，公众缺少必要的公共场所安全知识，不懂得采取适当的自我保护措施，这也是导致惨剧发生的重要因素。因此，掌握与公共场所相关的安全知识，培养良好的心理素质，才有可能在危急关头做出正确的判断，避免造成更大的损失。

【案例直播】

　　2008 年 9 月 20 日 23 时许，深圳市某俱乐部正在举行室内烟花晚会，由于烟花打偏冲向了天花板，引起了火灾。火灾发生后，现场人员开始逃散，但大火将电线烧断引起停电，许多人被困。截至 9 月 21 日中午 12 时，事故共造成 43 人死亡，59 人受伤。

【温馨提示】

　　1. 商场火灾的逃生方法

　　(1) 利用疏散通道逃生。每个商场都按规定设有室内楼梯、室外楼梯，有的还设有自动扶梯、消防电梯等，发生火灾后，尤其是在火灾初期，这些都是逃生的良好通道。

　　(2) 自制器材逃生。商场是物资高度集中的场所，商品种类繁多。发生火灾后，可利用逃生的物资是比较多的。如将毛巾、口罩浸湿后可制成防烟工具，还可以利用绳索、布匹、床单、地毯、窗帘来开辟逃生通道等。

　　(3) 利用建筑物逃生。发生火灾时，可利用落水管、房屋内外的突出部分和各种门、窗及建筑物的避雷网(线)进行逃生。

　　(4) 寻找避难处所。在无路可选的情况下应积极寻找避难处所，如室外阳台、楼房平顶等。可以选择火势、烟雾难以蔓延的房间，并关好门窗，堵塞间隙。房中如有水源，要立刻将门、窗和各种可燃物浇湿，以阻止或减缓火势和烟雾的蔓延。

　　2. 地下商场火灾的逃生方法

　　(1) 要有逃生意识。进入地下商场时，一定要先对设施和结构布局进行观察，熟记疏散通道和安全出口的位置。

　　(2) 防止火势扩大。地下商场一旦发生火灾，要立即关闭空调系统，停止送风，防止火势扩大。同时，应立即开启排烟设备，迅速排出地下室内的烟雾，以降低火场温度，提高火场能见度。

　　(3) 迅速撤离危险区。采取自救或互救手段迅速撤离到地面、避难间、防烟室以及其他安全地带。

（4）灭火与逃生相结合。关闭防火门，防止火势蔓延，把初起之火控制在最小范围内，尽一切可能将其扑灭。

（5）放低身姿前进。逃生时，尽量贴近地面前进，不要做深呼吸。要用湿衣服或毛巾捂住口鼻，防止烟雾进入呼吸道。

（6）等待救援。当疏散通道被大火阻断时，应尽量想办法延长生存时间，等消防队员前来救援。

3.娱乐场所火灾的逃生方法

（1）逃生时必须冷静。由于室内人员的密度很高，且晚上灯光暗淡，失火时容易造成人员拥挤，在混乱中发生挤伤踩伤事故。因此，只有保持清楚的头脑，牢记安全出口方向，采取正确的紧急措施，才能掌握主动权，减少人员伤亡。

（2）积极寻找多种途径逃生。在发生火灾时，首先应该想到通过安全出口迅速逃生。特别要注意的是，由于一些歌舞厅只有一个安全出口，在逃生的过程中，一旦人们蜂拥而出，极易造成安全出口的堵塞，使人员无法顺利通过。这时，应克服盲目从众心理，果断放弃从安全出口逃生的想法，选择直接从窗口逃生。

（3）等待救援。设在高层建筑中的歌舞厅、卡拉OK厅发生火灾时，逃生通道可能被大火和浓烟堵截，且找不到辅助救生设施。这时，被困人员应暂时逃向火势较轻的地方，向窗外发出救援信号，等待消防人员营救。

（4）在逃生过程中要防止烟雾中毒。由于歌舞厅、卡拉OK厅的四壁和顶部有大量的塑料纤维等装饰材料，一旦发生火灾，将会产生有毒气体。因此，在逃生过程中，应尽量避免大声呼喊，防止烟雾进入口腔。可以用水将衣服打湿捂住口鼻，一时找不到水，可用饮料打湿衣服，并尽量压低身姿，减少烟雾的危害。

第三章　生活篇

　　上大学后，对新生来说最大的变化就是生活环境上的变化，没有了父母、长辈的悉心照料，许多事情需要独自处理，真正的独立生活开始了。另一方面，从单处一室的"独立王国"到多人"群居"的集体宿舍，这一生活环境改变，对没有过住校经历的新生来说，是一次人生的考验。

第一节　健康——良好生活习惯

　　大学生精力旺盛，处于长身体、长知识的重要阶段，良好的生活习惯是确保其顺利、成功地度过大学阶段的重要基础。为了达到身心健康的目的，从一进大学起，就该培养良好的生活习惯，防止不良生活习惯的形成。

一、合理饮食

　　大学生正处于青春年少、向成年过渡的时期，不仅身体发育需要足够的营养，而且繁重的脑力劳动和较大量的体育锻炼也需消耗大量的能量。因此，合理、营养的饮食有助于提高大学生的身体素质和学习效率。

【案例直播】

　　2013 年上大三的小李自幼懂事，她的父母务农，妹妹在读高中，家庭的经济条件比较困难。自从上大学以来，为了节省开支，替家里省下一些生活费，小李总是饥一顿饱一顿，觉得饿时就多吃点，不饿的时候就不吃早饭。有时学习到深夜，就用泡面来填饱肚子。为了准备专升本考试，近一年来，小李更是没日没夜地刻苦学习，方便面也成了她的生活必备品。据小李回忆，她曾有过数次胃部不适的感觉，但都没有放在心上，严重时就吃一片止痛药。一个月前，小李的症状逐渐加重，间隔也越来越短，还常常打嗝泛酸。小李以为自己患了"胃溃疡"，到医院就诊，得到的却是"癌症晚期"的诊断结果。

【温馨提示】

身处校园的大学生不仅要学习掌握一定的科技知识、专业技能，还应掌握一定的营养知识，形成良好的饮食习惯，确保大学期间科学合理的营养摄入及膳食平衡。想要拥有强健的体魄，就必须摒弃不良的饮食习惯，将来才能更好地工作，完成时代赋予的使命。

1.吃饭时不玩电脑

现在，在大学宿舍中，电脑非常普及，大学生们也习惯了一边看视频一边吃饭。用餐时及用餐后长时间坐在电脑前，会使肠胃功能退化。另外，大多数上网的同学没有合理地选择饮食，营养摄入不足。

2.别把润喉片当糖

润喉片可用来治疗咽喉炎、口腔溃疡等疾病，但有的同学没病时也把它当作糖来解馋。俗话说，"是药三分毒"，润喉片不能随便服用。如果咽喉无明显炎症时用润喉片，会抑制口腔及咽喉内正常菌群的生长，导致疾病的发生。

3.不要偏食、挑食

有些大学生偏食和挑食的现象严重，只吃肉不吃菜或是只吃菜不吃肉，导致营养不均衡，对身体发育产生不良影响。

4.别把零食当正餐

大学生食用零食的现象在各个高校屡见不鲜。走进大学宿舍，随处可见各式各样的零食包装袋。其实，食用零食过量会影响食欲，妨碍正餐的摄入量，从而影响身体的正常发育。

5.远离街边小食摊

街边小食摊，特别是临时的小食摊、夜宵摊等，卫生条件差，食品易受灰尘、废气等的污染。处于发育阶段的学生如果长期食用，后果不堪设想。

6.不拿饮料当水喝

很多大学生口渴了就喝饮料，出去玩时也喝饮料，有的同学喝饮料上了瘾，身体便会出现问题，经常无缘无故地流鼻血。其实，口渴了应该多喝水，适当喝一点饮料是可以的，但饮料不能完全代替水。

7.经常喝牛奶

牛奶对于人来说很有益处，它是能够提供优质蛋白质的食物，其中具有人体必需的微量元素和氨基酸。但有的学生挑食，拒绝喝牛奶，会引起身体营养不良。

8.少吃烧烤类食物

吃熏烧食物太多是有害健康的。如果经常在饭前摄入大量热量高却没有营养价值的熏烧食物，时间长了会引起胃肠功能失调，而且长期摄入熏烧太过的蛋白类食物易诱发癌症。民间有句谚语——"大饥不大食，大渴不大饮"，它告诫人们应饮食有节，不暴饮暴食。早餐以吃饱为宜，午餐以八九成饱为宜，可以多吃富含蛋白质的食物，晚餐最好清淡一些，以七分饱为宜。

二、适当运动

生活习惯代表着个人的生活方式，良好的生活习惯不仅能促进个人的身心健康，而且能对人的未来发展起到促进作用。近年来，大学生的身体素质指标逐年下降，主要原因是没有形成良好的生活习惯，其中缺乏锻炼是"祸首"。

【案例直播】

2013年某天下午，某校2012级某班学生在上体育课。女生小茹在100米短跑项目中跑到约50米时，突然倒在地上，心脏停止跳动。经校医紧急抢救恢复心跳，后送湖南省湘雅医院全力救治，经过了一周的抢救也没能挽回小茹的生命。和小茹相比，某高职学校的女大学生黄某要幸运一些。同年5月19日11时，黄某正上体育课，站在排球网前的她突然倒地，失去了知觉。校医赶来对黄某进行急救，但她仍未苏醒。后经医院两个多小时的抢救，黄某的心跳才恢复了正常。

【温馨提示】

1.体育运动的益处

(1)运动可以改变人的形态、结构，调节人的新陈代谢，提高器官的机能。

(2)运动可以提高人体在生长发育期的发育水平,使人的发育期大大延长。运动有着明显的抗衰老作用,可延长人的寿命。

(3)运动可以对人体产生全面的影响,提高人的环境适应能力、工作能力、劳动能力及运动能力。

(4)运动可以提高人体的免疫能力,预防和治疗某些疾病,加速病患者在医学治疗后的恢复。

(5)运动可以提高人的智力容量,改善人的精神状态和心理素质。

(6)运动可以塑造健美的体态,养成良好的行为举止,提高人的审美能力。

(7)运动有益于实现某些特殊性状的变异,并使这些对人类有益的性状遗传下去。

(8)运动是指导控制人类未来进化过程的积极因素,它有益于人类向自身进化的更高水平发展。

2.体育运动原则

要想科学地安排体育运动和身体锻炼,提高锻炼效果,避免伤病事故,就必须遵循以下基本原则:

(1)循序渐进原则。体育锻炼的循序渐进是指在学习体育技能和安排运动量时,要由小到大、由易到难、由简到繁,逐渐进行。

(2)全面发展原则。锻炼时,要注意活动的多样性和身体机能的全面提高。

(3)区别对待原则。进行体育锻炼时,要根据每个锻炼者的年龄、性别、爱好、身体条件、职业特点、锻炼基础等情况区别对待,使锻炼更具有针对性。

(4)经常性原则。经常参加体育活动,锻炼的效果才明显、持久,所以体育锻炼要经常化,不能三天打鱼、两天晒网。虽然短时间的锻炼也能对身体机能产生一定的影响,但一旦停止体育锻炼后,这种良好的影响作用会很快消失。

(5)安全性原则。从事任何形式的体育锻炼都要注意安全,如果体育锻炼安排得不合理,违背科学规律,就可能出现运动事故。

三、充足睡眠

对许多大学生来说,熬夜似乎成了一种生活常态。每天的深夜和凌晨,常会看到这样的情景:宿舍的灯熄灭了,但电脑屏幕还亮着;校园的街道是安静的,宿舍的楼道中却是吵闹的。其实,大学生正处于长身体的关键阶段,充足睡眠是身体健康的保证。

【案例直播】

> 2012 年 11 月 27 日，某高职的一名陈姓男生被发现猝死于宿舍中。事发当天早上 7 时，同宿舍的同学发现无法叫醒小陈，且小陈出现了抽搐症状，随即拨了 120，但最终小陈还是未能抢救过来。小陈的同学说，他在电信专业读大三，刚满 21 岁，是不太爱运动的"宅男"，平常睡觉的时间都在凌晨 1~2 点钟。类似事件并不少见。2013 年 6 月，某高职的 20 岁女生欢欢猝死，她因为毕业找工作，猝死前两个月都在长期熬夜。2013 年 11 月，某大学学生张某参加校园活动时猝死，生前他曾在网上留言："10 天 4 个半通宵，顺利完成作业。"

【温馨提示】

长期熬夜导致的睡眠不足，会对大学生的身体产生严重危害，主要表现在以下几个方面：

1. 容易疲劳，免疫力下降

经常熬夜造成的后遗症，最严重的是疲劳、精神不振，因为脑细胞不能得到充分的休息。同时，人体免疫力也会随之下降，感冒、胃肠感染、过敏等自律神经失调症状都会出现。

2. 头昏脑涨，注意力不集中

熬夜后，上课时经常会头昏脑涨，注意力无法集中。长期熬夜、失眠对记忆力也有损伤。

3. 产生黑眼圈和眼袋

夜晚是人体的生理休息时间，该休息而没有休息，就会因为过度疲劳造成眼睛周围的血液循环不良，引起黑眼圈、眼袋或是眼球布满血丝。

4. 皮肤干燥、长黑斑和青春痘

夜间是胆、肝的休息时段。这两个器官如果没有得到充分的休息，表现在皮肤上，容易出现粗糙、脸色偏黄、长黑斑和青春痘等问题。

5. 影响生理健康

长期熬夜对女生的危害有肥胖、皮肤受损、免疫力下降等，还会出现内分泌失调，进而可能引发各类妇科疾病。对男生的危害有头疼、皮肤受损，严重的可影响精子的质量、数量以及存活率，这将对日后男生的正常生育造成一定的影响。

6.患慢性病的概率增加

熬夜族的肾上腺素等激素分泌量也比一般人高，从而使新陈代谢的压力增加，进而引发慢性疾病，如高血压、糖尿病等。

7.对视力的危害最大

熬夜对眼部的危害是最大的，尤其是戴眼镜熬夜。建议每隔 1 小时，做一次眼保健操，以缓解眼部的压力。

第二节　消费——试着学习理财

上了大学，学生手中可支配的资金增加了，很多刚入学的大学生在每个月的生活费支出安排上往往无所适从，就更不用说理财了。大部分大学生通常缺乏计划性，容易出现盲目消费的情况。此外，为确保每一名家庭经济困难的学生能顺利完成学业，目前，学校已基本形成了包括国家奖学金、励志奖学金、助学金以及学校奖学金、勤工助学、特困补助、绿色通道、社会资助在内的多元化的学生资助体系，以保证同学们安心上学、静心读书。如何规划好自己有限的资金，是大学生的一门必修课。大学生合理理财，既能使自己的大学生活更有规划，也能为今后的科学理财奠定基础。

一、大学生消费的特点

随着社会经济的发展，大学生逐渐成为一个庞大的消费群体。在这个竞争激烈、个性鲜明的新时代里，大学生们又是怎么样消费的呢？

【案例直播】

信用卡透支如今已经成了高校校园内的热门词。随着招商银行、建设银行等多家银行陆续面向大学生们推出信用卡业务，尚无固定收入的大学生提早成了"卡奴"。调查显示，如今每四名大学生中就有一人持有信用卡。然而，由"方便"引发的"过度消费"却给大学生和银行都带来了不小的麻烦。一方面，大学生为每月拿到生活费就要先还信用卡而叫苦不迭；另一方面，银行也面临着大学生信用卡坏账率接近两位数的紧张局面。

【温馨提示】

透过以上案例，结合现实生活中的现象，可以总结出大学生消费的基本特点：

(1)潮汐消费现象。大学生具有高度一致的群体认同感，一个新事物、新品牌在大学生市场会在某一个节点呈现出突然的高峰，如考证潮、复读机潮、手机潮、游戏潮等。

(2)随机消费，冲动消费。大学生没有形成完整的、稳定的消费观念，自控能力不强，多数消费都是受媒体宣传诱导或是受身边同学影响而产生的随机消费、冲动消费，是"低价值产品高层化、高价值产品低层化"的消费。为了能够达到消费目的，他们可以在高价值产品上降低某些附加需求以达到核心需求的满足。但是在低价值产品上，他们则会追求完全的需求满足，享受痛快淋漓的消费体验。

(3)追求新朝、时尚，接受新事物快。

(4)品牌忠诚度高。大学生处于品牌形成的拐点位置。随着年龄的增长，尝试新品牌的意愿在逐渐递减，因而大学阶段是品牌忠诚形成、固化的关键期。

(5)消费上的攀比性强。

(6)经济能力决定喜欢低价格消费。

(7)团体性。大学生以班、学院为单位，一级级地构成了校园市场，其消费方式具有很强的团体性特征。

(8)关系网络性。新生的消费受学长的影响非常大，学长一句哪儿可信哪儿不可信就很有可能改变新生的购物决定。

(9)时效性。大学生的消费会随着时间的变化而有显著的变化。

(10)个性与归属同在。作为年轻人，大学生追求个性的释放，他们希望自己成为有独特风格的人，也喜欢有独特风格的产品与品牌。但是这种独特是群体的独特。大学生每天都和同学、朋友进行密切的接触，他们具有高度的一致性，他们希望并主动与群体保持一致，并以这种一致获得群体的认同。

二、大学生消费的误区

目前，大学生所受的教育和所处的校园环境，使他们成为社会上一个比较特殊的消费群体。大学生消费观念的超前和消费实力的滞后之间的矛盾，使得其消费状况存在不少问题。

　　有媒体报道，湖南郴州的17岁高中生小王为买苹果手机和iPad 2，在网上黑中介的安排下卖掉了自己的一个肾。北京一名即将去外地上大学的女孩因母亲未给她购买"苹果三件套"而对母亲大声叫嚷："不给我买，就让我在大学丢脸吧！"然后扔下母亲，扬长而去。不少新生为即将开始的大学生活添置各种数码行头，一些人动辄就要家长掏钱购买价格不菲的电脑、手机，让许多经济条件一般的家庭难以承受，实在令家长"掏不起"。

【温馨提示】

　　不健康的消费习惯不仅加重了学生家长的经济负担，增加了高校教育学生的难度，也会直接影响大学生的世界观、人生观和价值观的形成与发展。那么，大学生在消费上主要有哪些误区呢？

　　1. 消费的盲目性

　　部分学生消费没有计划，随意性很强。曾有调查指出：3.7%的学生竟不知道每月、每学期要花或花了多少钱，从未思考过钱该怎样花，反正没了回家去拿，家里给的也无定数，这类学生以来自城镇的女孩居多。有了钱就大手大脚地乱花一气，把本是几个月的生活费一次性花光，接下来只得过拮据的日子，要么向家里求援，要么东挪西借。在该买什么与不该买什么的事情上没有主见，看到别人买啥自己也"随波逐流"，结果钱花了却用处不大，造成了浪费。

　　2. 重物质消费轻精神消费

　　绝大多数同学片面追求物质享受，把钱花在吃、喝、玩、乐上，而对精神生活投资甚少。科学研究指出，这是由尊重需要而引起的消费炫耀心理。许多大学生就以拥有各类名牌(而不是用优异的成绩或特殊的才华)作为炫耀的资本。这种现象实际上反映出大学生心理上的一个症结：用富裕的物质生活来充实美化自己的形象，并使之高大，或以此来提高自己在集体中的地位，显示自己的社会价值，尤其是个别家庭富有而本人学习成绩却不甚理想的学生，更想以此来塑造自己的形象，以求得自尊的满足和心理的平衡。这种现象也会对周围的同学产生影响，于是，重物质的消费习惯蔚然成风。

3. 消费的模仿趋向

许多大学生努力适应社会最明显的表征就是在消费选择上的模仿化趋势。男生为装出男子汉的气质与风度,随波逐流地学抽烟,勉强地锻炼喝酒,刻意用白酒增强"内功";女生则对时装、化妆品、首饰等情有独钟。

4. 消费的攀比行为

当推崇世俗化的物质享受时,在群体模仿式消费行为中自然会滋生压到对方而独领风骚的畸形心理。这样,相互攀比现象就有了滋生的土壤。你追我赶,相互攀比,导致了高消费的不断升温。不合理的消费会打乱个人的生活秩序,影响学习生活。同时,大学生的消费行为直接体现了其生活观、享乐观、人生价值等价值观,这对他们的学习、生活乃至日后工作、成才都有着重要影响。

三、大学生如何合理消费

说到如何理财,不外乎四个字,就是"开源节流"。前者指增加经济收入,后者指经济支出,对于消费支出需要一定的控制,要尽量控制好收入的"外流"。除了开源,理财的另一个方面就是要花钱有度、合理消费。

【案例直播】

一名大学生说:"每个月的钱就是那么稀里糊涂花的,花没了才知道这个月还没过完。至于下个月,要不厚着脸皮向家里要,要不就先借着。"某高校的李同学说,本学期他带了3500元的生活费。到了学校后,他和女友一起逛街,给女友买衣服,自己买了一双运动鞋,晚上吃了一顿西餐,花了700多元,短短几天就花了一个月的生活费。

【温馨提示】

上面的例子是在校大学生缺乏理财意识、盲目消费的典型,他们也因此常常感到苦恼。其实,如果能增强自己的理财意识,注意该花钱的时候花钱,不该花的时候不花,把握消费的"度",就不会出现上面的狼狈和尴尬了。下面介绍一些"节流"的原则和技巧:

1. 钱要花在刀刃上

很多家庭条件优越的大学生早已不知"柴米"之不易，没有丝毫的节俭意识。家长的资助大多是他们的主要经济来源，家里"源头"的充足让他们的支出更为任意，于是就出现了盲目高消费、追求名牌、一味攀比等消费现象。其实，任何所谓的潮流都不会长久地把持整个社会，盲目追求潮流往往不过是昙花一现。作为学生，应该把钱花在必须花的地方，把钱花在刀刃上才是理智的选择，做到吃要营养均衡，穿要耐穿耐看，住要简单实用，行要省钱方便。

2. 控制自己的消费

有的学生会抱怨：不知道钱是怎么花光的，也不知道该如何控制支出。这个时候学会建立自己的"小账本"，尝试记账和做预算可以很有效地帮助自己安排收入和支出，也可以避免糊涂消费。

3. 养成节俭的好习惯

生活中有很多小开支，这里几元，那里几块，看似不起眼，但积少成多就是一个大数目。要学会从小事做起，逐步养成节俭的习惯。勤俭节约似乎是老生常谈的话题，但是这个好习惯会让我们终身受益。

4. 把握消费时机

需要添置必需衣物的时候要学会"超前"准备。在很多大商场，换季衣服都会以低折扣进行销售。所谓的新款在刚刚上市的时候往往会标出高价，但是在季尾销售时的价格只是先前的几分之一。所以，避开商家的销售高价期，学会"按时"消费会给自己节约一笔不小的数目。

5. 合理利用银行卡

有些家庭生活优越的大学生经常是"寅吃卯粮"，刚刚开学没几天就花完了半学期的生活费。这个时候家长就要采取适当的方法来"约束"一下学生了。合理利用银行卡，可以限制盲目消费。饮水思源，没有了"源"，学生们的消费就要量力而行了。

第三节　旅游——行万里路

俗话说："文武之道，一张一弛。"学习之余参加一些文体活动，不但可以缓解刻板紧张的生活，还可以放松心情。而对于大学生来说，结伴出游是休闲娱乐的首选，选择旅游不仅可以打发时间，还能增长见识。我院新校区位于株洲市云龙示范区的职业教育大学城、长沙—株洲高速（S21）株洲出口 2000 米处，距长沙黄花国际机场、高铁长沙南站、株洲西站、普铁株洲站均只有 30 分钟左右的车程，出行十分便利。不过，大学生外出旅游时，不仅要提前做好准备，还要警惕路途中的危险，避免受到伤害。

一、旅游前的准备

一直以来，三五好友自助出游深受大学生的喜爱。一方面，大学生具有一定的经济能力和自我生活能力，有相对宽松的时间；另一方面，大学生具有更多的冒险精神，这些都促成了大学生的自助旅游热。不过，虽说自助游十分有趣轻松，但仍然需要大学生们做好出游前的准备。

【案例直播】

2013 年 11 月 8 日下午两点，三名大一男生打算走小路进入武功山景区登山探险。他们穿过一片过去从未有人经过的树林，走了大约一个小时后发现了一条小路，就沿着小路行走。由于并未准备相应的野外装备，他们走了大约 3 个小时，依然没有找到通往景区的正规道路，此时三人也找不到下山的道路，只好报警求助。经过近 6 个小时的搜救，3 名学生终于成功脱险。

【温馨提示】

1. 预订好住宿酒店

如果不是跟团旅游，最好先在网上预订途中的住宿酒店，一是网上订会便宜些，二是可以事先确定好行程，最主要的是可以节省时间。

2. 先买好返程票

如果不是跟团游，最好先把返程票买好。现在火车票可提前订票，行程确定好了之后，提前买好回程票，一路可以更安心。如果选择坐飞机，提前买票还可以享受较低的折扣。

3. 参团游选大旅行社

参团游可以省去车票、食宿自订的麻烦，参团游最好选大品牌的旅行社。大品牌旅行社管理规范、人员素质高，还可以通过包机等方式享受低价线路。

4. 选择舒服的鞋和衣服

一些朋友会为旅行添置新衣，以期更好地享受假期。但是，出游最好不要穿新鞋。出行时穿着的衣服也尽量以宽松、休闲为宜，活动起来更方便，不要为了所谓的形象让自己受到约束。

5. 准备好小药箱

出门在外，难免会水土不服，或者遇到晕车、晕船、伤风感冒等状况。因此一定要带上常用的感冒药、消化药、创可贴等药品，保证身体健康才能游得好。

二、旅游中的注意事项

外出旅游的目的是放松身心、欣赏美好风景，但若在旅途中发生意外事故，不仅影响旅游者的兴致，给自己和他人带来麻烦，而且可能影响行程。尤其是对于闲暇时间较多的大学生而言，外出旅游的机会很多，更应该了解和掌握一些旅游安全常识，防患于未然。

【案例直播】

2012年4月下旬，某高校三位同学，利用假日租赁新疆某汽车租赁公司的汽车在新疆旅游，汽车由租赁公司司机驾驶。4月29日晚上8点多，他们在土路上行驶时，因下坡急转弯而翻车，造成车上人员不同程度地受伤，其中两位同学在送往医院的途中不治身亡。

【温馨提示】

目前，吃、住、行、游、购、娱是中国发展旅游业的根本，是决定旅游业发展的重要因素。人们旅游是为了开心，因此在出行前掌握一些旅游过程中的注意事项是非常必要的。

1. 饮食安全

(1) 出门旅游之前记得带一些治疗肠道疾病的药品。

(2) 乘坐飞机时，登机之前不要吃得过饱，七分饱就可以了，不要喝太多碳酸饮料。在飞机进入高空后，气压会变低，可能引起胃胀气甚至呕吐。

(3) 坐火车、轮船和汽车时应吃饱喝足，旅途中要按时吃饭，其中早饭尤为重要。要清淡饮食，有条件时吃点带咸味的零食。

(4) 在夏季高温时节，在外旅游时，吃东西要讲究卫生，防止病从口入，一定要食用新鲜食品，以防肠道疾病的发生。

(5)在旅途中，中餐应吃得适量，不要吃大鱼大肉，因为吃得太饱或者太油腻会使人倦怠乏力，影响下午的精力。午饭后可以休息片刻，喝一些茶水或白开水，千万不要饮酒，尤其是不要大量饮酒。

(6)食用在景区购买的食品时，应注意食品的质量。

2. 住宿安全

(1)避免入住私人旅店，也不要选择偏僻的地方住宿。

(2)不要同陌生人同住一间房，尽量选择低楼层的房间，最好住在可在最短的时间内到达安全地域的房间。

(3)在登记入住时，要看管好自己的行李，不要将其单独放置在不安全的地方。

(4)进入客房以后，首先要熟悉自己所住房间的布局，查看门窗是否能打开或锁住、电话和电灯开关的位置，了解宾馆的总服务台、楼层服务台、保安部的电话号码。如有保险柜，可自己设定密码，然后将贵重物品和现金放入。还要熟悉宾馆四周的环境，包括内部通道、走廊、报警系统、疏散路线和应急出口等情况。

(5)晚上不要单独外出。

3. 交通安全

(1)提前买票。一定要注意车票的有效期，不要将车票丢失。一旦丢失不要慌张，应积极想办法补票，不要让"有心人"乘虚而入。

(2)不要贪小便宜，旅游期间尽量乘坐正规公司的汽车。

(3)若有晕车、晕船、晕机病史，可以预先服用预防晕车的药物或咀嚼口糖和含葡萄糖的食物，挑选通风透气的位置坐下，如有不适，应马上进行治疗。

(4)乘车时应注意乘车须知，不要做出危险的行为，如将头、手伸出窗外等。

(5)如果是短程的旅行，出租车是最好的选择。如果对服务有任何不满或疑问，可记下车牌号码并进行投诉。

(6)去景点之前要了解回程的车次及时间，根据时间安排好游览时间及回程事宜。

4. 景区安全

(1)抵达景区后，牢记集合地点、时间、所乘的巴士车牌号。听取当地导游有关安全的提示和忠告，预防意外事故和突发性疾病的发生。

(2)经过危险地段(如陡峭、狭窄、潮湿的道路等)时不可拥挤,前往险峻景点观光时应充分考虑自身条件,不要勉强自己,抱有侥幸心理。参与登山等活动时应注意适当休息,避免过度激烈运动,同时做好防护工作。

(3)在水上(包括江河、湖海、水库)游览或者活动时,应注意乘船安全,穿戴好救生衣,不可单独前往深水区域或危险河道。下水游泳时,应携带救生设备。

(4)参加高风险娱乐项目,如雪上摩托、骑马、草地摩托、快艇、瀑流、攀岩时,一定要根据自身情况做出选择,仔细阅读景区提示,在景区指定区域内开展活动,注意人身安全。

(5)在景区参观游览时,要听从导游的安排,不要擅自离队。如果迷失方向,应原地等候导游或者打电话求救,千万不要着急。

(6)在自行安排活动期间,应注意人身安全,谨记导游提醒的各种注意事项以及景区的各种公告和警示。在拍摄照片时,不要专注于眼前的美景,而忽略了身边或者脚下的危险。

(7)自觉维护景区卫生,不乱扔废物,不在禁烟区内抽烟,不要投食喂动物,不往河道、湖泊中扔垃圾。

(8)到少数民族地区旅游时,应注意民族禁忌,尊重当地民俗、法律法规。

5.购物安全

(1)不要轻信流动推销人员的商品推荐。由于小摊位上的商品真伪难辨,质量难以保障,因此尽量不要在小摊位上购买物品。如必须购买,应看好后再与商家议价。无意购买时,勿向商家问价或者还价,以免发生争执。

(2)购物时请注意商品质量及价格,应细心鉴别商品的真伪,并向商家索取正式的发票。

(3)勿随商品推销人员到偏僻地方购物。

(4)在热闹拥挤的场所购物或娱乐时,应注意保管好自己的钱包、提包、贵重物品及证件等。

第四节　网络——看似美丽的花

我校建有万兆骨干、40万兆核心的覆盖全校的校园网络,信息化总预算为1000余万元,互联网总出口达千兆。其中教学楼、办公楼(图书馆)、学生公寓基本实现了无线网络全面覆盖,学生的有线及无线网络进行统一认证。所有学生办理学校网络认证后可以接入校园网，可访问校内网络资源，如图书查询、成绩查询、电子资源检索等。办理互联网接入业务，有两种选择：一是可以办理单独的学校互联网接入服务；二是可办理合作运营商手机套餐中的宽带融合业务。

网络的发展给现代人的生活和学习带来了极大的便利，正是因为它神奇的魅力，求知欲旺盛、好奇心强、追求时尚的大学生都非常钟爱网络。然而，网络本身的特点和大学生未成熟的性格，使大学生在感受先进科技带来的实惠的同时，也面临着网络带来的危机。

一、网络恋爱

网络让陌生的人相识，就算天各一方，也可以因为网络的连接而变得没有距离感，因此也就产生一种新的现象——网恋。所谓网恋，就是网络恋情，意指两人通过网络发展出的恋爱情谊。这是网络产生之后产生的新的人际关系，特殊之处是两人在前期并没有涉及现实生活。

【案例直播】

女大学生尹某通过网络聊天认识了在某建筑公司工作的陈某，两人在聊天中渐生好感。2012 年 9 月初，两人相约在陈某单位附近见面。见面以后，尹某觉得陈某不适合做朋友。陈某却一厢情愿地把尹某当作了自己的红颜知己，天天给尹某打电话、发短信，约尹某出来见面，尹某干脆不接电话、不回短信。

2012 年 9 月 17 日，陈某闲着没事，又给尹某打电话、发短信，尹某依旧不理不睬。恼羞成怒的陈某就发短信威胁尹某要"杀了她"，并发了多条含有威胁内容的短信。尹某开始害怕起来，打电话报了警。9 月 19 日，大学科技园派出所对陈某依法做出了行政拘留 5 日、罚款 500 元的处罚。

【温馨提示】

大学生网恋正在成为一种比较普遍的交往与恋爱方式，但是网恋始终存在着各种争议。一份调查资料显示，有三分之一的同学选择将网恋带入现实生活，而且年级越高的同学，在选择网上恋人时越谨慎，越倾向于把网恋发展成现实中的爱情与婚姻。这一点在工科学生身上表现得尤为明显。

有的学校男女比例失衡，寻找理想的对象比较困难，所以网恋就成为一种渠道。有一些人选择了网恋，并不是代表他们沉迷于虚拟世界里的爱情，而是网络降低了搜寻爱情对象的成本。

网恋的好处是降低搜寻的成本，但是也增加了考核成本。如果两个人仅仅在虚拟世界中交流，没有在现实里面对面地接触，就很难确定两个人是否合适。网络给人们很多想象的空间，从而让头脑充满幻想。很多时候，人们在网恋过程中都对对方产生了过高的期望值，因此见面之后难免有一些失望。

总之，不管是网恋，还是传统的相亲方式，都是搜寻爱情对象的途径，我们都不应该排斥。不管什么样的方式，只要有利于婚恋的实现，都可以尝试。不要给网恋贴上什么标签，它只是实现爱情的一种方式。从专业角度来看，网恋降低了人们获得爱情的成本，让更多人可以拥有恋爱的机会。

二、网络游戏

网络游戏又称"在线游戏"，简称"网游"，指以互联网为传输媒介，以游戏运营商的服务器和用户的计算机为处理终端，以游戏客户端软件为信息交互窗口，旨在实现娱乐、休闲、交流和取得虚拟成就的，具有可持续性的、个体性的多人在线游戏。目前，网络游戏在大学生群体中十分流行，许多大学生或是在寝室，或是去网吧通宵达旦地玩网游，不仅伤害了身体，还大大地影响了学业。

【温馨提示】

湖南某高职有一个外省的学生，玩网络游戏近乎痴狂。家长接到老师的长途电话后不远千里赶到学校，在学校附近租房，把儿子"请"去同住，之后采用盯人战术，一天 24 小时全方位"监控"。一个月后，儿子承诺"戒断游戏"，母亲安心回家了。然而时隔不久，其"网瘾"又犯了，学业一塌糊涂。最终，该名学生被学校劝退。

【温馨提示】

沉迷网游的危害主要表现在以下三个方面：

1. 危害身体

(1)医卫专家指出，长时间沉溺于网络游戏会使人产生精神依赖，导致自主神经紊乱，体内激素水平失衡，使人的免疫功能下降，引发心血管疾病、肠胃神经功能疾病、紧张性头痛、焦虑、忧郁等症状，甚至可能导致死亡。

(2)影响视力。网游必须集中精力，眼睛要长时间地对着电脑屏幕，视力肯定会受损。曾有报道说，一名大学生在网吧一连泡了十几天，其视力由1.2下降到0.2。

(3)辐射危害。长时间在电脑前面，肯定要受到电辐射的危害，导致皮肤油腻，脸部毛孔增大。

(4)饮食无规律，造成身体素质下降。沉迷于网络游戏的人精神高度集中，伴随着血液加速、心跳加快，人的体力、精力消耗很大，有时在玩的兴头上就连吃饭、睡觉也忘了，致使过度疲劳。

(5)抵抗力差。长时间玩网游，身体得不到相应的休息和锻炼，身体素质会有大幅度的下降，很容易生病，病了还不容易好。

(6)对身体造成危害。重复、机械的运动和长时间的操作可引起腰酸、背疼、全身不适，对大学生身体健康极为不利。

(7)玩游戏时间长了之后会产生幻觉，注意力下降，反应能力变差，影响智力发展，影响学习。长时间玩游戏，如果过不了某一关，在心理上还会产生焦虑情绪。

(8)大学生对网络游戏成瘾后，一旦停止玩网络游戏，便难以从事其他有意义的事情，情绪低落，思维迟缓，记忆力减退，出现难以摆脱的渴望玩网络游戏的冲动。

2.影响学习

(1)浪费时间。沉迷于网游便不能保证学习的时间。如今的文化课学习任务很重，没有充足的学习时间，是难以提高学习成绩的。

(2)沉迷于网游后，第二天根本没有精神上课，精神游离，上课效果无法保证，学习没有劲头。

(3)精力分散。游戏的场面刺激而惊险，会深深地印在脑子里，即使身在课堂，心也飞到了游戏中。

3.严重影响道德、性格的形成

(1)在网络游戏里面，暴力血腥的场面层出不穷，色情的场面也不时出现，受到这些东西的影响，使本来精神免疫力不高的学生难免会把它们带到正常的生活中来。

(2)玩网络游戏需要经济基础作后盾，而网游又往往不被家长认可，所以，经济没有了来源，学生就会出现说谎、欺骗，甚至抢劫等行为。很多青少年犯罪事件就是这样一步步发展到不可收拾的地步的。

（3）现在的学生大多是独生子女，他们本来就缺乏与人沟通的能力，如果整天沉迷于网络游戏，就会更加缺乏人际交流的能力，并有可能埋下悲剧的种子。

（4）网络游戏成瘾还会使学生的人格发生明显改变，变得自私、怯懦、自卑，失去朋友和家长的信任。

三、网络购物

网络购物，就是利用互联网检索商品信息，并通过电子订单发出购物请求，然后填上私人账号或信用卡的号码，厂商通过邮寄方式发货，或是通过快递公司送货上门，从而完成交易的过程。这种购物方式在大学生群体中十分流行。

【案例直播】

2013年7月2日，某大学的马同学到派出所报案。6月26日，他在网上购物时，突然跳出一个广告链接，一家购物网站正在搞促销，价格十分便宜。马同学很快就买了几件大衣和数双鞋子，总共才400多元。卖家告诉他，可以直接通过支付宝付款。马同学立即付了款，在输入网银的动态密码时，他发现没有输入框，而卖家说他们使用的是另一种系统，动态密码需通过QQ发给他们，由他们输入。马同学便将动态密码发了过去，很快就付款成功了。

不过，马同学等了几天也没收到所买的商品，查询银行卡后，发现卡里的近4000元没了。他再联系卖家时，对方已经不在线了。

【温馨提示】

1. 常见的网购陷阱

（1）精美图片的掩饰。利用制作精美的图片来掩人耳目是网购陷阱中最为常见的招数，衣服上的瑕疵被掩饰得一干二净，或者干脆"挂羊头卖狗肉"。

（2）价格低廉的诱惑。网上商品的价格诱人，但当其价格低得离谱时就要警惕了。

(3)不合理的买卖条款。有一些网站设置了霸王条款，让消费者买货容易退货难。这些不平等的条款，往往说明商家售出的商品质量低劣，所以不承担"三包"责任。

(4)网络钓鱼。在这种骗局中，消费者付款后，骗子往往称要达到一定量才发货，胁迫买货者继续付钱，而买方一旦按其要求付钱，对方就"人间蒸发"了。

(5)虚拟的交易。现在，虚拟产品的交易中也存在着大量的骗局，给游戏点卡补点或者购买虚拟物品的时候，有大量伪造的中介网站坐收渔翁之利。

(6)狡兔三窟。为了使骗局得逞，骗子可能采取各种方式防止被人识破，例如用多个名称、网址，在工商备案登记信息中加入"该网站正在变更受理中"等。

2.网购防骗技巧

(1)查电话。查看店铺的手机号码是否是需持身份证方能开通，如属不需身份证即可开通的，要谨防无从查找对方。

(2)看账户。查询银行账户或信用卡是在哪个城市开户的，若与公司地址不一致，则应提高警惕。以公司名义从事交易却要求消费者将钱款打入个人账户的，应当谨慎对待，最好选择货到付款。

(3)留证据。商家对网购商品不承担售后责任已成为制约电子商务发展的重要瓶颈，所以一定要完整保存有关的"电子交易单据"。

(4)及时查看网友的投诉信息、建议咨询栏。大家在进行交易时要仔细查看网友的投诉记录，看看自己的交易对象是否被其他网友投诉过。

(5)切记一分钱一分货，便宜无好货。

四、网络信息安全

在科学技术发达的今天，网络已经成为一把令人既爱又恨的"双刃剑"，它既可以让人们感受到科技的快捷和便利，也可能蚕食人们的心灵。如果大学生缺乏应有的鉴别能力和防范意识，往往会误入歧途，最终害人害己。

【案例直播】

　　某大学学生陈某学习成绩优秀，父母为其购置了一台电脑。陈某以学习为由，在校外租住房子，实际上是为了在网络论坛上开设色情淫秽栏目。2012 年 5 月至 9 月，陈某共上传色情淫秽图片 400 余张、色情小说 3 部，以此吸引他人并牟取暴利。但他最终落入法网，网络色情葬送了他美好的人生。

【温馨提示】

　　有关调查数据显示，目前，青少年尤其是刚刚步入大学的学生接触的不良信息类型主要有暴力、色情、恐怖等。此外，网络赌博和网上对骂现象也有蔓延之势。

　　1. 网络暴力

　　网络暴力是指网民在网络上的暴力行为，是社会暴力在网络上的延伸。网络暴力不同于现实生活中的拳脚相加、血肉相搏的暴力行为，而是借助网络的虚拟空间用语言文字对人进行讨伐与攻击。

　　网络暴力使用的语言文字刻薄、恶毒甚至残忍，已经超出了正常的评论范围，不但对事件当事人进行人身攻击、恶意诋毁，更将这种讨伐从虚拟网络转移到现实社会中，对事件当事人进行"人肉搜索"，将其真实身份、姓名、照片、生活细节等个人隐私公布于众。

　　2. 淫秽内容

　　互联网上的文字、图片、音频、视频等具体地描绘性行为，它们挑逗人们的性欲，导致普通人腐化、堕落，没有艺术价值或科学价值，这样的内容就是淫秽内容。网络淫秽内容虽然是虚拟的，但黄毒之害对网民尤其是广大青少年网民精神上的伤害是非常严重的，很多孩子甚至因此滑进了违法犯罪的深渊。

　　3. 虚假信息

　　虚假信息就是不真实的信息，包括虚假广告、虚假新闻、虚假身份等。互联网具有高度的开放性和交互性，任何一个网站都能生产和发布信息，为所有传播信息和发表观点的人开辟了一个几乎不受限制的空间。正是这种无限的自由性使一些信息造假者和谣言传播者能够在网上发表不负责任的言论，或有意散布虚假信息，制造混乱。

4.网络赌博

网络赌博不等于网络博彩，它是从网络游戏中衍生出来的博彩活动，涉及网络游戏服务、虚拟货币、第三方交易平台等多个环节。它往往采取一些打法律"擦边球"的形式获利，赌资往往不直接与人民币挂钩。

第四章　学习篇

人的一生都离不开学习，而大学时期的学习尤为重要，这是因为大学教育是专业性教育，这个时期将大致确定一个人一生的专业方向和工作性质。因此，大学生进入校园的主要任务是学习，为今后走入社会做好准备。

第一节　学习模式——转变学习角色

相对中学而言，大学的学习氛围较为宽松，可由学生自我支配的时间多，学习的自主性强，学习环境由"硬"变"软"，这对自制力和自律性强的学生是十分有利的，而对自制力差的学生无疑是严峻的考验。因此对于大学新生来说，及时转变学习模式，才能掌握大学里的学习之道。

一、大学学习的特点

从中学到大学是人生的一次重大转折。大学生活的主要特点：生活上要自理，管理上要自治，思想上要自我教育，学习上要高度自觉。尤其是在学习的内容、方法和要求上，与中学相比发生了很大的变化。要想真正学到知识和本领，除了继续发扬勤奋刻苦的学习精神外，还要适应大学的教学规律，掌握大学的学习特点，选择适合自己的学习方法。

【案例直播】

2013 年 4 月，某高职学院下发了《关于进一步加强学生学业成绩管理有关问题的通知》，让不少学生寝食难安。因为有 368 名在校生受到成绩警告，120 人受到降级修读处理，24 名学生更是收到退学决定，理由是"警告甚至多次警告，成绩依然很差"。在这些大学生中，多是因为学习成绩差而被警告或退学，究其原因，就是因为无法适应高中到大学的学习模式的转变。不同于高中的全封闭式管理，大学中自主式的学习模式让众多大学生失去了目标，尤其是自制力差的学生。

【温馨提示】

大学教育是专业化很强的教育，其目的是培养国家建设所需要的各类高级专门人才。大学生的学习与中小学学生的学习相比有明显区别，主要表现在下面四个方面：

1. 自主性

在大学阶段，学习虽然也有一定的强制性，但较中小学要少得多。首先，大多数大学生的专业是自愿选择的，是他们所感兴趣的。其次，大学生除了要学习基础知识外，还要掌握各种专门知识，成为某学科中的专门人才。这就要求大学生必须善于自觉地、自主地学习。同时，大学生还要根据自己的兴趣和爱好，选择某些选修课，独立地阅读各种书籍，制定学习计划，采用适合自己的有效的学习方法，这也体现出较大的自主性。

2. 专业性

大学学习的专业性十分明显。大学生的学习实际上是专业学习，从入学开始就有了职业定向，再经过几年的学习，大学生会逐步成为基础知识扎实、专业知识结构合理、能力强、创造性高、品行高尚的德智体全面发展的高级专门人才。

3. 多样性

大学生的学习形式多种多样。在大学里，虽然课堂教学还是主要形式，但大学生可以依靠多种渠道来获得知识。同时，大学的实践性教学活动占有很大的比重。因而要通过自学、讨论、听学术讲座、参加第二课堂等活动来获取知识，还要加强实验、实习、社会实践等实践性环节，这些都是大学生增长知识和才干的重要途径。

4. 探索性

大学生的学习具有明显的探索和研究的性质。大学里的教学内容由确定结论的论述逐步转向介绍各派理论观点和最新学术发展动向。人文学科的内容变化更大，知识更新更快。这就要求大学生的学习观念从正确再现教学内容向汇集百家之长、形成个人见解的方向转变。大学生要在教师的指导下完成作业，然后独立完成毕业论文(或毕业设计)，这个过程带有明显的探索性质。

二、适应学习上的变化

对于大学校园里学习模式的变化，大学生要适应，并及时总结出适合自己的学习模式，将生活与学习、专业与实践相结合，做到全面发展。

【案例直播】

某高职学院的学生李佳说，刚入大学时感觉大学和高三简直是天壤之别：高三的生活"两点一线"，有写不完的作业和背不完的知识点，而大一新生的学习压力较小，又没有来自各方面的监督。这种期待已久的自由，让很多学生的生活一下子懒散了许多。为了不虚度大学生活，李佳从一进大学开始就注重培养自己良好的生活习惯和学习习惯，为将来进行知识储备。

【温馨提示】

为了掌握大学中的学习之道，第一要培养学习的兴趣，提高学习的积极性、主动性和创造性，强化自主和能动意识，变中学时代的"要我学"为"我要学"，增强学习的目的性，激发成就感。

第二，要实现由应付升学考试到提高自身素质和能力的转变。在打牢基础理论知识、拓宽知识面的同时，重视实践，积极参与第二课堂的活动，注意培养动手和创新能力，在提高个人的综合素质上下功夫。

第三，要注意学习时间的科学安排，实现由挤时间向讲求效率转变。在学习中要讲究用脑的艺术，遵循学习规律，注意学习方法，提高学习效率，开发自己的智力潜能。

第四，要重视培养良好的学习习惯。大学新生从入学第一天开始，就要注意培养好的学习、生活习惯，学习要有计划性，要雷厉风行，不要拖拉；要把每天的时间安排好，生活要有规律，克服随意性；要注意掌握学习的节奏，提高学习效率，学习要专心致志，还要处理好学习与课外活动、人际交往的关系，尽量少去或者不去网吧，避免上网成瘾，荒废学业，影响身心健康。

三、学习的主要环节

所谓高职学院，是高等教育学府，是提供教学和实践的高等教育机构。不过这种定义过于简单，大学也是人生梦想起飞的地方。

【温馨提示】

在大学学习，要注意把握几个重要环节：预习、听课、复习、总结、记笔记、做作业、考试。这些环节把握好了，就能为进一步获取知识打下良好的基础。

(1)预习。这是掌握听课主动权的主要方法。预习时要把不理解的问题记下来，听课时增加针对性，既节省学习时间，又能提高听课效率。

(2)笔记。上课时要集中精力，全神贯注，对老师强调的要点、难点和独到的见解，要认真做好笔记。课堂上力争弄懂老师所讲内容，认真思考，消化吸收，变成自己的东西。

(3)复习和总结。课后要及时复习，巩固所学知识。复习时要认真整理课堂笔记，对照教材、参考书目，进行归纳和补充，并把多余的部分删掉，经过反复思考写出自己的心得和摘要。每过一个月或一个阶段要进行一次总结，以融会贯通所学知识，温故而知新，形成自己的思路，把握所学知识的来龙去脉，使所学知识更加完整、系统。

(4)做作业和考试。做作业是为了巩固、消化知识，考试是为了检验对所学知识掌握的程度，它们都起到了及时找出薄弱环节加以弥补的作用。做作业要举一反三，触类旁通，要养成良好的习惯。对考试要有正确的态度，不作弊，不单纯追求高分，要把考试作为检验自己学习效果和培养独立解决问题能力的演练。

四、科学的学习方法

大学学习除了要把握学习的主要环节之外，还要有目的地研究学习规律，选择适合自己特点的学习方法，提高获取知识的能力。

【案例直播】

　　2012 年，小林以当地第一名的成绩考入某高职学院。进入学校后，她发现自己原本在高中的学习方法不再有用了，自己的想法总是与老师安排的方法冲突。第一学期期末，本来踌躇满志准备获取奖学金的她未能如愿。她的情绪从此一落千丈，变得郁郁寡欢，无心学习，也无法处理好与同学之间的关系，还整夜失眠。最后不得不去医院精神科检查，诊断结果是她患了抑郁症。

【温馨提示】

1. 制定科学的学习计划

大学学习单凭勤奋和刻苦是远远不够的，只有掌握了学习规律，相应地制定出学习规划，才能有计划地逐步完成预定的学习目标。要根据学校的培养计划，从个人的实际出发，根据总目标的要求，从战略角度制定出基本规划(不能完全让计划牵着鼻子走)，包括自己希望达到的总体目标、知识结构、选修哪些科目、着重培养哪几种能力等。

对大学新生来说，制定整体计划是困难的，最好请教本专业的老师(包括班主任)高年级同学帮助制定。先制定好一年级的整体计划，经过一年的实践，等熟悉了大学的特点之后，再完善整体的规划。其次要制定阶段性发具体计划，如一个学期、一个月或一周的安排，计划的制定要结合自己的学习情况和适应程度，主要是学习的重点、学习时间的分配、学习方法的调整、选择参考书目等。这种计划要符合实际、切实可行、不断总结、适当调整的原则。

2. 讲究读书的艺术

大学学习不光是完成课堂教学布置的任务，更重要的是发挥自学的能力，在有限的时间里充实自己。选择与学业及兴趣有关的书籍来读是最好的办法。学会选取自己必读之书，需要有读书的艺术。

首先要确定读什么书，其次对确定要读的书要进行分类。一般来讲，确定要读的书可分为三类：第一类书只需浏览即可；第二类书则需要通读；第三类书则需要精读。正如培根所说：有些书可供一赏，有些书可以吞下，不多的几部书应当咀嚼消化。浏览可粗，通读要快，精读要精。这样就能在较短的时间里读很多书，既广泛地了解最新的科学文化信息，又能深入研究重要的理论知识。

3. 善于综合和分析

所谓综合，即对研究对象的各要素、环节、过程的概括、抽象。所谓分析，即对研究对象的各要素、环节、过程等做出解析性、还原性的说明。对于这两方面能力的培养，一要通过哲学方法论方面的专门训练，二要在学习过程中不断积累。关于综合，不仅要综合客观对象的各方面，更重要的是要注意综合前人对研究对象的重要思路和各种结论，甚至注意综合自己的各种思考成果。关于分析，就是在研究理论问题时，一定要弄清概念，从概念分析入手，把对象如何清晰地展示出来，然后才能进一步谈怎么办。

4. 学会辩证地思考

要培养敏锐的洞察能力，首先要培养自己对专业的浓厚兴趣，其次要培养细心的习惯，再次要培养自己丰富的联想和想象能力。同时，要学会从正面、反面、不同侧面及动态变化中认识事物、分析问题。之所以要这样，是因为世界上的一切事物无不具有辩证的性质。

5. 完善知识结构

合理的知识结构，就是既有精深的专门知识，又有广博的知识面，具有事业发展实际需要的最合理、最优化的知识体系。不过，建立合理的知识结构是一个复杂、长期的过程，必须遵循如下原则：

（1）整体性原则，即专博相济，一专多能，广纳百家，为我所用。

（2）层次性原则。合理知识结构的建立，必须从低到高，在纵向联系中，划分基础层次、中间层次和最高层次。没有基础层次，较高层次就会成为空中楼阁，没有高层次，则显示不出水平。因此，任何层次都不能忽视。

（3）比例性原则，即各种知识要适当兼顾，数量和质量之间要合理配比。比例应根据培养目标来定，成才方向不同，知识结构的组成也就不一样。

（4）动态性原则，即所追求的知识结构绝不应当处于僵化状态，而是能够不断地进行自我调节的动态结构。这是为了适应科技发展、知识更新、职业和工作变动等因素的需要，不然就跟不上飞速前进的时代步伐。

第二节　专业课程——安身立命的砝码

调查研究显示，对能否胜任工作影响最大的因素是专业知识和技术水平。沟通表达能力、人际交往能力、健康状况和科学思维能力这些因素相对而言要靠后一些。所以说，学习好专业课程是大学生安身立命的根本。

一、"好学校"VS"差学校"

如今社会上存在着一种"名校情结"，家长和学生非名校不上，招聘单位非名校毕业生不招，众多学子为了"清华""北大"的名号奋力拼搏，颇有不考名校不罢休的气势。那么，学校真的有"好"与"坏"之分吗？"名校情结"究竟是对是错？

【案例直播】

在一次招聘会上，某重点大学的学生李晓明看中了一家外贸公司翻译的职位。因为自己学的是翻译专业，所以他觉得自己很有优势，加上自己有接待外宾和在涉外酒店实习的经历，李晓明觉得十分有戏。

可是，当他把简历递过去时，对方只扫了一眼，就皱起眉头说："把简历放在这儿吧，下一个。"李晓明有点儿摸不着头脑，他想看看下一位应聘者的情况。那位同学没说话，直接递上了简历。那位招聘老师也只扫了一眼，就狠狠地在上面画了个圈："行了，等通知吧。"李晓明偷眼了一看，发现凡是画了圈的简历都被单独放在一起，因里面都是"名校"。

【温馨提示】

从历史上看，名校出身的人更有竞争力，成功者的比例也更大，这似乎有很大的相关性。这是由几种历史原因造成的：

1. 在信息不发达时期，名校拥有的知识载体更多

在互联网时代之前，拥有更多图书、更多名师是学校的重要资源，这些资源都是优质的知识载体。身处其中的学生更容易接触到更多的知识。

在信息时代的今天，信息已经不是某几所名校所独有了，任何一所学校只

要具备一定的资源，都可以共享世界上大多数的图书和文献。互联网消除了学校在资料上的差异，在不久的未来，公开课程将进一步削弱名校拥有的优质教学资源优势。

2.在人才极度欠缺的时期，名校意味着更多的机会

在30年以前，一个普通的大学生都是社会上的稀缺资源。名校毕业生甚至可以"一步登天"，机会比一般学校的学生要多一些。在今天，大学教育得到了很大程度的普及，大学生，甚至研究生都不很容易找到如意的工作。这不是名校的悲哀恰恰是社会的进步。

3.名校网罗了更多的高智商人才

我们只看到了名校毕业生成功比例更大的表象，而把这种现象归因于学校，这是不全面的。我相信那些能够取得成功的名校学生即便在不那么有名的学校里就读，一样会成功。或者换句话来说，把名校的老师换掉一部分，并不影响这些学生的成长。

4.名校能够提升学生的自信

大多数学生在上大学之前还是个孩子，不是个心智成熟的人，大多数人需要外界给他信心和动力。上了名校的学生，骨子里突然就增加了不少的信心，这种自信有时候会产生好的效果，可以突破一些心理上的障碍，有些不敢想的事情敢于去想。

我们要知道，老师的教学水平再好，都不能替代学生的消化过程，也不能替代学生的自我思考和思维逻辑能力提高的过程。充满名校情结的人往往是不自信的人，这也是不成熟的表现。名校情结的出现并不有利于人才的真正成长。

二、"好专业"VS"差专业"

进入一所名牌大学是许多家长及考生的共同愿望，这无可厚非。名牌高校不仅能让人接受良好的教育，校园深厚的文化底蕴、良好的人文环境也能润物细无声地帮助学生树立正确的人生观和价值观，使其终身受益。

考生选报志愿时，专业的选择很重要。因为专业很多时候就是未来的行业，决定着学生今后所从事的职业。专业选择是职业定位及人生发展的第一步，它不仅关系到学生在大学学什么，更关系到学生今后干什么。

【案例直播】

　　2011 年高考，付芬被国家某示范高职学院物流专业录取。对这个结果，付芬很不满意，她闷闷不乐了好几天，因为她不喜欢物流专业。

　　大一期间，付芬开始考虑转专业，她的父亲还曾为此与校方交涉，最终没有成功。眼看转专业无望，2012 年秋，付芬毅然退学选择复读。2013 高考，她发挥失常，结果与她的期望相去甚远，就连进入高职学院的把握也不大。

【温馨提示】

　　1. 传统专业与新兴专业

　　院校的传统、特色、主打专业，一直是大学生和家长选报的热点。而对于新兴专业，一方面要看到新兴专业培养的是社会发展和国家经济建设急需的专门人才，有利于今后就业；另一方面，也要看到新兴专业可能在教学上还没有形成相对独立、完善的教学体系，在教学资源、设备、师资上还有所欠缺，要在实践中逐步摸索前行，还需要时间的沉淀与检验。

　　2. "冷门"专业与"热门"专业

　　冷、热门专业是人们在填报志愿时根据现实的就业难易、收入和工作环境等情况而分别出来的。其实"冷"与"热"是相对于某一时期的社会热点、市场需求和就业形势而言的。

　　所以，在专业选报时不要过分追求当时之"热"，冷落一时之"冷"，要遵循"热"极必反、"冷"极必"热"的规律。结合社会发展和国家建设需要，设立长远目标，合理选择专业。

三、大学课程的安排

　　进入大学，学生的学习任务十分艰巨，既要学专业知识，也要学专业外的知识；要学习科学研究方法，也要练习实验、技术操作。一般来说，大学里所学的知识是由基础课、专业基础课和专业课组成的，循序渐进，一环扣一环，前面任何一环没有学好都将影响到后面课程的进行。

【案例直播】

　　曾某是湖南某高校的学生，当初选报专业时服从调剂，所学的建筑设计专业并不是自己喜欢的专业，于是他选修了喜欢的计算机课程，并且全身心地投入了学习选修课程。最后，专业课程多门亮起了"红灯"，而选修课程却十分优秀，不过由于专业课程挂科太多，曾某面临着留级的危险。

【温馨提示】

　　对专业课的学习应目标明确、具体，主动克服各种学习困难，不断提高学习兴趣；对待公共课，要认识到其实用的价值，努力把对公共课的间接兴趣转化为直接的学习兴趣；对待选修课，应注意克服仅仅停留在浅层的了解和获取知识的层次。

　　1. 专业课

　　不同专业的大学生有不同的专业课，但不同专业的大学生对待本专业课程的学习态度应该是一致的：不管喜欢与否，都要尽力把专业课学好。在学习专业课的时候，学习目标要明确具体，不断提高学习动机和学习兴趣，主动克服各种困难，做到直接学习兴趣和间接学习兴趣的结合。

　　2. 公共课

　　总的来说，大学生对公共课的学习积极性普遍不如专业课高，有相当一部分学生持消极应付的态度，学习目的不明，目标不清，动机不强。学习兴趣主要看老师的教学水平，如果老师的课讲得生动活泼，他们愿意听，有兴趣学。但这种学习兴趣主要是直接的学习兴趣，而且大多停留在低水平上，只限于上课认真听讲，把听课当成了一种享受或是调剂。

　　因此，大学新生要端正对公共课的态度，要充分认识到公共课的实用价值及其对自己的意义，努力把学习的间接兴趣逐渐转化为直接兴趣，部分实用性强的公共课(例如外语)要当成专业课来学习。

　　3. 选修课

　　大学生对待选修课一般说来兴致较高，认为选修课可以开眼界、长见识，扩大自己的知识面。而且选修课的学习要求不严，大学生较少产生逆反心理。但选修课在大学生心目中的地位和分量毕竟不如专业课和公共课，大学生真正投入、认真学习的不多，学习目的较模糊，学习动机不强，学习既不消极也不太积极，上课时注意力集中程度不高。

因此，大学新生对选修课的学习，应注意不要仅仅停留在浅层的了解和获取知识上，更要杜绝为了捞取学分才选修某些课程、"选而不修"的不正常现象。

第三节　时间管理——一寸光阴一寸金

众所周知，时间是一种特殊的和稀缺的资源，并具有如下特征：时间供给毫无弹性，在任何情况下时间都不会增加，也不会减少，每天都是 24 小时；不分男女老少、职位高低。因此才有"一寸光阴一寸金，寸金难买寸光阴"的说法。

一、大学生时间管理现状

所谓时间管理就是有效地利用时间资源，以便有效地达成个人的重要目标。大学生更要管理好自己的时间，不要让烦琐的事情占据自己重要事情的时间，做好自己的时间规划，充分、合理地利用时间，才能把握现在，赢得未来。

【案例直播】

李梅是某大学化工系的学生，出于对化学的爱好，李梅上大学以来一直认真学习，在大一、大二也取得了不错的成绩。但是她发现自己过得很累，每天除了上课，就是学生活动，有时还要和同学逛街，结果搞得自己连化学实验都不能按时完成。每天晚上回到宿舍，李梅都会感叹：时间怎么过得这么快，我还没有完成当天的事情呢！然后她就下定决心第二天一定要完成计划的事情。但是到了第二天，原来想好的事情，又被其他事情给耽误了。就这样一天一天过去了，快到考期了，李梅一看自己平时课程没有学好，为了不挂科，只能"临阵磨枪"了，搞得身心十分疲惫。

【温馨提示】

大学生目前的时间管理现状并不尽如人意，主要表现在以下几个方面：

1.时间管理满意度低，缺乏信心，执行力低

面对高节奏的现代生活，大学生往往处于一种过度忙碌或者是不知所措的状态之中，无论是学习、生活都缺少一个目标，随波逐流，学习和生活很难围绕一个中心展开。

很多大学生都认识到时间是有限而宝贵的资源，却不善于根据自己的情况制定好计划，或是制定了计划却不能坚持执行。很多大学生仅仅满足于让计划停留在纸面甚至脑中，导致不能针对自己的情况进行调整。另外，大学生管理时间的情况还受室友、朋友或同学的影响。随着同学情感的加深、关系的密切，课余时间的安排和管理容易受到其他人的影响，如：为了满足自己的归属感，改变自己的时间安排而迎合小集体的意愿；或者受从众心理的影响，掩饰自己的真实想法。

2.时间安排不合理

很多大学生怀揣着雄心壮志进入高校，但是有的大学生不知道自己应该做什么，最后留下的只有后悔。大学生群体大多不喜欢循规蹈矩，做事往往喜欢"凭感觉"，在学习和工作中不愿按照计划使用时间，从而导致效率低下，浪费了大量时间。还有部分大学生并不是不愿意计划自己的时间，但是他们当中的很大一部分人的时间规划得不合理，没有将时间进行具体分配。大学生普遍不能把闲散时间集中利用起来，很多人把时间用在了睡觉、上网、打游戏上，还有的大学生表面上看起来很忙碌，时间安排得很紧，但却不知道自己真正做了什么。

3.时间管理存在个体差异

有人曾经以某大学为例研究过大学生的课余时间的管理现状。研究表明，在周一到周五的课余时间安排中，自习列在了第一位，但是在第二位要做的事情中，大一、大二的学生表现出了明显的不同，大一选择了学生会等社团活动，大二选择了上网。无论他们选择的理由是什么，我们可以看出在时间管理上，受到年级、性别等因素的影响，大学生的时间管理存在着差异。从性别因素上分析，男生和女生的时间管理差别比较小，但是女生比男生具备更好的时间管理信心及对时间管理行为能力的估计。从年级上来说，大一新生相对来说更具有时间管理的倾向，随着年级的增长，压力的增大和学习的枯燥，追求成功的动机就下降了，时间管理的倾向呈下降趋势，但是到了大三，学生的时间价值观念和时间管理倾向明显提高，甚至高于大一学生。

二、管理时间的重要意义

班·费德文曾说过："成功的工作，源自安排时间的努力，排时间表要费点时间，可是和不组织工作所必须付出的代价相比较，它是微不足道的，规划时间才能善用它。"时间的最大特性是它的不可逆性，这极大地增加了时间的价值，也决定了时间管理的重要意义。

【案例直播】

在美国的一个小镇上，一位作家拜访了一位84岁的老学者。在学者那狭窄的厨房里，作家向学者倾诉了自己内心的困惑。

学者："你应该抓紧现在和未来的日子。"

作家："是的，我在尽力。但是，我已经浪费了几十年。"

学者摇摇头："达尔文说他贪睡，把时间浪费了，却写了《物种起源》；奥本海默说他锄地拔草，把时间浪费了，后来成为原子弹之父；海明威说他打猎、钓鱼，把时间浪费了，终于获得了诺贝尔文学奖；居里夫人说她为孩子和家务，浪费了时间，然而她不但发现了镭，而且还把孩子教养成了科学家。"

作家大喊："这些人都是天才！我只是个平凡人，愚蠢的平凡人！"

"你有权评定自己是愚蠢的平凡人。但我说，只要有确定的目标，在任何时间，做任何事，都不会妨碍思考和研究，甚至有助于思考和研究。他们自以为浪费了时间，实际上并没有浪费。"

"但是，我年纪大了。"

"我70岁那年，想要完成一个需要10年才能完成的研究计划。当时，我向一位30多岁的年轻朋友谈到这个计划，他笑了笑。我知道他为什么笑。在他看来，70岁的老人时日已不多，还能做些什么？10年过去了，我的工作如期完成，仍然在实验室里忙着。"学者挺了挺胸，笑了。

"你那位年轻的朋友呢？"作家问。

"不再年轻，已经中年啦！"

"对他来说，这10年来，应该是黄金年龄，相信有很不错的纪录。"

"没有，他也承认过去的10年是空白，真正的空白。"

"为什么？"

"依旧庸庸碌碌地生活。10年，一眨眼就过去了。"

这一番话如当头一棒，作家呆了：心中是否有确定的目标，是伟大与平庸的天壤之别，是聪明与愚蠢的分水岭。

【温馨提示】

一个人是否能获得成功，取决于他的态度是否端正和思维方法是否正确。态度决定行动，思维方法决定方向，一个人朝着正确的方向行动是一定能成功的，也就是说有效的行动和正确的思维方法是成功的保障。如果要想成功，正确地管理时间是一个重要、很关键的因素，一个人的成就大小跟他时间管理得好坏是成正比的。

大学是人的一生中影响力最大的阶段。在大学期间，是储备竞争力的过程，是准备冲刺的过程，是酝酿精华的过程。比尔·盖茨虽然大三时退学了，但他在事业辉煌成功之后说："我在哈佛大学的经历是一段非凡的经历。是在这里的经历和结识的人以及发展起来的思想与想法永远地改变了我。"

史蒂夫·乔布斯虽然也在大学期间退学了，但他也说过："我凭着好奇和直觉在大学所选的课，无意中涉足的许多事情，后来都证明是非常有价值的。"他在斯坦福大学劝告大学生："你们的时间是有限的，因此不要浪费时间去过别人的生活。不要让别人的声音淹没你自己内心的声音。最重要的是要有勇气听从你自己的心灵和直觉。"

美国第28任总统托马斯·威尔逊在普林斯顿大学演讲时告诫大学生：大学生活过去后，永远无法重来，它在每个人的经历中都是独一无二的。

因此制定一个合理的大学规划，管理好自己每天的时间是极其重要的。时间管理得好的人是时间的主人，否则就是时间的奴隶。时间管理得好，能提升人的生活品质。时间管理得好的人，是一个很忙碌的人，忙而有序，忙而有效。

三、管理时间的技巧

在《高效能人士的七个习惯》一书中，作者史蒂芬·柯维提出，分不清"重要事"和"紧急事"的差别是人们浪费时间的最大原因之一。因为人的惯性是先做最紧急的事，但这么做会导致一些重要的事被荒废掉。所以说，时间管理也是有技巧可以借鉴的，掌握了时间管理的诀窍，大学时光才不会虚度。

【案例直播】

　　一天，时间管理专家为一群大学生讲课。他在现场做了演示，给学生们留下了难以磨灭的印象。站在这些高智商、高学历的学生前面，他说："我们来个小测验吧。"

　　他拿出一个 1 加仑的广口玻璃瓶放在桌上。随后他取出一堆拳头大小的石块，仔细地一块块放进玻璃瓶里。直到石块高出瓶口，再也放不下了，他问道："瓶子满了吗?"所有学生应道："满了。"

　　时间管理专家反问："真的?"他伸手从桌下拿出一桶砾石，倒了一些进去，并敲击玻璃瓶壁，使砾石填满石块的间隙。"现在瓶子满了吗?"他第二次问道。但这一次学生有些明白了，"可能还没有"，一位学生应道。

　　"很好!"专家说。他伸手从桌下拿出一桶沙，开始慢慢倒进玻璃瓶。沙子填满了石块和砾石的所有间隙。他又一次问学生："瓶子满了吗?""没满!"学生们大声说。他再一次说："很好。"

　　然后他拿过一壶水倒进玻璃瓶，直到水与瓶口持平，抬头看着学生，问道："这个例子让我们学到什么?"一个的学生举手发言："它告诉我们，无论你的时间表多么紧凑，如果你挤出时间，你就可以做更多的事情!"

　　时间管理专家说："那不是它真正的意思。这个例子告诉我们：如果你不是先放大石块，那你就再也不能把它放进瓶子里。"原来，先放大石块就是时间管理的奥妙所在。知晓如何分配时间，才能够在有限的时间内，依序放进上面的各种石头、沙子和水。

　　浪费时间是可耻的，掌握时间管理的技巧，让每一分钟都过得充实而有意义是珍惜时间的表现，提高效率更能使时间创造更多的价值。

【温馨提示】

1. 对自己的习惯做出准确的评价

　　大学生可以通过时间日志来了解自己的情况。时间日志要准确地记录每天做的事情，至少要连续记录一周。通常会惊讶地发现，自己在某些活动上花费的时间比原来自己认为的要多，而某些重要事情占据的时间却比自己预想的要少。通过记录和评价，大学生会了解自己的时间利用情况，从而帮助自己明确下一步努力的方向。

2. 认真制定并执行工作计划

"凡事预则立，不预则废"，大学生要将自己要做的事情列出清单，而且一定要列出书面计划。这个计划可以是日计划、周计划、月计划等。

无论何时，都可以写下当天的工作。制定日计划的 5 个步骤：写下任务；估计做事的时间长短；留些缓冲时间给未预见到的事情；确定优先顺序，简化及授权；追踪与检讨。

3. 确定适合自己的时间管理系统

大学生要全面、仔细地想清楚自己需要的是哪种时间管理系统，并试用一段时间，验证系统的效能。大学生可以根据自己的情况量身定制适合自己的时间管理系统。

4. 要巧干不要久干

时间是有限的，一天只有 24 小时，所以提高工作效率尤为重要。大学生除了学习，还有其他很多事情，为了兼顾其他事情，如果在课外活动上投入的时间太多，就会影响学习。大量研究表明，人的体力和脑力有一个由低潮到高潮、再由高潮到低潮的周期变化。如果我们长时间地从事一种活动，就会造成大脑疲劳，效率就会随之下降。所以，大学生们要注意提高时间使用效率，在适合的时间做适合的事情，持续一段时间后，换换学习或工作内容，这样可以保持高效的工作效率。

5. 掌握关键的时间管理策略

优先顺序：决定哪件事情必须先做，哪些事情可以延缓处理，明确任务的等级。大学生在面对若干事情的时候，可以根据任务的重要程度分为：A 类任务——非常重要的事情；B 类任务——重要的事情；C 类任务——不太重要的事情；D 类任务——不重要的事情。

根据任务类型的不同，大学生要采取不同的态度。有以下几条基本法则：用一天中三分之二的时间解决 A 任务，将五分之一的时间用在 B 任务上，将六分之一的时间用在 C 任务上，然后剩下的时间是否用来解决 D 任务由自己决定。人的精力和注意力是有限的，要做到每次只集中解决一件事情。大学生应该把重要的任务挑选出来，专心致志地完成，把时间用在更有意义的事情上。

第四节　应对考试——考试来了我不怕

曾经有人戏言："大学考试考的不是智商，考的是人类的生理极限、情报搜集能力、套话能力、速记能力、遇到非考点时的心理承受能力、考场上的跟踪与反跟踪能力，以及印一堆跟考试不知有无关系的资料的财力。所以，大学考试是高水平的，是能真正反映出学生综合素质的。"虽说这只是一个笑话，不过恰恰是真实的大学考试的写照，对于大学生来说，考试真可谓是"逃不掉的宿命"。

一、大学期末考试

大学期末考试是大学阶段里最重要的考试之一。一学期快结束时，学校会通过试卷的形式对学生进行检测，这种考试方法可以很好地检查学生的学习情况，评估学生的学习能力。

【案例直播】

王某是某高校的学生，在大二的期末考试中，他挂科了。不过让他郁闷的不是挂科，而是以 59.95 分挂了。根据给出 59.95 分成绩的程老师的说法，学生该科目的最终成绩由平时成绩 30% 加上期末成绩 70% 而来。在学校的新版教务系统中，他只要分别输入两个成绩，学生的综合成绩就可以自然生成，所以会出现小数点。对于"多给 0.05 分就不挂科"的遗憾，他表示，学生实际多少分就是多少分，严格要求也是对学生负责，"真正努力去学的同学，考试一定能过关"。

【温馨提示】

有考试，就有"挂科"。从进入大学开始，不少大学生就开始参加志愿者、兼职、实习及创业等社会活动。参与此类社会活动，不仅可以缓解困难大学生的经济压力，同时可以储备诸多方面的知识，增强动手能力，为进入社会、参与竞争增加就业筹码。但与此同时，过多的社会活动也会影响学业。

通过调查发现，大学生"挂科"的原因五花八门，除课程难度大外，受情感等心理因素影响、参加学生社团活动过多、家庭经济困难忙于校外打工，甚至填错答题卡等也都"榜上有名"。

期末复习是期末考试取得好成绩的有力保证。首先，应在思想上重视它，不能麻痹大意，因为期末考试的考察面很广。其次是要讲究方法。俗话说："工欲善其事，必先利其器。"意思是说无论做什么事，都要事先做好准备，期末考试也是一样。要想取得好成绩，除了平时努力学习、打好基础、提高能力外，期末的复习方法也很关键。

对不及格的学生，学校会安排在下一个学期的开始再给一次重新考试的机会，叫作"补考"，如果补考不及格的话，则必须重修，重修后补考还不及格，则可能拿不到毕业证。

二、大学生"考证热"

有信息表明，社会上出现的可供大学生考取的证书已超过了百种，但近年以来，有些资格证书已不再被纳入职业资格类考证的范围。总的来说，我院学生可以考取的考证主要分为三类通用型证书，这三类证书被用人单位看重，是大学生考证的首选：

能力型证书：如全国计算机软件专业技术资格和水平证书等；

职业资格类证书：教师资格证、驾驶证、演（奏）员资格证等，范围最广、种类最多；

某行业的上岗资格证书：如美容师资格证、茶艺师资格证、美发师资格证、空乘人员资格证等，一般不要自己到社会上报名考试，一定要在学院任课老师的指导下考试。

针对大学生"考证热"的现象，不仅要看到其合理和积极的一面，还应注意盲目和跟风的现象，以免造成不必要的损失。

【案例直播】

> 某高校对200名大学生进行了抽样调查，结果显示三成学生手中持有一本以上的"非必要"证书，最多一人拥有四本证书，如果加上英语和计算机证书，这名学生拥有六本证书。

大学生首先要根据自身的专业及爱好，不应盲目跟风，采取"四处撒网"式的考证办法。要为自己的专业需要和发展前景去考证，这样就会形成良性循环。

其次，要清醒地认识自己，对自己有一个清晰的定位，弄清楚究竟什么专业的证书才是适合自己的。一言以蔽之：选择要慎重，目标要长远。

再次，大学生考证的同时应注重自我能力的提高，让证书和自我能力成正比例，而不是为了考证而考证。

最后，应该明确：证书对用人单位来说只是一个参考条件，而不是必选条件。大学生要认识到能力与职业证书的区别，理性对待考证热现象。

三、正视考试失利

对于大学生而言，考试虽然不像中学时期那么受重视，但是作为检验自身学业水平的重要手段，仍需认真对待。尤其是大学时期比较重要的考试，如大学英语三、四级考试和专业技能证书考试等。

但是，人生不会一帆风顺，考试难免会有失利的时候。这就需要大学生们及时调节考试失利后的心理状态，正确看待考试成绩，切不可因过分看重考试结果，而产生心理障碍。

【案例直播】

小韩今年22岁，是湖南株洲人，在外地上大学。由于害怕学历低找不到好工作，春节前，已读大三的小韩报名参加了专升本考试。遗憾的是，他对学习并没有太大兴趣，每次熬夜看书都觉得异常痛苦。第一场考试结束后，由于发挥不正常，小韩彻底丧失了信心，觉得自己根本不可能考上本科，因此，后面的两场考试他都没敢参加，自动放弃了。

放假回家后，小韩还沉浸在考不上本科的郁闷中，对什么事情都提不起兴趣，还经常失眠。他妈妈见他的情况有点不对劲就找他谈心，聊天中她得知儿子竟动了轻生念头。小韩的父母吓坏了，赶紧带他到医院检查，才知道他患上了中度抑郁症。

【温馨提示】

考试失利后出现短暂的心理失衡是一种正常的情感反应。不过，如果心理压力过于沉重或持续时间过长，则不利于身心健康和成长。那么大学生应该如何面对考试失利呢？

1. 正视失败

"胜败乃兵家常事"，考试失利对学生而言是很正常的事。要知道，从不经历失败，就无法真正认识人生的真谛。如果一味地生活在懊悔或自责中，消极地看待失利后正在或将要面临的问题，就不会有重新开始的信心和勇气。更加严重的是，考试的失利会转化成心情上的失落乃至人生的失意，而后者的杀伤力是十分可怕的。

2. 切忌比较

一些大学生在考试失利后想不开，其中的原因是喜欢与同学或朋友比较，总是以超过别人为目标。一旦事与愿违，便会心理错位，拿自己的"失利"与别人的"得志"比。这样比来比去，不但把自己的信心与斗志比没了，而且使原本不爽的心情变得越来越糟糕。正确的方法是以他人为参照，以自己为超越的目标，只要今天的自己超过了昨天的自己，就有理由为自己骄傲。

3. 转移注意力

如果考试失利了，不妨暂时回避一下，打破静态，用动态活动转换情绪。例如听一段美妙的音乐，或是约好友逛街、打打球，都有助于缓解自身的失意情绪。

4. 学会倾诉

有的大学生考试失利后，便会背负起沉重的精神包袱，觉得丢了面子，羞于见同学朋友，面对朋友的电话或来访抱有抵触心理。其实，消灭失意的最好方法是倾诉，倾诉可以让大学生的心灵得到释放。

5. 总结经验

总结经验是应对考试失利的最好方法。成功只能坚定我们的信念，失败则给了我们独一无二的宝贵经验。大学生要善于从失败中总结教训，积累更多的经验。

第五章　国防篇[*]

国防，是人类社会安全与发展需要的产物，是国家安全和发展的核心问题。建立巩固的国防是现代化建设的战略任务，是维护国家安全统一和全面建设小康社会的重要保障。作为中华民族的一员，关注国防、了解国防、建设国防，是我们义不容辞的责任。

第一节　了解——国防概述

一、国防的含义和基本类型

(一) 国防的含义

国防，即国家的防务，是指国家为防备和抵抗侵略，制止武装颠覆，保卫国家的主权、统一、领土完整和安全所进行的军事及与军事有关的政治、经济、外交、科技、教育等方面的活动。

国防是个历史概念，它随着国家的产生而产生，为国家的利益服务。国家的兴衰和国防密切相关，国防强弱直接关系到国家的安全、民族的尊严和社会的发展。

现代国防是一个庞大的系统，它包括武装力量建设、国防体制建设、国防科研、国防工业建设、国防工程建设和战场建设、军事交通、国防动员、国防教育等。

(二) 国防的类型

国家的社会制度不同，其国防政策和国防目标也不同，目前世界上的国防

---

* 本章主要参考彭泽立，等. 大学生军事理论课教程[M]. 长沙：中南大学出版社，2018.

类型主要有以下四种：

    1.扩张型国防。

    2.自卫型国防。

    3.联盟型国防。

    4.中立型国防。

二、国防的地位和作用

任何一个国家，从诞生之日起，其首要的任务就是对内巩固政权，对外抵御侵略，保证国家的生存与发展。体现在以下四个方面：

    1.捍卫国家主权。

    2.保卫国家领土完整和不受侵犯。

    3.维护国家的安全。

    4.保障国家的发展。

三、现代国防的主要特征

现代国防是对传统国防的继承和发展，是一种全新的国防观念和国防实践活动。其基本特征主要表现在以下五个方面：

    1.现代国防是多种斗争形式的角逐。

    2.现代国防注重战争潜力转化。

    3.现代国防是综合国力的抗衡。

    4.现代国防是国家行为与国际行为的有机结合。

    5.现代国防具有实战与威慑的功能。

四、中国国防启示

国防的强弱取决于国家政治状况。从整个中国历史看，当统治阶级处于上升时期，政治清明，国家统一，国防就可能强大；而当统治阶级走下坡路的时候，政治腐败，国家四分五裂，国防就削弱或崩溃。

    1.经济实力是国防建设的物质基础。

    2.必须建设一支数量足、质量高的军队。

    3.武器装备的优劣是国防强弱的重要因素。

    4.全民的国防意识是强大国防的精神根基。

第二节　学习——国防法规

国防法规指国家为了加强防务，尤其是加强武装力量建设，用法律形式确定并以国家强制手段保证其实施的行为规范的总称。国防法规作为国防活动的基本法规规范，其主要任务是调整和规范国家在国防领域中的各种关系，把国防建设纳入法制化轨道，确保革命化、现代化、正规化建设总目标的实现。

一、国防法规的特性

国防法规是一个国家统治阶级的意志在国防建设领域中的法律体现。国防法规与国家宪法和其他法律一样，都具有鲜明的阶级性。我国的国防法规，除了具有无产阶级的根本性质外，还具有很高的权威性、较强的从属性、一定程度的保密性。此外，国防法规还具有区别于其他法规的特殊性，主要表现在以下四个方面：

1. 调整对象的军事性。
2. 内容公开的相对性。
3. 司法适用的优先性。
4. 处罚措施的严厉性。

二、我国的国防法规体系

国防法规体系，指由不同层次、不同门类的国防法律规范构成的相互联系、相互制约的有机整体。

(一)根据我国的立法体制划分

我国国防法规在纵向结构上可分为四个层次：

第一个层次是法律。关于国防和武装力量建设的法律由全国人民代表大会及其常务委员会制定。

第二个层次是法规。由国务院和中央军委制定。由中央军委制定的为军事法规，由国务院制定或国务院与中央军委联合制定的为军事行政法规。

第三个层次是规章。由军委各部门、各军兵种、各战区制定的为军事规章，由国务院有关部委与军委有关部门联合制定的为军事行政规章。

第四个层次是地方性法规。主要指由省、自治区、直辖市人民代表大会及其常务委员会制定的贯彻执行国家国防法规的实施办法、实施细则、补充规定等。

（二）根据我国国防法规的性质、作用、调整对象划分

在横向上分为如下几个方面：

1. 国防基本法。
2. 国防组织方面的法律制度。
3. 兵役方面的法律制度。
4. 国防行政管理方面的法律制度。
5. 国防后勤方面的法律制度。
6. 优抚与安置方面的法律制度。
7. 国防教育和国防科技方面的法律制度。
8. 对外军事关系方面的法律制度。

三、主要国防法规

（一）《中华人民共和国国防法》

《中华人民共和国国防法》是为了建设和巩固国防，保障改革开放和社会主义现代化建设的顺利进行，实现中华民族伟大复兴，根据我国宪法制定的法律。2020 年 12 月 26 日，中华人民共和国第十三届全国人民代表大会常务委员会第二十四次会议修订通过《中华人民共和国国防法》，自 2021 年 1 月 1 日起施行。《中华人民共和国国防法》是一部综合性地调整和规范国防与武装力量建设的基本法律，是用来调整和指导国防领域中各种社会关系的基本法律规范，它在国防法规体系中占有统帅地位并起着核心作用，是其他军事立法的基本法律依据。

（二）《中华人民共和国兵役法》

《中华人民共和国兵役法》是根据我国宪法第五十五条"保卫祖国、抵抗侵略是中华人民共和国每一个公民的神圣职责。依照法律服兵役和参加民兵组织是中华人民共和国公民的光荣义务"和其他有关条款的规定制定的法律。2021 年 8 月 20 日，中华人民共和国第十三届全国人民代表大会常务委员会第三十次会议修订通过《中华人民共和国兵役法》，自 2021 年 10 月 1 日起施行。

(三)《中华人民共和国国防动员法》

2010 年 2 月 26 日，第十一届全国人民代表大会常务委员会第十三次会议通过了《中华人民共和国国防动员法》，并于 2010 年 7 月 1 日正式施行。《中华人民共和国国防动员法》的颁布施行，是我国国防动员建设的一件大事，标志着我国国防动员建设进入法制化、规范化发展的新阶段。

(四)《中华人民共和国国防教育法》

为了普及和加强国防教育，发扬爱国主义精神，促进国防建设和社会主义精神文明建设，根据国防法和教育法而制定《中华人民共和国国防教育法》。国防教育法由中华人民共和国第九届全国人民代表大会常务委员会第二十一次会议于 2001 年 4 月 28 日通过，中华人民共和国主席令(第五十二号)予以公布，自公布之日起施行。2018 年 4 月 27 日，第十三届全国人民代表大会常务委员会第二次会议通过对《中华人民共和国国防教育法》做出修改。

(五)《中华人民共和国反间谍法》

《中华人民共和国反间谍法》，2014 年 11 月 1 日第十二届全国人民代表大会常务委员会第十一次会议通过，2023 年 4 月 26 日第十四届全国人民代表大会常务委员会第二次会议修订。反间谍法的颁布实施意义重大，既为反间谍工作提供了最基本的法律依据，又为在隐蔽战线贯彻落实总体国家安全观做出了具体的制度规划，必将进一步推进中国反间谍工作的规范化、制度化和法治化，必将在全面推进依法治国的进程中，发挥不可替代的重要作用。

四、自觉遵守国防法律、法规

《中华人民共和国宪法》规定："任何公民享有宪法和法律规定的权利，同时必须履行宪法和法律规定的义务。"权利和义务是有机的统一体，两者不可分离。公民的国防义务和权利，是我国公民的基本权利和义务的重要内容。《中华人民共和国宪法》《中华人民共和国兵役法》《中华人民共和国国防法》等法律对公民的国防义务和权利做了明确规定。每一个公民应当自觉履行国防义务，正确行使国防权利。

(一)国防法律法规赋予公民的义务

公民的义务是由法律规定的、要求公民必须履行的某种责任,是维护国家利益、实现公民个人权利的前提。我国的国防法律法规赋予公民的义务主要有以下几项:

1. 兵役义务。

2. 支前参战的义务。

3. 接受国防教育的义务。

4. 保护军事设施的义务。

5. 保守国家军事机密的义务。

6. 拥军优属、拥政爱民的义务。

(二)国防法律法规赋予公民的权利

公民按照国防法律法规履行国防义务,同时也享有权益。军属也享有某些特殊的权利和待遇。

1. 褒扬抚恤。

2. 优待。

3. 安置。

第三节 参与——国防动员

一、国防动员的含义

国防动员是指国家为应对战争和突发事件的需要,合理地调动国家可以利用的各种资源,并建立相应的国家动员体制和机制的一系列活动。搞好国防动员建设,平时可以增强国防动员潜力,提高国防动员能力;战时可以有效地弥补国防力量的消耗,不断增强战争实力,为最终赢得战争胜利奠定基础。不仅如此,和平时期加强国防动员建设,对于增强国家的战略威慑能力,提高国家遏制战争发生和控制战争升级的能力,以及应付重大突发事件对国民经济与社会发展的冲击和影响,也有着重要的意义。

二、国防动员主要内容

(一)武装力量动员

武装力量动员是指国家将军队及其他武装组织由平时体制转为战时体制所采取的措施,通常包括解放军现役部队、武装警察部队、预备役部队、民兵和预备役人员及相应的武器装备和物资等动员。

(二)国民经济动员

国民经济动员是指国家将经济部门、经济活动和相应的体制从平时状态转入战时状态所采取的措施。

(三)科学技术动员

科学技术动员是指战时由国家统一组织、调整科学研究部门,组织专家和工程技术人员从事战争所需要的科学技术开发研究所采取的措施,是战争动员的重要组成部分。

(四)人民防空动员

人民防空动员是指国家战时发动和组织人民群众防备敌人空袭所采取的措施,也可简称为"人防动员"。

(五)国防交通动员

国防交通动员是指在全国或部分地区调集交通力量,全力保障战争需要的紧急行动。国防交通动员通常是在国家动员领导机构的统一领导下,由国防交通主管机构组织,协同政府、军队有关部门共同实施。

(六)政治动员

政治动员是指国家从政治上、组织上、思想上发动人民和军队参加战争所采取的措施。

三、国防动员的组织体系和基本原则

(一)国防动员的组织体系

国防动员组织体系是国防动员活动的行为主体,具有发起、控制和管理动员活动的作用,是国防动员体系中最活跃和最具能动性的部分。它通常是由动员决策机构、协调机构、执行机构三部分组成。

1.动员决策机构。

2.协调机构。

3.执行机构。

(二)国防动员的基本原则

国防动员的基本原则是组织动员准备、实施战时动员的基本准则,也是动员工作规律的反映。从适应现代战争的客观需要出发,结合我国的国情、军情,现代条件下动员应遵循以下基本指导原则。

1.服从大局,长期准备。

2.全面规划,统筹兼顾。

3.军民结合,平战结合。

4.严密组织,快速高效。

5.因故因势,协调灵活。

第四节 熟知——国家安全概述

一、中国地缘环境概述

中国是陆海兼备的东亚大国,现有的陆地疆域为960万平方千米,海洋国土约300万平方千米。中国是世界上陆海邻国最多的国家,而且多陆海强邻这是中国周边安全环境最显著的特点。中国陆地边界22000多千米,有陆地邻国14个,分别是蒙古、俄罗斯、朝鲜、越南、老挝、缅甸、尼泊尔、不丹、印度、巴基斯坦、阿富汗、塔吉克斯坦、吉尔吉斯斯坦、哈萨克斯坦,海上邻国除朝鲜和越南陆地相邻外,还有韩国、日本、菲律宾、马来西亚、文莱、印度尼西亚6个国家。此外,由于历史等方面的原因,有些国家虽与中国无共同边界或海域，但与中国的关系历来相当密切，如柬埔寨、泰国、新加坡、孟加拉国等，一般我们也把它们看成是邻邦。我国地缘环境的基本特点如下：

(一)邻国众多，强邻环伺

我国是世界上拥有邻国最多的国家，也是世界上大国最集中的地区，且多为军事强国。世界上5个军队在100万以上的国家，除中国外还有美国、俄罗斯、印度、朝鲜，它们几乎都在我国周边或把军队部署到了我国周边。

(二)战略区位重要，大国利益交汇

中国位于欧亚大陆东部和太平洋西岸，地处东亚的中心位置，四周分别邻接东北亚、东南亚、南亚、中亚四大次区域，为广阔的周边地区所环绕。

(三)多样性突出，热点矛盾集中

我国周边的多样性突出，各国社会制度不同，发展水平各异，各种文化、民族和宗教聚集在我国周围。中国周边地区如此巨大的经济发展差距，给地区经济合作和安全合作带来相当大的困难。

二、我国周边地缘安全环境发展趋势

随着全球化进程的加快以及地区力量的急剧变化，中国周边地区形势将继续处于快速变化之中，各种不确定和不稳定因素将时有显现，并对中国安全提出复杂的新挑战。但是，和平与繁荣仍将是亚太各国共同的愿望。

1. 大国关系的相对平稳发展是中国周边继续保持缓和的基础。
2. 地区热点发生热战的可能性较低。
3. 非传统安全问题将成为地区安全合作的催化剂。

三、我国的周边外交政策

周边国家与地区是我国实行对外开放、开展互利合作的重要伙伴，也是发挥国际作用的主要区域。

(一)构筑软实力强化新战略安全观

国家安全往往体现国家大战略的总体思想。随着全球化的发展，围绕国家安全问题产生了新的现代战略文化。着眼需要，我国树立并遵循"综合安全观"

这一新战略安全观。我国的新战略安全观主要包括以国家安全为主体，突出主权安全；以和平共处五项原则为政治基础；以相互安全为理论前提；以综合安全为安全维护的内容；以合作安全为现实安全的途径；以共同安全和普通安全为目标；以"互信、互利、平等、协作"为新安全观的核心。

(二)致力于发展新型大国关系

我国要实现自己的安全战略目标，很大程度上依赖于国际战略平衡。我国历来重视与大国关系的发展，面对冷战后国际体系复杂化的挑战，在发展大国关系政策上也有新的定位。

(三)继续贯彻"睦邻、安邻、富邻"的周边外交方针

我国的睦邻政策是以和平共处五项原则为核心。营造稳定的周边环境是我国发展经济的必要前提，也是进一步发展与全球性大国合作关系的基础。

(四)重塑国家安全体制和区域合作机制

在新时代的国际背景下，以区域合作组织为依托，构建与周边国家的利益共同体，增强与周边国家的战略互信，消除周边国家对中国发展的疑虑，共同营造和平稳定、平等互信、合作共赢的地区环境。中国与东南亚各国在中国—东盟框架下，俄罗斯及中亚国家在"上海五国"机制及上海合作组织框架下的多边合作不断取得新的成果。

(五)独立自主、和平推进多极格局形成

在新的历史时期，中国坚持独立自主、和平外交和不结盟政策。和平与发展已成为当今世界主题，总趋势趋于缓和。

第五节 关注——国家安全形势

改革开放四十多年来，我国综合国力不断提升，国际影响力日益增强，国家安全形势总体上向着更加有利的方向发展。但同时，围绕中国和平崛起的话题越来越被国际社会关注，在一系列成绩与繁荣景象背后，复杂多变的国内外形势给国家安全带来一系列新的挑战。

一、传统领域国家安全

(一)政治安全

政治安全主要是国家主权、基本制度、意识形态的安全等，也包括政府体系和社会秩序的稳定等。政治安全是国家安全的前提。近年来，全球化的深入发展、美国全球战略的调整以及国际社会对我国和平崛起的种种不同心态，对我国政治安全产生着冲击和影响。

(二)国土安全

国土安全是国家安全的核心内容，是国家利益的最高表现形式之一，也是迄今为止一个国家最基本、最重要的安全。目前，国内一些分裂势力的滋长以及与海外敌对势力的相互勾结，我国在国土安全领域面临的挑战越来越严峻。

(三)军事安全

军事安全是国家安全诸因素中的首要因素，目前的国际形势要求我们高度重视军事安全的挑战。近年来，局部战争不断催生新的军事变革，武器装备领域出现了巨大变化，特别是美国等大国大幅增加军费、扩充军备，不少国家群起效尤，这些都给我国军事安全提出了新的挑战。周边军事安全是国家安全的前沿与关键领域。

(四)经济安全

在全球化大背景下，经济安全问题日益复杂。首先，我国与外部世界经济关系越来越密切，也越来越复杂，与其他国家发生利益冲突与对抗的可能性不断增大。其次，国际环境对我国经济的影响与压力越来越明显。还有，我国的经济主权也面临着越来越多的国际干扰。国际金融市场动荡的潜在危机和投机资本的流窜也将始终是我国金融安全面临的最大威胁。

(五)文化安全

文化安全主要涉及文化制度、意识形态的选择权以及文化传播和文化交流的自主权等。在全球化时代，维护国家文化安全，就是保障和捍卫国家文化主权的独立性和自主性。当前，我国在文化安全领域面临的挑战主要集中在西方政治文化的渗透和反华舆论的鼓噪。此外，国际文化交流也被一些西方国家视作对我国进行文化渗透与扩张的重要手段。

(六)社会安全

社会安全是国家安全的重要组成部分，包括社会治安、交通安全、生活安全和生产安全等自然或人为的种种灾害。这些要素有的看起来微不足道，但如果出了问题，经过一些因素对它的放大，往往会扩大或发展为国家安全的大问题。

二、新兴领域国家安全

当前，随着科学技术的进步、经济社会发展以及我国国家利益的不断拓展，一些新兴领域，诸如科技、网络、生态、资源、核以及海外利益等，已成为影响我国国家安全的重要关注点。

(一)科技安全

科技安全是国家安全的重要组成部分，主要包括保护国家利益免受外国科技优势以技术手段相威胁，以及国家利益免受科技发展的负面作用的影响等。当前，我国面临的科技安全问题日益突出，我国在先进技术、前沿技术、核心技术方面掌握得还比较少，往往会受制于人，比如2018年发生的中兴事件，就敲响了我国企业没有掌握芯片制造核心技术的警钟。因此，"只有把核心技术掌握在自己手中，才能真正掌握竞争和发展的主动权，才能从根本上保障国家经济安全、国防安全和其他安全"。

(二)信息安全

近年来，我国信息化发展速度令人瞩目，但信息安全问题也相伴而来。信息安全是物理安全、网络安全、数据安全、信息内容安全、信息基础设施安全与公共信息安全的总和。信息安全与国家的安危紧密相连，没有信息安全，就没有真正的政治安全、军事安全和经济安全，也没有完全意义上的国家安全。总之，信息安全已呈现出突发性、扩散性、全球性等特点，其复杂性、跨国性、不可控性越来越突出。

（三）生态安全

生态安全是指一个国家具有支撑国家生产发展的较为完整、不受威胁的生态系统，以及应对国内外重大生态问题的能力。生态安全是人类生存发展的基本条件。习近平指出，保护生态环境就是保护生产力，改善生态环境就是发展生产力，良好的生态环境是最公平的公共产品，是最普惠的民生福祉。

（四）资源安全

资源安全是近年来随着我国经济快速发展渐渐凸显的一个新的非传统安全挑战。我国的能源资源种类不均衡，储备严重不足，开发难度大，供给后劲不足，供需矛盾日益突出，而融入世界的步伐却很快。

（五）核安全

核能的开发利用给人类的发展带来了新的动力，同时，核能发展也伴随着核安全风险和挑战。人类历史上曾发生过多次重大核事故，如美国三哩岛核事故（1979 年）、苏联切尔诺贝利核事故（1986 年）、日本福岛核事故（2011 年）。核安全已成为我国国家安全的新生领域。核安全作为典型的非传统安全，具有事故后果严重和极端的社会敏感性等特点，对生态安全、经济安全和社会安全等安全领域都有重要影响，成为国家安全的重要组成部分。

（六）海外利益安全

海外利益是国家利益的重要组成部分。主要包括海外能源资源安全、海上战略通道以及海外公民、法人的安全。其维护方式多种多样，如开展海上护航、撤离海外公民、应急救援等。目前，我国已成为全球第一货物贸易大国主要对外投资大国。随着自身实力不断增强以及与世界联系日益紧密、特别"一带一路"建设加快实施，我国企业、机构和人员大规模"走出去"，海外利益的广度和深度不断拓展。

第六章　实践篇

常言道：实践出真知。对于大学生来说，大学校园就是进入社会的前一站，大学生们应该积极参与实践活动，及早适应现实社会的节奏。

第一节　学生会——增加人生历练

学生会是学校中的组织结构之一，是学生自己的群众性组织，是学校联系学生的桥梁和纽带。学生会是每所大中学校不可缺少的部门，它是提倡自我服务、自我管理、自我学习的学生组织，是为学校学生和老师提供无偿服务的部门。每年新生入学时，学生会都有招新活动，招纳有志于进入学生会的大学新生，可以说是大学里的"小小芝麻官"。

一、认识学生干部

要想做好学生干部，首先要认识大学校园学生干部的基本构成，包括班级干部、学生会干部以及党团干部等。

【案例直播】

某高校大三学生小黄介绍，大一时竞选班干部，在60人的班里，有20余人参与了班长的竞选，激烈角逐，仅拉票环节就持续了足足两个小时。上了大二，大一的那套班子中只有三人愿意留任，竞选时基本上是一个职位只有一个人报名。到了大三，竞选时更是无人主动请缨竞选班长和学习委员，班主任无奈，经过协商最终指定了两名同学顶缺，整个换届大会仅持续了10分钟。

究其原因，大一进校时大家争着当班干部，主要是想通过管理班级事务锻炼自己，丰富自己的大学履历，以及便于加学分、评奖学金，可是在当了班干部之后，才发现班干部做的都是一些琐碎的事，这才造成了班委竞选逐年"降温"。

【温馨提示】

大学校园中之所以出现上述现象，主要是大学生们对担任学生干部的认识不足。按照不同类别，学生干部分为班干部（包括团支部、班委会）、学生会干部（包括学校学生会、各院系学生分会）、社团联合会干部（包括各协会、社团、舞蹈队、国旗班、礼仪队）、团委会干部（包括办公室、组织部、宣传部等）。

1. 班干部

（1）班委成员主要包括班长、副班长、学习委员、纪律委员、文娱委员、体育委员、宣传委员、生活委员、女生委员、心理委员等。

（2）团支部成员主要包括团支部书记、支部副书记、组织与宣传委员等。

2. 学生会干部

学生会干部主要包括主席团（包括主席、副主席），维权主任，纪检主任，秘书长，各部（学习部、卫生部、文娱部、体育部、女生部、生活部、保卫部、宿管部、宣传部、外联部、广播站、心理健康部等）的部长、副部长、干事等。

3. 社团干部

社团干部主要包括主席，副主席，纪检组组长，秘书长，各部门（组织策划部、外联部、网络部、宣传部等）的部长、副部长以及各协会会长。

4. 团委会干部

团委会干部主要包括书记，副书记，办公室主任，各部（组织部、宣传部、文体部）的部长、副部长、干事等。

5. 担任学生干部的优势

在了解了大学校园基本的学生干部分类后，大学生还应认识竞选大学生干部的好处，这样才能提升参加班级活动与管理工作的积极性，才能做好学生干部。

（1）学生干部是同学中的骨干和带头人，需要发挥带领引导作用，并且要求严于律己、以身作则，这无形中使学生干部成为同学学习的榜样，可以提升个人魅力与能力。

（2）学生干部是学校领导和班主任的得力助手，学校的许多工作、班级的事务，都需要学生干部配合，因此大部分学生干部与老师或辅导员之间的关系是很好的，这样可以从他们那里获得就业信息或是其他信息。

（3）学生干部是沟通同学和教师的桥梁，可以将同学们的想法、意见、实情反映给教师，及时消除师生之间的矛盾，使教师与学生之间关系协调、情感通融，这样可以改善与同学之间的关系，提升自己的号召力。

二、竞选学生干部

走进大学之后，在大家尚未彼此了解之前，辅导员老师可能指定一些同学做班级事务的管理人或者联系人。但这并不代表他们就是班级的班干部，因为大学一般实行的是公开竞选。而要想竞选成功，参加竞选的大学生就需要下一番功夫了。

【案例直播】

> 小白是大一新生，没进入大学之前，她就想好了自己进大学后要争取当上学生干部。小白个子高、身材好，又会跳舞，在高中时是年级文艺部的部长，凭着自身的资质，小白认为自己竞选上文艺委员完全没有任何问题。到校后，小白观察了班里的同学，看起来，论资质没有能比得上她的，于是她信心百倍，没有把竞选当回事。当拿到竞选通知时，小白也没有过多准备，心想上台不就讲两句话吗？竞选那天，其他同学都激情洋溢，小白有点紧张了，加上没有准备，上台讲话也结结巴巴，发挥得极差。结果，文艺委员的职位被班上一位男生获得，小白懊悔不已。
>
> 18岁的小田是家里的独生女，爸妈对她十分宠爱，凡事都会为她准备好。进入大学后，小田想要锻炼一下自己，于是决心竞选班级生活委员一职，可是性格害羞的她根本不知道该如何竞选，这让她十分的苦恼。

【温馨提示】

一篇打动人心的竞选发言是获得竞选成功的重要法宝。它不仅可以让支持自己的同学鼓劲助威，还会让其他同学被自己的魅力折服，心甘情愿地投票给自己,让自己轻松过关。除了优质的演讲稿,在竞选之前,还要尽量与班上同学多交流沟通,让他们了解自己、接纳自己。

三、做好学生干部

竞选成功了,接下来就要考虑如何当好优秀的学生干部了。当好学生干部并非一件容易的事情,要处理多方面的关系。大学校园有时候就像一个社会,学校的事情多而杂,相应的工作量就大,许多事情处理起来也没那么简单。

【案例直播】

刘某是北京某高校的大一新生,在学生干部竞选中,他凭借生动诚恳的竞选演说打动了同学,成为班级的班长。可是竞选成功后小刘犯愁了,虽说自己在高中担任过班长,可是大学并不同于高中,管理手段必然要有所变化。后来在辅导员的帮助下,小刘掌握了班级管理的重点,策划组织了多个活动,受到了同学们的一致拥戴。

【温馨提示】

"工欲善其事,必先利其器。"做一个合格的学生干部,应该有一套合理的解决问题的方法。及时发现问题,细致而正确地分析问题,用正确的方法解决问题,可以使矛盾发现得早、分析得细,从而解决问题。这是一名合格的学生干部应具备的基本功。一般来说,学生干部需要具备以下几种素质:

1. 政治思想素质

学生干部作为学生基层组织各种活动和工作的组织者和领导者,必须具有较高的政治觉悟和思想品质。俗话说:"其身正,无令则行,其身不正,虽令不行。"大学生干部更应为人楷模,把同学们紧紧地吸引和团结在自己的周围。同时,大学生干部要注意培养事业心,自觉地认识所从事的学生工作的重要意义,明确所肩负的重托,增强责任意识,保持旺盛的工作热情,兢兢业业,积极工作。

2. 业务素质

大学生都具有一定的专业知识和理论水平,而且求知欲强,喜欢探索,这就要求学生干部有较高的业务素质和合理的知识结构。一般来说,学习成绩好的干部更容易赢得同学的尊敬和爱戴，更容易建立起自己的威信，实行有效的管理。

3.能力素质

大学生干部的能力素质包括很多，主要有以下几个方面：

(1)交往能力。学生干部要熟悉交往的艺术，善于同各种类型的同学交朋友，学会与各种群体和组织打交道。只有这样，学生干部才能和同学以及其他组织和群体建立亲密关系，各种信息才会源源不断地向自己传来，为开展各项工作创造一个宽松的外部环境

(2)决策能力。决策是领导行为的基本功能，领导行为的效果依赖于决策的好坏。学生干部应根据中心工作，结合本学院、本班、本部门的特点和具体工作的实际情况，找出关键问题所在，及时做出有效、可行的决策。

(3)组织能力。学生干部要把性格各异、素质不同的同学组织起来，合理安排，充分调动每个人的积极性，把他们的协调起来，团结互动，拧成一股绳，为共同目标的实现而努力，保证决策的实现。

(4)创新能力。学生干部能不能干出成绩，能不能超越自我、超越别人，关键在于其有无创新能力，在工作中能不能提出新见解、新方案，能不能打开新局面。如果学生干部因循守旧，迷信书本和权威，一切按规矩办事，那么就没有创新，没有发展。

4.心理素质

良好的心理素质是学生干部对同学实施有效管理的又一重要因素，它包括广泛的兴趣、丰富的情感和坚定的意志等。一个人如果兴趣面狭窄、情感贫乏、意志薄弱、性格孤僻，缺乏主动精神和自主能力，人际关系不协调，是很难有大的作为的。相反，一个人有了广泛的兴趣，能使自己更加接近和了解同学，更多地涉猎各方面的知识，增加和同学的共同语言，从而有效地激起和培养群体成员的集体观念。

丰富的情感可以增强领导者的感染力和影响力，使领导者得到同学的信任和敬佩。坚定的意志要求干部要自觉地确定目标并为实现这一目标而努力奋斗，在工作中表现出主动精神和独立自主精神，勇于为自己的决定和行动承担责任。对工作中出现的挫折和干扰有坚强的自制力，善于控制自己的情绪，保持高度的自信心。只有这样，才能带领同学们完成预定任务。

5.集体素质

学生干部个体的素质固然十分重要，但如果集体的素质不高，也会导致团

体领导层的内耗。对于大学生干部来说，合理的集体素质应该具有互补性。它要求各位学生干部在性格、气质、能力上彼此取长补短、优化组合，并互相尊重，注意满足对方的需要。这种心理上及能力上的互补有利于学生干部集体的团结，有利于形成集体的合力。

第二节　入党——信仰的选择

成为一名光荣的共产党员是无数青少年朋友的梦想。不过，申请入党并不是那么简单，除了优秀的个人成绩外，还要有较高的政治觉悟，并经过严格的审查，才能加入党组织。

一、端正入党动机

端正入党动机是争取入党的首要问题。那么什么是入党动机呢？入党动机就是个人要求入党的内在原因和真实目的。它从根本上体现出每个党员的素质和行为，是共产党员世界观、人生观、价值观的集中反映。

【案例直播】

截至 2022 年 12 月 31 日，我国在校学生党员人数为 290.1 万，约占全部党员人数的 3.0%。不过在如此多的学生党支部中，出现了个别学生入党动机不够端正的现象。

(1)高校党员发展和教育管理服务工作中存在薄弱环节，有的高校党组织对发展学生党员把关不严，需要提高发展党员的质量。

(2)一些高校对学生党员教育培养不够系统规范，对学生党员管理服务的方式方法比较单一，流动党员管理机制还不健全。

(3)个别学生入党动机不够端正，少数党员政治素养不高，组织纪律性不强。

【温馨提示】

首先，大学生要明确正确的入党动机。正确的入党动机是热爱社会主义祖国，坚定共产主义信念，愿意全心全意为人民服务，在建设有中国特色的社会主义事业，实现中华民族伟大复兴，服务祖国和人民的过程中实现人生价值而要求入党。端正入党动机的方法主要包括以下几点：

1. 加强学习

这里不仅仅指学好本专业的科学文化知识，为以后的生活、工作打下坚实的基础。更重要的是，要加强有关党的知识的学习，要认真学习马列主义理论，认识到其揭示的人类社会发展的基本规律，并用马列主义理论武装自己。

另外，还要加强对党史、党建知识的学习，真正深入地了解将要加入的党是一个怎样的党，它对我们国家的建设和发展起到了什么重要的作用，真正做到从思想上入党，才能够说服自己更加努力地为早日加入中国共产党而努力。

2. 勤于实践

实践是检验真理的唯一标准。只有融入实践当中，才能够对所学习的理论进行验证和进一步的执行。通过实践，更真实地感受到党在组建和发展过程中遇到的困难，认识到老一辈的革命家在党的领导下为今天的安定生活付出的辛劳，意识到在新时期，大学生入党积极分子所应努力的方向。所以，只有勤于实践才能够使大学生学习的理论不至于只是空洞的说教，使得大学生能够将理论融入实际的生活之中，鞭策其向前。

3. 自觉接受党组织的教育和考查，并经常进行批评与自我批评

共产党人不是生活在真空中，社会上各种非无产阶级思想也会影响他们，尤其是大学生党员。因此，当代大学生党员需要加强党性修养，要经常反省自己，进行自我批评，以便在学习生活过程中，逐渐懂得客观世界的规律，并且自觉地接受党组织的考查，通过党组织的教育认识自己的优点和不足，切实做到扬长避短，以取得更大的进步。

4. 了解大学生入党的好处

相对于其他阶段，在大学阶段选择入党比较简单，并且入党可以为大学生带来不少优势。

(1)当下，个人价值观多样化，所以坚定一个信仰很重要，人若无信仰就会随波逐流。入党可以使人树立信仰，并以此时刻指引自己。

(2)每一个有责任心的人都不甘碌碌无为，都希望实现自己的人生价值。而

党正是这样一个平台，可以说，入党为大学生提供了一个实现人生价值的平台。

（3）成为党员后，可以为大学生的就业和考公务员加分，因为在大学能够加入党组织的大学生，其知识与品德必须都是十分优秀的，这是无形的筹码。

二、了解入党的程序

党章规定："年满18岁的中国工人、农民、军人、知识分子和其他革命分子，承认党的纲领和章程，愿意参加党的一个组织并在其中积极工作、执行党的决议和按期交纳党费的，可以申请加入中国共产党。"这是申请入党的基本条件。

【案例直播】

> 　　出生在军人世家的大学生周某，一直想要像爷爷和爸爸那样，成为一名光荣的共产党员。进入大学后，周某积极了解大学生入党流程和注意事项，可是周围的同学都是一问三不知。无奈之下，他只能直接联系学校党支部的副书记李老师，最终明白了入党的基本条件和程序。

【温馨提示】

1. 自愿提出入党申请

要求入党的同学自愿向所在学校党组织提出书面申请，申请主要写对党的认识、入党动机、对入党的态度和本人的主要表现。党组织接到申请后，党支部要建立登记册，列入培养计划，随后应派人与入党申请人谈话(一般在十五天内)，进行教育和鼓励，并登记上报。

2. 确定入党积极分子

参加学校组织的党校培训并取得结业证书，经党小组(共青团组织)推荐、支委会(不设支委会的支部大会)审查同意后，便确定为入党积极分子。党支部将入党积极分子报上级党组织备案，并通知入党积极分子本人，要求其本人写出自传(内容主要写本人简历、家庭主要成员及主要社会关系的历史和现实表现情况)，指定党员作为入党积极分子的培养联系人。

3. 考察期一年以上

党支部每季度对要求入党的积极分子进行谈话、考察，每次考察情况要填入入党积极分子考察表(填写考察意见时，要真实、具体、准确，既要有优点，也要写出缺点)。积极分子要定期向党组织汇报思想、学习工作等。

4.听取党内外群众的意见

党支部派一至两名正式党员召开座谈会,听取党内外群众对入党积极分子的反映。一般座谈会应在考察期近一年,支部准备列为发展对象之前召开。会议内容应真实地反映在"发展对象意见表"上。

5.确定发展对象

要求入党的积极分子经过一年以上培养教育后,在听取党小组、培养联系人和党内外群众意见的基础上,经支委会(不设支委会的支部大会)讨论同意,可列为发展对象,并对发展对象的情况予以公示(公示内容包括本人自然情况、所在班级、申请时间、培训时间),公示时间为七天,公示后党支部要将结果形成书面材料与所发展材料一并上报,并公布举报电话。

6.政审

审查发展对象本人对党的路线、方针、政策的态度、政治历史和重大政治斗争中的表现。审查发展对象直系亲属和关系密切的主要社会关系的政治情况。发展对象应如实向党组织汇报情况,并填写"发展对象政审表"。政审的方法:考察档案和必要的函调、外调,函调和外调材料一般需经乡以上党委盖章生效。函调时间要求:对于需要函调的一般提前3~4个月发外调函。

7.上级党组织预审

党支部确定了发展对象,应及时向上级党委(总支)报告意见,并附送入党积极分子的政审材料、"发展对象意见表"、"发展对象情况表"、"入党积极分子登记表"等。上级党组织(总支)进行审查,对符合要求的,同意确定为发展对象者方可下发"入党志愿书"。

8.填写入党志愿书

发展对象填写"入党志愿书"需经上级组织同意,在入党介绍人的指导下,用钢笔或毛笔填写。并要求其填写时要忠诚老实、实事求是,不得有任何隐瞒和伪造。字迹要清楚,不得涂改。对"入党志愿书"上有的项目没有内容可填时,应注明"无"。在"对党还有哪些需要说明的问题"一栏,主要填写需要向党说明而其他栏目中不能填写的问题,或对某些栏目需要补充说明的问题。

9.确定入党介绍人

入党介绍人由两名正式党员担任,一般由培养联系人担任,也可由发展对象约请,或由党组织指定。入党介绍人的主要任务:

(1)向被介绍人解释党的纲领、章程,阐明党员的条件、义务和权利,认真了解被介绍人的入党动机、政治觉悟、思想品质、工作表现、经历等情况，如实向党组织汇报。不能采取马马虎虎的态度，更不能有意隐瞒和歪曲事实真相。

（2）指导被介绍人填写"入党志愿书"，并认真填写自己的意见（填写入党介绍人意见时，不要简单地以"提要求"的形式代替缺点，而应实事求是地对被介绍人的政治觉悟、思想品质、工作表现和其他方面的情况做出全面评价，并表明自己对其能否入党的态度），向支部大会负责地介绍被介绍人情况。

（3）被介绍人批准为预备党员以后，应继续对其进行教育帮助，使其按期转为正式党员。

10. 召开支部大会的程序

（1）申请入党人汇报对党的认识、入党动机、本人履历、现实表现以及向组织说明的其他问题；

（2）党小组和介绍人介绍入党人的主要情况，并对其能否入党表明意见；

（3）支委会报告对申请入党人的审议情况；

（4）与会党员充分发表意见，对申请入党人能否入党进行讨论；

（5）申请入党人对大会讨论情况表明自己的态度；

（6）采取举手或无记名投票的方式进行表决。

11. 审批接收新党员前的谈话

在审批接收新党员前要指派党委组织委员、组织员、其他党委成员同申请人谈话（两人以上），做进一步的考察。谈话前，组织员要对支部报来的入党材料进行审查，看材料是否齐全，手续是否完备（查看支部记录），并采取座谈或个别谈心的方式，听取党内外人员对入党申请人的反映。

谈话中，主要了解被谈话人的入党动机，对党的认识和对党的基本知识的掌握情况征求其对党需要说明的问题，帮助其提高对党的认识，指出努力的方向。谈话后，及时如实地将谈话人的意见填入"入党志愿书"，并向党委汇报谈话情况。

12. 预备期的培养考察

预备期为一年，从支部大会通过预备党员之日算起。党组织通过听取本人汇报、个别谈心、集中培训、介绍人帮助等方式，对预备党员进行教育和考察，每季度要讨论一次，发现问题要及时同本人谈话。预备党员要自觉地接受党组织的教育和考察，经常向党组织汇报思想和工作情况，每半年要向支部书面汇报一次思想和工作情况。预备期满后，党支部要进行全面考察，并写出书面报告。

13. 预备期满，考察合格，转正

本人在预备期满前适当时候向支部提出书面转正申请，党支部征求党内外群众意见，支部大会讨论、表决通过，预备党员材料报上级党组织审批。

（1）考察不合格，延长预备期。对预备期满后不完全具备条件或犯有一定错误，但还没有完全丧失预备党员条件，并且本人决心努力改正错误的，可延长预备期。延长时间长不超过一年，短不能少于半年。延长预备期必须经过支部大会讨论做出决议，填入"入党志愿书"，报上级党组织。延长预备期期满后，由党支部根据其是否具备党员条件做出转为正式党员或取消预备党员资格的决议并报上级党组织审批。

（2）取消预备党员资格。对在预备期内不能履行党员义务，确定不具备党员条件或犯有严重错误或延长预备期后经过教育考察已不具备党员条件的，应取消预备党员资格。取消预备党员资格必须经过支部大会讨论通过，支部大会决议填入"入党志愿书"报上级党组织审批。

三、入党申请书范本

入党申请书是大学生向党组织提出的一种书面材料。入党申请书标志着申请人向党组织表明自己有入党的志愿和要求，使党组织了解申请人的政治信仰和追求，便于党组织对申请人有针对性地进行培养、教育、考察，同时是党组织确定入党积极分子和发展对象的重要依据。写入党申请书，是要求入党的大学生对党的认识和自我认识的反映。因此，每一位要求入党的大学生，都应该认真写好入党申请书。

【案例直播】

某高校大二学生小唐想要申请入党，可是只写过入团申请书的他，对入党申请书的写法与格式完全不懂。自以为聪明的他灵机一动，在网络上随便找了一份入党申请书范本，仅仅改了名字，其他完全照抄。结果可想而知，党支部直接拒绝了他的入党申请。

【温馨提示】

根据党章规定，要求入党的同志必须亲自向党组织提出申请。申请可分为口头申请和书面申请两种形式。通常情况下，申请入党的同志应写书面申请。

1．书写格式

（1）标题。居中写"入党申请书"。

（2）称谓，即申请人对党组织的称呼。一般写"敬爱的党组织"，顶格书写在标题。

（3）正文。主要内容包括对党的认识、入党动机和对待入党的态度。写这部分时应表明自己的入党愿望；个人在政治、思想、学习、工作等方面的主要表现情况，今后努力方向以及如何以实际行动争取入党。

（4）结尾。申请书的结尾主要表达请党组织考察的心情和愿望，一般用"请党组织在实践中考验我"或"请党组织看我的实际行动"等作为结束语。全文的结尾一般要用"此致，敬礼"。

在申请书的最后，要署名和注明申请日期。一般居右书写"申请人×××"，下一行写"××××年×月×日"。

2. 书写内容

（1）要求入党的原因。主要写自己对党的认识和入党动机，要明确表示：我志愿加入中国共产党，承认党的纲领和章程，履行党员义务，执行党的决议，严守党的纪律，保守党的机密，按时交纳党费，对党忠诚，愿意参加党的一个组织并在其中积极工作，为共产主义奋斗终生。

（2）表明对党的性质、宗旨、指导思想、奋斗目标、组织原则、纪律和党的路线、方针政策及党风方面的认识和态度。

（3）自己的政治信念和思想、工作、学习、作风等方面的主要情况，要剖析自身存在的不足，表明对入党的态度和决心，以及今后如何以实际行动争取入党，并明确表示愿意接受

党组织对自己的教育和考察。

3. 注意事项

（1）要认真学习党章，掌握基本精神，加深对党的性质、宗旨、任务、党员的权利、义务等基本知识的理解。

（2）要联系自己的思想实际谈对党的认识和入党动机，不要以旁观者身份一味评论别人。

（3）对党忠诚老实，向党组织反映真实思想情况。

（4）入党申请书要写得朴实、庄重，不要追求华丽的辞藻，夸夸其谈。对基本写法正文中各部分的内容可根据自己的实际情况掌握。

第三节　社团——让生活更美好

大学生社团是高校校园文化中的一项重要内容，是开展校园文化的一个重要阵地。学生社团作为一种非正式的团体，是由具有共同兴趣爱好的学生组成的团体，大学生参与社团是步入社会前最好的锻炼。高校大学生社团不仅数量多，而且覆盖面广，几乎每个大学生都能找到适合自己的组织，是学生自我塑造、自我管理、自我完善的第二课堂。

一、学生社团的特点

教育离不开实践，按照实践育人的要求，体验教育应该成为教育学生的基本途径之一。区分不同层次未成年人的特点，精心设计和组织开展内容鲜活、形式新颖、吸引力强的学生实践活动，已经成为现代教育的重要内容和途径。广泛深入开展学生社团活动无疑已成为实践育人实施体验教育的重要模式。

【温馨提示】

学生社团活动，可以理解为学生自主参与，围绕一定的主题，有计划、有目的、有组织的一种群体性实践活动。因此，学生社团活动应该具有以下几种特征：

1. 自发性

学生可以根据自身的特点和志趣爱好主动地选择社团参加；一定的主题为学生的主动选择提供了导向作用。

2. 教育性

学生通过参加社团活动，其思想、观念、知识、技能、能力乃至情感、态度、价值观必然发生或多或少、或深或浅的改变。这些改变就是社团活动教育性作用的体现。

3. 实践性

社团活动对学生参与者的基本要求是动手、动脑，而且发生在具体的情景之中，必然产生真实的情感。尤其是学术类、科技类、艺术类的学生社团，都为其成员提供了实践的舞台，学生在活动中增长了知识、锻炼了能力。例如：民乐团的开办、羽毛球比赛的进行、诗文社的创作、摄影组的采风、书法协会的书法展、机器人协会的机器人大赛……无不体现出实践的特质。

4. 多样性

大学生所建的社团中，有学术型的信号协会、火车迷协会、自考协会、读者协会、电子协会、机器人协会等；有从事公益活动的"青年志愿者"服务组织，如义工社、"小红帽"志愿服务队等；有利用节假日进行的社会实践小组，如创新创业协会、兼职协会等；有从事业余文学创作活动的文学社，如诗文社等；有文娱爱好者所组织的各种团体，如民乐团、舞蹈队、合唱团、街舞社等；有体育爱好者组织的各种球队协会，如篮球队、足球队、羽毛球协会、交谊舞协会、散打协会、瑜伽协会、跆拳道协会等。社团活动的多样性，在一定程度上满足了大学生的求知愿望和施展才能等方面的需求。

5. 可操作性

组织者可以对学生社团活动的主题、参与的条件、具体的组织形式等进行合理的引导、规范和调控，以顺应社会主流文化的方向，体现学校的办学思想，达成学校的培养目标。例如，为了在学校范围内建立起学习的共同愿景，学院团委、院学生会可举办"读书节"活动，通过读书讲座、知识竞赛、礼仪剧表演、征文比赛、演讲比赛等形式，在校园内大兴学习之风，营造浓厚的学习氛围。

二、理性选择社团组织

在各个大学校园里都活跃着很多的社团组织。社团是为大学生适应社会而服务的，是大学生展示自我的舞台，它已经成为一种独特的校园文化，丰富着大学生们的生活。

【案例直播】

2013 届大学新生小罗满怀着热情，来到了自己心仪的学校。兴趣爱好广泛的他，第一时间注意到了校园中随处可见的社团招新海报——"英语社""动漫社""小品协会""羽毛球协会"……在深深地感受到大学生活丰富多彩的同时，小罗也在眼花缭乱的"招新"宣传中感到困惑：这么多的学生组织，我该如何选择？

【温馨提示】

每到秋高气爽的季节，又一群的大一新生走进校园，社团组织也开始了新一轮的招新。面对各种各样令人眼花缭乱的社团组织，新生们该如何做出选择呢？

1. 兴趣很重要

社团的种类是多种多样的，但并非所有的都适合自己。大学生选择社团时首先考虑的应该是自己擅长什么和是否感兴趣。要根据个人的兴趣、爱好不同来选择：擅长文艺的同学可以到话剧团、合唱团或舞蹈团；喜欢演讲的同学可以找到演讲协会、文学社；爱好运动的同学有自行车协会作为挥洒兴趣的天地；爱护环境、热爱大自然的同学可以参加环境保护协会；喜欢新闻采编的同学，院报、广播台、电视台是施展才能的平台；热衷摄影的同学不妨到摄影协会去体验一下。如此多的社团，只要感兴趣，总能找到适合自己的。

2. 选择不可过于草率

选择社团时，要综合多方面的因素和条件，考虑清楚后再做决定，切不可草率。一些同学匆匆忙忙地选了一个社团，待了一段时间后觉得不适合，就很快放弃了，可谓"来也匆匆，去也匆匆"，结果什么也没学到，还浪费了钱。

3. 不可贪多

参加社团组织固然好，但前提是不要与正常的学习相冲突。有的人觉得社团活动丰富多彩，很有意思，就一连参加了好几个社团，整天不是到这个社团开会，就是去那个社团值班，如此忙碌，难免顾此失彼，更有甚者严重影响学业，得不偿失。建议新生选择一两个自己感兴趣的、擅长的社团即可，毕竟学生还是要以学习为主。

4. 功利性不可太强

抱着功利的想法参加社团是不可取的。有的学生觉得参加社团可以在每年的综合测评或品德考评时加分，从而获得"社团优秀干部、成员"之类的荣誉；有的学生希望能够在社团中混个"一官半职"，以此来提高自己的知名度；有的学生认为如果不参加社团，自己的经历太单调，将来的求职简历上内容不够丰富……这些想法无疑会使原本纯洁的社团文化蒙上一层不太纯洁的色彩。那么参加社团工作到底是为了什么？社团为大学生提供了一个与人和社会接触的机会，从中可以提高自己的社交能力、实践能力、自制能力、生存能力，填补某些性格上的缺陷，也可以增进同学之间的相互了解，结识更多的新朋友。

5. 认真对待社团活动

一旦加入某个社团，就得认真做好社团的每一项工作，坚持到底。自己心里要清楚在社团中应该做什么以及怎样培养自己的社会实践能力，不要把社团中的职务看得过重，要知道不论做什么工作对自己而言都是很好的锻炼。

三、社团活动的优势与原则

学生社团活动以学生为主体，充分考虑社会、学校和学生的实际需求，采用学生喜闻乐见的组织形式开展活动，因而其教育功能的效益将体现无遗。不过，大学生在看到社团活动的好处之外，还需要遵循参与社团活动的基本原则，即以不影响专业课程的学习为前提。

【案例直播】

> 某高校大三学生小杨是某社团的副社长，热心社团活动的他对社团的建设十分尽心。然而，社团活动的时间很难照顾到所有成员，有时会与上课时间发生冲突。为保证活动进度，小杨不得不逃课以完成任务，长期下来，小杨的专业课程的学习受到了很大的影响，辅导员也经常找他谈话。期末考试中，小杨的专业课有几门不及格，需补考通过才能拿到毕业证。

【温馨提示】

1.参加社团活动的优势

相较于枯燥的高中生活，大多数新生会认为大学的生活比高中时代丰富多了。而大学中各式各样的社团活动便是使大学生活绚丽多彩的内容之一，而且参与社团活动的益处很多。在大学里，不妨通过实践活动来多多锻炼自己各方面的能力，为自己步入社会提前做好准备，打下坚实的基础。

通常社团都会与企业进行联合，通过协商，让其为社团的活动垫付经费。而社团要如何才能让企业掏腰包呢？这就需要交际能力和随机应变的能力了。首先需要知道企业想要的是什么。或许开始的时候会失败，或者自己的条件总是难以达到要求，但进行过多次实践之后，自己的交际能力和谈判能力都得到了增强，成功的概率也大幅度提高了

另外，加入自己喜欢的社团，可以使自己的兴趣爱好得到充分的展示，让大学生活更加丰富多彩。

2.参加社团活动的原则

在大学中，除了团组织、学生会、青年志愿者协会的工作以及各种社团活

动外，学校还会定期举办不同的活动。比如各学院的迎新晚会、校园十佳歌手大奖赛、演讲比赛、辩论赛、心理剧、礼仪剧、话剧演出、周周乐舞会、校园知识竞赛、学术讲座等。

大学生要均衡发展，学习之余可以在社团活动中不断提升自我，将课堂上所学的理论投入实践之中，增强对知识的理解和运用，同时获得书本中学习不到的实践能力。但对于学生来说，学习仍是第一要义，以旷课为代价参与社团活动是不可取的。社团活动只可作为充实生活的一种方式，大学生切不可本末倒置。

第四节　兼职——睁眼看社会

大学生在课余时间做兼职，除了部分经济上的原因外，很多人也希望通过兼职取得一定的社会经验，为以后找工作做准备。

一、兼职的好处

作为大学生，走出校门接触社会、了解社会，积累社会经验是非常有必要的。做兼职是一个很好的途径。一来可以锻炼自己，提高自己的能力；二来多多少少减轻了家里的负担，更能体会父母的辛苦，对将来毕业找工作非常有帮助。

在大学期间做兼职还可以增加社会阅历，丰富大学生活。在大学期间只顾学习，不走出校门锻炼锻炼，将会是一件遗憾的事情。

现在的企业对人才的要求越来越高，社会经验与现有能力是企业录用人才的一个很重要的条件。我们不能阻止别人前进的步伐，但我们可以加快自己成长的速度。我们不能降低企业用人的标准，但我们能提高自己的能力。在真正踏入社会找工作前先磨炼一下自己是非常必要的。

总结起来，大学生做兼职有以下好处：

1. 赚取生活费

来自困难家庭的学子们不愿把学习费用和日常消费这笔巨大的开支让父母全部承担。于是，兼职就成为他们为父母减负的一个重要途径。

2. 锻炼自我

当前，大学生面临的一个突出问题便是就业。为此，大学生们不能局限在校园内，而要投身到丰富多彩的社会生活中去。做兼职是为了锻炼能力，获得社会经验，为以后求职增加砝码。工作经验是大学生在就业市场上的第二张学历证书，并随着市场的成熟和企业管理者用人理念的逐渐理性，这张"学历"的含金量将逐渐增加。

3. 实现自我价值

在大学中，在自我价值实现方面上的失落是普遍存在于大学生中的一种彷徨而苦闷的心理。为此，一部分大学生另辟蹊径，选择了兼职，在这一领域中寻回"自我感觉"，以实现自我价值。

二、寻找兼职工作

大一期间，各个学校的课程设置一般以公共基础课为主，强度不大，时间也比较充裕。在课余时间，同学们可以做做兼职来充实生活，这不仅能积累一些工作经验，还有利于提高应变能力、心理承受能力、拓宽人际关系网，从而丰富人生阅历。

【案例直播】

　　受到家里经商的熏陶，章某对兼职很感兴趣。所以刚刚进入大学，章某就开始考虑兼职赚外快的问题。可是，到各个兼职网站转了一圈，章某发现各种兼职信息林林总总：促销员、外卖员、家教、兼职校对员……真是乱花渐欲迷人眼，章某实在不知道该选哪种兼职了。

【温馨提示】

目前，在大学生中比较流行的兼职工作主要有以下七种：

1. 家教

家教工作适合某一门或几门学科功底扎实、善于沟通、讲解能力较好的同学。

优点：工作时间固定，工作环境相对安静轻松，且待遇不菲，既可用到自己的知识储备，又可接触社会，锻炼口头表达、思维和应变能力。

缺点：单纯重复以前的知识，对专业学习和动手能力的提高没有太大作用。应聘途径：学校勤工俭学中心介绍，或到学校周边的家教中心寻找工作信息。

注意，不可盲目相信街边大树上贴的广告。

2. 导游

在旅游业日益发展的背景下，导游逐渐成为大学生兼职的"新宠"，在考取导游证之后即可联系旅行社开始带团。

优点：工作时间弹性大，可以选择在周末或假期带团，不会与学习时间产生冲突。报酬较丰厚，还可以在工作中广交朋友。

缺点：工作强度大，有时一天只能休息三四个小时，精力、体力消耗很大，身体素质不好的同学最好不要尝试。

提醒：做导游需先通过考试取得导游证，持证上岗。一般每年12月举行一次全国统考试。考试分为笔试和面试两部分，笔试由两张卷子组成，中文导游的面试内容为用普通话描述景点的特点。

3. 促销员

优点：企业多利用周末和假日进行产品促销，一般不与学习时间冲突；沟通的能力和耐心能得到很好的锻炼。由于短期促销以在校大学生为主，因此可以结识很多同龄人朋友。

缺点：有的促销活动的劳动强度较大，需从早站到晚，要求一定的耐力和体力。

应聘途径：到信誉良好且具有一定规模的大学生兼职中心联系。

4. 礼仪

优点：薪酬较高，能够接触高层社会，在一定程度上会激发上进心；工作前一般要接受严格的形体培训，对自身形象的塑造大有益处。

缺点：越是光鲜的舞台，背后的风险和付出的代价就越大。如果没有足够的安全保障，应持谨慎态度。

5. 翻译

适合语言类专业的学生，对外语水平要求高。对于口译人员，还会要求形象端庄大方。

优点：可以锻炼自己的外语水平，工作时间十分灵活；学习与赚钱同步进行，在寒冬炎夏不需出门便可获得丰厚的报酬。

缺点：有的企业会以稿件质量不过关为由拒付稿酬；对个人能力要求较高，有时薪金与付出不成正比。

应聘途径：可以关注电视、报纸、杂志及人才招聘网站上的招聘广告，找具有一定规模、可信的翻译公司。每次翻译材料之前要签劳动合约，报酬最好分两次取得，译前拿部分订金，译后一手拿钱一手交稿。

6. 服务生

优点：必胜客、KFC、麦当劳等快餐店品牌形象良好，是认识社会的一个窗口。工作要求时刻保持微笑，自然变得开朗；对反应能力、记忆能力的提高有较大帮助。

缺点：薪水不高，劳动强度较大，需"马不停蹄"地工作，如果不小心与顾客发生冲突则会被重罚。

应聘途径：必胜客、KFC 招聘计时工时一般会在店外张贴招聘启事。

7. 实习

大学生在掌握一定的专业知识后便可以积极地"推销自己"，到与专业相关的单位实习。毕竟上大学的目的之一是找一个好工作，实习就是为实现这一最终目的所做的准备。如果所学的是计算机等需要较强实践能力的专业，实习的重要性更是不言而喻。在实践中学习，学以致用，知识会掌握得更加牢固。

三、警惕兼职骗局

兼职不仅仅是挣钱的方式，更是大学生接触社会、增长阅历的途径，因此不能被高薪蒙蔽了双眼，要时刻保持清醒的头脑，增强法律意识和自我保护意识，才能在兼职途中一帆风顺。

【案例直播】

小赵是某高校的大三学生，暑假期间，他在网络上看到某一五星级大酒店招服务员。面试时，招聘人员说应聘人员过多，于是在大厅进行了简单面试之后便通过了。之后招聘人员要求小赵交 200 元的工作服钱和 200 元的手机费。当小赵再次打电话给此人时，此人却要小赵再交 580 元才能获得工作机会，这时小王才发现自己被骗了。

【温馨提示】

绝大多数大学生没有社会经验，一直身处单纯的校园中，但走出校园之后就要学会保护自己。近几年，大学生兼职被骗的案例屡见不鲜，因此对于大学生来说，提高警惕、学会自我保护十分重要。下面介绍几种常见的欺骗大学生的手段及陷阱：

1. 黑中介

社会上仍存在个别不规范的中介机构，这些不良中介机构一般具有以下几种特征：

（1）没有营业执照或营业执照过期；

（2）没有固定的办公场所；

（3）中介并非其营业项目，常常在经营其他项目时兼营非法中介。

此类"黑中介"利用学生涉世未深、求职心切，或夸大事实，或无中生有，以"某某企急招兼职者"为幌子引诱学生前来报名，收取中介费。学生交完费之后，"信息"则遥遥无期；或者找几个人做"托"让学生前去联系。几趟下来，学生打工的热情锐减并对社会感到一片茫然。

应对策略：一定要到有资质、信誉好的正式职介中心找工作。进门时要看该职介所是否有劳动行政部门颁发的《职业介绍许可证》和工商部门颁发的营业执照，具备这两个证的职介中心才可以从事职业介绍的工作。

2. 收取抵押金

一些用人单位在招聘时，往往收取不同金额的抵押金或收取身份证、学生证作为抵押物。用人单位要求求职者缴纳一定的保证金或者其他费用，如服装费、建档费等即可上班。但往往是学生交钱后，招聘单位又推托目前职位已满，要学生回家听消息，然后便石沉大海。

应对策略：用人单位私自向求职者收取抵押金属于违法行为。有关法规明确规定用人单位在招用职工时，不得向求职者收取抵押金，更不能扣留身份证、学生证等证件作为抵押物。学生在求职时要增强法律意识，以法规为依据，对违法行为予以回绝和揭发。同时，应主动与用人单位或个人签订合同，维护好自己的权益。

3. 娱乐场所高薪招工

有的娱乐场所以特种行业的高薪来吸引求职者，工种有代客泊车、侍者，有的甚至是不正当的职业，年轻学生到这些场所打工，往往容易误入歧途。

应对策略：学生要根据自身的条件选择适合自己的职业。

第五节　实习——就业前的实战演习

在校实习，是大学生进入社会、就业的前奏与演习。大学生在校期间，进行一段时间的社会实践，参与结合专业课程的实习实训，对于了解认识社会、提高心理适应能力、提高心理承受能力，以及增加对社会、对职业岗位、对与人交往的认识，都是非常有意义的。

一、实习的意义

大学生利用假期参加社会实习活动，了解实际社会需求，了解专业就业情况，对于增进和激发大学生的学习热情，修正职业发展规划都是有益的。

【案例直播】

小李与小吴是大学同学，小李性格内向，学习成绩很好，基本每年都能拿到奖学金。小吴则正好相反，性格开朗，专业成绩总是在六十分左右"徘徊"。临近毕业时，院系安排了实习，小李认为实习耽误自己的学习，对于实习毫不上心，小吴却觉得实习很有意思，非常认真地对待实习。

实习结束后，小李与小吴同时应聘一家公司，小李觉得自己成绩好，肯定首先被公司录取，可是面试通知公布后，小李发现自己没有在名单上，而不被自己看好的小吴却进入了面试。后来，小吴告诉他，公司对实习活动的评价十分看重，小李由于对实习的不上心，丧失了一次好机会。

【温馨提示】

实习是学生在即将工作前的一个培训阶段，具有很重要的意义。

1. 理论与实践相结合

大多数大学生在校期间的主要精力都放在学习和校园生活上，很少有机会外出体验和接触实际的工作环境，所以理论脱离实践成了大学生就业的"软肋"，导致"大学生就业难"的现象愈演愈烈。大学生应该深入社会进行锻炼，借助实习，将自己所掌握的理论知识运用于工作实际，帮助自己认识到在知识和经验方面的不足，并能够加深对于专业知识的理解和巩固。实习还能够帮助大学生增加实践经验，拓宽视野，提高观察、分析和解决问题的能力。

2. 完善职业定位

实习有助于大学生更全面地认识自己和了解相关的职业，从而进行正确的职业定位，科学规划自己的职业生涯。对于很多在校生来说，职业的概念很模糊，没有系统的职业规划，不清楚自己应该确立一个怎样的职业目标。很多同学即使确立了目标，也只是盲目跟随社会潮流，并不知道自己的目标是否真正适合自己。到底我们所期待从事的行业、我们所向往的公司是不是和自己的个性和兴趣契合呢？这个问题没有人能代替自己回答，只有通过自己的亲身实践去体会才能知道。

大学生通过实习，有机会接触各种不同性质的工作，也能够到不同的公司去感受不同的公司文化，从而更清楚地认识到自己适合做什么、什么样的企业是自己喜爱的、哪些知识是有用的。通过实践，进一步修改完善自己的职业规划，同时发挥自己的优势，弥补自己的不足，对自己的知识结构做必要的补充和调整。

3. 为正式就业做准备

借助实习而得到的"职场第一次"经历，能够使大学生初步完成从理想到现实的心理过渡，以及从学生到职业人的角色转换。实习的经历能够为将来尽快适应新的工作岗位打下良好的基础。

实习可以说是求职的一次预演。当今人才市场处于买方市场的状态，实习岗位的竞争也较之前更加激烈。如果经受过一次假期实习的考验，无论成败与否，都会对自己今后正式的求职有巨大的帮助作用，因为这种经历可以帮助大学生熟悉求职的流程，使大学生能够更快地投入正式的求职状态中去。

4. 为就业成功增加筹码

从某种角度上讲，实习不但巩固了大学生的专业知识，同时还给他们在求职过程中增添了砝码。用人单位更愿意录用具有一定实习经验的应聘者。

二、寻找实习单位

寻找实习单位，最重要的是明确自己的实习意向。为什么要实习？你希望从实习中收获什么？是要见见世面、锻炼自己的能力，还是积累社会经验，抑或是为将来的工作做铺垫？随波逐流、乱跟风是找不到适合自己的实习岗位的。

【案例直播】

> 　　胡某是湖北某大学中文系师范专业的应届毕业生，本来学校给他安排的实习地点在咸宁，但他不愿离开武汉，所以他只能自己去找实习单位。他没想到，去应聘了不少学校都遭到拒绝，最后还是托关系才进了武昌的一所中学。这所中学不但没有给他工资，还要他倒贴餐费。胡某不禁感慨：找个实习单位真难啊！实习尚且如此，就业恐怕会更难！

【温馨提示】

　　当前国家和社会对大学生就业十分关注，为在校大学生提供了大量实习信息和机会。很多公司、企业在假期尤其是暑假前一个多月就会在校园召开假期实习生招聘会。因此，只要大学生知道了获取实习信息的途径，寻找实习单位其实很简单。

　　1.寻找实习单位的技巧

　　(1)不仅要会寻找实习信息，也要懂得发布自己的求职信息。时常在校园BBS、求职网站上发布、刊登自己的求职信息，主动出击，往往能够收到意想不到的效果。此外，平时多看看这些版面，可以收集到很多相关的信息，增长见识。

　　(2)利用求职网站的电子邮箱业务。许多求职网站推出了定期发送职位到注册者个人邮箱的业务，这个功能不能浪费。定制这些网站的电邮服务，可以为自己节省不少时间，免去了到求职网站反复进行搜索的过程。

　　(3)敢于挑战，直面实习单位。如果对实习单位很感兴趣的话，不妨直接打电话或者上门询问，要求面谈。另外，如果有些单位没有发布招实习生的通告而自己又对其非常感兴趣，也可以主动发简历或者打电话询问。

　　(4)积累人际关系。对人脉关系的使用不能有临时抱佛脚的想法，对同学、亲戚、朋友，在平常就要经常联系。学院的老师和外界的沟通也是很广泛的，所以要和老师们处好关系，有实习机会的时候老师们就会优先想起你。

　　2.寻找实习信息的途径

　　途径一：各大公司网站的有关招聘的主页。

　　途径二：参加各大公司的学生俱乐部。这些公司会优先将实习信息通知你。

途径三：各个学校的 BBS 的求职板块经常发布实习信息。

途径四：不错的求职网站会时常刊登实习信息。

途径五：由朋友、同学、亲戚推荐。

三、确保实习安全

实习是对大学生业务技能和专业能力的考验，在面对工作中出现的问题时，应该保持冷静的头脑，不断提高业务技能，以不变应万变，防范各种突发情况和实习骗局。同时，要树立危机意识，切莫因疏忽造成自己终身的遗憾。

【案例直播】

> 2011 年 10 月，在学院的组织下，安徽某学院的大三学生王某与 100 多名大三学生一起前往一家科技园实习。抵达后，负责接待的科技园工作人员带他们去的并非是早前承诺的园区内的大企业，而是吴中区农村的两家私人工厂。干得多，吃得少，床上只有凉席，个月的工资仅有 1000 元左右。同学们赶紧向学院领导反映情况。在学校的交涉下，学生顺利返回学校。

【温馨提示】

由于大学生急于找实习工作，加上涉世未深，因此要特别注意人身、财产、交通等的安全，要提高警惕，注意识别和防范求职陷阱。在求职以及日常生活的过程中应从以下几点做起，保证实习安全：

（1）多方面、多渠道地详细了解实习公司的情况，认真确认求职信息的真实性。对于获得的求职信息要进行多方确认，不能贸然行事。必要时可向当地人才服务机构或学校就业指导中心进行咨询、核实，也可以直接与该单位的上级主管部门或工商管理部门联系。

（2）警惕卷入任何形式的传销活动，防止钱财被骗，保护好个人的有效证件。在求职过程中，如果遇到需要交纳一定现金或必须先购买某种产品才能获得实习机会的情况一定要慎重，要做到不缴不知用途的款，不购买自己不清楚的产品，不将证件及信用卡交给外人保管，不随便签署协议。如发现异常情况，要及时向当地劳动保障监察部门或公安部门报警，寻求法律保护。

（3）填写个人信息时要谨慎小心，特别是在网上投寄简历时，一定要慎重填写个人的基本信息(如本人的联系方式、家庭住址等)。

（4）在求职过程中要注意人身安全，特别是女生，不要单独到偏僻的地方或隐秘的地方(如宾馆、郊区)参加面试，最好有朋友陪同。在求职过程中要随时与老师、同学、家长保持通信的畅通。此外，无论参加哪种形式的面试，一定要给家人、老师或亲朋好友留下招聘单位的详细地址和联系电话，以备查用。

第七章　情感篇

情感生活在人的生命中是不可或缺的。在上大学之前，学生的主要任务是读书，对于情感方面的事情思考得不充分、不成熟甚至没有进行思考。但是进入大学校园之后，我们第一次需要独立地、完整地面对亲情、友情和爱情。而且随着知识结构的完善和对世事了解的深入，对情感生活也会有新的认知。大学生处理情感问题的好坏，不仅直接影响到大学生活质量，而且可能影响到自身的发展，因此，无论是亲情、友情还是爱情，都需要大学生用心对待。

第一节　亲情——谁言寸草心，报得三春晖

古人云："父母养育之恩，地无其厚，海无其深。"

一、不忘父母养育恩

"慈母手中线，游子身上衣；临行密密缝，意恐迟迟归。"对于离开父母独自开始新的大学生活的新生而言，这句话有着更真实的意义。有不少的同学是第一次离开父母的庇护，进入大学之前，父母对自己的生活起居处处照应，衣食住行都给予了很好的安排。进入大学的新生要感恩父母的养育之恩。

【案例直播一】

我也只是个爸爸

他是一名老警察，他的女儿在外地上大学而且身体一直不是很好，所以他经常去看她。

一天，他接到一个电话，告知他女儿突然晕倒了，学校已把她送到了医

院，但是手术费还不够，还需要两万块。电话那头给了他一个账号。他打女儿的电话——关机了。他向领导请假，把钱打了过去，并且开车去看女儿。

路上，他接到女儿打来的电话。原来总是有人骚扰她，她索性关了机，他明白自己受骗了。

女儿调侃："爸，作为一名老警察，您应该知道这是一般的电话诈骗，怎么能上当呢？"

他笑道："我当时没想那么多，只想尽快把钱打过去救你，要是因为这点钱耽误了手术时间，爸会后悔一辈子的。"

她在电话那边哭得稀里哗啦。

【案例直播二】

打往天堂的电话

我拥有一个报刊亭，小小的，上午的生意总是比较清淡。那天，我正百无聊赖地翻看杂志打发时间。"先生，我想打电话。"突然听到一个轻柔的声音，我抬起头。是个瘦小的女孩，十六七岁光景。我指指电话机："你自己打吧，长途用左边的电话打……"

女孩先左顾右盼一阵，又焦急地望望我，似乎有些紧张，犹豫一下后终于用发抖的手拿起话筒。我一看就明白了，这个女孩有可能是第一次打电话，担心自己闹笑话；或者是想跟自己的心爱的人说悄悄话，怕别人听到。同样的情形在我这家小小的报刊亭发生过多次了。

我赶紧知趣地一转头，装着认真看杂志的样子，不再去留意她。

女孩把号码按了一通，又手忙脚乱地放下话筒，可马上又拿起话筒，又一阵惊慌失措地按号码，我自始至终没有理会她，低头阅读着杂志。我想，我若一抬头，一定会加重地的慌乱。

"妈妈，妈妈，我，我跟珍子姐到了深圳。我现在进了一家电子厂，工资好高，经常加班，加班费可多了，我这月发了716元钱。我寄回去给弟弟做学费，还可以给阿爹买化肥、买药。我们工厂伙食可好了，每天有得大肉吃，有时还有鸡呢。我给自己买了条裙子，红色的，好好看，但我不敢穿，太、太露了。上周工厂组织我们看电影，放的是，放的……记不得了，外国的……"女孩越说越快，但接下来她开始擦眼睛和鼻子了，声音也嘶哑起来。"妈妈，我想弟弟，想阿爹，我想回家，我想你，妈，我想你，我想……"就像放连珠炮一样，女孩把话说完，然后放下话筒。大约由于紧张，话筒放了三次才完全放回到座机上。她按住自己的胸脯，急急地喘气，待了好一阵，才用红红的眼睛望着我，低低问我："先生，请问多少钱？"看着她那副紧张的模样，我有些想笑，但又有心酸涌上心头。犹豫了一下，我终于说话了，其实连我自己也不知道到底是在安慰还是在同情她："小妹，别紧张，缓缓气，其实你再多说一会儿也无所谓，我少收你一点钱就是。"我理所当然地认为她是担心话说得太多，浪费了电话费，因而一口气把话说完而呛了气——当年我从穷山沟里出来，刚到深圳打电话回家时，也是这样的狼狈。女孩重重地点头："谢谢。多少钱？"

我低头往柜台下望去——天啊，我发觉电子显示器上没有收费显示，女孩的电话竟然根本没有打通！我张口结舌地抬起头来："对不起，重新打吧，刚才的电话没有打通。"女孩不好意思地擦擦眼睛，说："我晓得，我们家乡没通电话，我没有妈妈，我妈妈去世4年了，但我真的好想好想像别人一样跟妈妈打打电话说说话。"

我目瞪口呆了好久，最后恍然大悟。从此以后，我与女孩相约每个周六上午，她可以来打免费的电话。那是一个打往天堂的电话，她可以把所有的喜怒哀乐跟妈妈尽情诉说。

▶▶▶ 案例启示

父母的一生可能是平凡的，平凡得让我们无法在别人面前谈起；父母的一生可能是清贫的，清贫得让我们不愿在众人面前夸赞炫耀；父母的一生可能是普通的，普通得就像一块随处可见的卵石。可就是这样的双亲，在你跌倒的时候，扶你起来，教你站立，指引你一步步走向成功。一个年轻人想要理解社会和人生，入门的第一课便是理解养育自己的父母，懂得父母那份辛劳背后的付出和期待，才能更加珍惜生命，热爱生活，努力勤奋地工作，以报答父母的养育之恩。

二、正确处理与父母的关系

中国青年报社会调查中心于 2010 年 7 月对 3120 人进行了一项调查(受访者中,"80 后"占 58.1%,"70 后"占 23.2%,"90 后"占 10.9%)。结果显示:69.6%的人坦言与父母有矛盾,其中 59.7%的人和父母"存在代沟",8.9%的人经常和父母发生冲突,1.0%的人和父母"无法沟通,水火不容"。仅 28.2%的人和父母关系"很融洽"。

和父母有矛盾时怎么处理? 68.0%的人首选"和父母好好沟通",42.2%的人会"和朋友倾诉",26.7%的人"自己憋着"。接下来的选择依次为向亲戚诉说(17.3%),上网寻求支持(14.0%),向老师、心理医生求助(11.8%)等。

【案例直播】

某高职生的来信

我发现我在很多事情的处理上和父母有不一样的看法,有时候甚至会产生矛盾。他们总是说"听我的没错",要求我必须按他们说的做,如果我稍加申辩,他们就说我顶嘴不听话。举几个例子:

(1)高中时,他们总是说我学习没有初中那么努力,天天念叨,天天念叨,烦都烦死了,一直到高考成绩出来后都还说"如果像谁谁谁一样再努力点,重点大学都考起了"。可我不可能像某些人那样白天黑夜连轴转、没命地学,总得有休息时间吧! 而且,我自己很清楚我不是一个学习能力很强的人,我的理解和记忆力都不占什么优势,但我尽力了,他们为什么就觉得我不该是这个成绩呢?

(2)高考填报志愿的时候和父母意见不一。我根据我的成绩来看,觉得主要目的在于争取被二本录取,二本不上哪怕是专科也一定要读,不愿意再复读了(之前已复读一年)。只要好就业,将来能养活自己就成。可他们认为不是大学绝对不行:"你看我和你妈妈就是吃了中专文凭的亏,现在要什么没什么,你怎么也得上本科! 结果报的志愿过高。还不是到高职来了?"

(3)进高职一段时间后，他们还要我回去复读，我实在是受不了，就和他们大吵一架。因为我在气头上说："你们自己的理想没有实现，凭什么要我去实现！"他们在所有亲戚朋友面前说我是个"化生子"，说我令他们很失望，说我不如谁家的孩子，说我不会尊重、不会感恩，我真的是很无语。我也不知道怎么跟他们说了，烦心得很！

【温馨提示】

咨询师教你怎样处理与父母的关系

1.不要和你的父母吵架

尽管有时候父母的想法和建议不一定正确，但你也不要全盘否定父母的意见，你可以听取合理的建议。因为年龄差异和时代不同，父母的看法和你的看法肯定会有不一样之处，所以不要争一时的对错。

2.学会换位思考

你可能感到，原来熟悉的父母是那么的不理解自己！可是，你是否知道，你的父母也会为此感到难过！他们或许会发现，十几岁的你不像以前那么听话了，这不满意，那不顺眼，只要他们一说，你立刻就像受了刺激的，支起了全身的毛刺儿，准备反抗。当他们发现以前乖巧依顺的小羊变成了一只桀骜不驯的老虎，他们是多么失望啊！

3.正确理解与父母的冲突

是你不再需要父母了，还是他们做错了什么？是你不再相信父母了，还是父母不尊重你？虽然这些现象在生活中都会出现，但是，大多数成长期的孩子与父母发生冲突是由于自己的心理发生了很大的变化，以致父母一时难以适应造成的。

一是你看待世界的眼光变了。当你进入青春期后，急剧的身心变化打破了儿童期平和安宁的内心世界，从此，你看待自己、看待世界的眼光与以前截然不同。小的时候，你可能很听话。在你的心目中，父母永远是正确的、神圣的。你童年的乖巧温顺曾给父母带来多少欣慰和快乐！但是，随着年龄的增长，你的知识增加了，你与外界的接触面扩大了，你开始用自己的眼睛观察世界、评判事物。于是，在你的眼里，父母不再是世界上最伟大的人了，不再是自己最知心的朋友了，因为你有了更能了解自己的朋友。父母的观点不再是一贯正确的金科玉律，因为自己也有了自己的思考。渐渐地，你与父母的关系不像小时候那么亲密无间了，仿佛有一条鸿沟不知不觉地横在你与父母之间。

二是你开始有了追求独立的愿望。你可能觉得自己已经是大人了，应该和成年人一样，拥有独立自主的权利。于是，你开始讨厌父母过多地干涉自己的隐私，希望自己决定穿衣戴帽的方式，自己决定与谁交朋友，自己决定如何利用课余时间，希望父母把自己当成大人看待，希望自己能够参加大人们的讨论。当然，为了表示自己能够独立自主，不想完全受别人摆布，你也会常常故意与父母作对，即使明明知道父母说的话在理，也要自觉不自觉地顶撞。这种追求独立的愿望和努力是你走向成熟的必经之路。如果到了青春期，你还要事事依赖别人，没有自己的主见，长大后还要在这方面补课呢！由于青春期的你很难顾及父母的想法和心情，父母也还不了解你的愿望，你追求独立自主的努力和行动自然会经常与父母的关心发生冲突。

三是两代人彼此缺乏沟通。随着生活节奏越来越快，父母和子女在一起相处的时间越来越少，父母与子女之间缺乏了解和理解。再加上如今的父母经常要面对许多难题：夫妻感情的困惑，职业升迁的压力，社会竞争的挑战，养家育儿的艰辛……子女也不比父母轻松多少：应付繁重的功课，承受升学竞争的压力，面对早熟的感情，处理同学之间的关系……两代人各有各的难题，很可能无意之中忽视了彼此的关心和沟通。相信此时你会对父母有些理解了，不再那么埋怨父母了。但是，你与父母之间仍会发生冲突，每一个家庭都是如此。不过，你需要知道，在所有的人际关系中，出现冲突是非常自然的，因为每个人的需求和看法并不总是一致的。就像俗话说的那样："舌头与牙齿也有摩擦的时候，何况人与人呢？"然而，冲突并非就是坏事，在一定程度上，冲突是人与人关系的试金石，没有冲突的关系是一种不健康的、肤浅的关系。在你与父母的关系中，重要的不是避免发生冲突，而是当冲突发生后，如何化解冲突。

4.学会沟通

化解冲突一个重要方法就是沟通。与父母进行有效沟通要掌握以下基本要领：

（1）了解是前提。了解父母，知道父母怎么想，怎样处事，有什么兴趣爱好，是什么脾气秉性，对我们有什么期望，我们与他们的沟通就有了预见性和主动权。

（2）尊重理解是关键。尊重是与父母交往的基本要求。如果连最爱自己、对自己付出最多的人都不尊重，就失去了最起码的道德。与父母正常沟通首先要理解父母，理解其心情，尊重其意愿，还要讲求基本的礼貌，不能任性。

(3)理解父母的有效方法是换位思考。当我们不理解父母、与父母发生冲突的时候，要学会换位思考，替他们想一想，了解他们是为了什么，有什么想法，有什么道理。这会使我们变得冷静和理智。

(4)沟通的结果要求同存异。沟通不要走极端，两代人之间毕竟存在差异，难免有不同的观点、动机和行为方式。正因为有分歧，所以才要沟通。沟通不一定非要统一不可，而要求同存异。找到同，就有了共同的语言和行动；保存异，就是保存对父母的尊重和理解。

另外，我们要克服闭锁心理，向父母传递有关自己的信息和情况，表达自己的心情，说出自己的意见，让父母了解自己。我们要保持自己的独立性，但不要忽略与父母的交流与沟通。与父母发生矛盾时，要耐心解释，让父母听得进，以得到他们对自己的理解。解释时说话放低声调，斟酌词句，有商有量。即使父母不对，也要就事论事，不针对父母本人，更不能迁怒于父母。

不管怎么说，长辈也是从我们这个年龄走过来的，他们经历过许多"疾风骤雨"，以他们几十年的人生经历来看问题要成熟得多。我们在慢慢长大，应该学着独立，但独立和成熟有个过程，不是突然的。要经常坐下来，跟爸爸谈谈你在学校的情况，跟妈妈谈谈遇到的烦恼，这样父母也会诚恳地与你交谈，从中可以得到很多有益的启示。不要认为跟父母谈心是"没长大"，善于沟通正是越来越成熟、独立的表现。在交流沟通中，说不定父母也会受到你的影响，接受一些年轻人认可的新生事物，那样，会缩小代沟，增进家庭亲情。父母是爱我们的，只要我们同样以爱的方式对待父母，沟通的障碍就会大大减少。

三、孝顺父母要趁早

你读过那写在老人赡养院墙壁上的话吗？"孩子！当你还很小的时候，我花了很多时间，教你慢慢用汤匙、筷子吃东西；教你耐心系鞋带、扣扣子；教你梳头发、擦鼻涕……这些和你在一起的点点滴滴，是多么地让我怀念不已。孩子！你忘记我们练习了好几百回才会的第一首儿歌吗？还记得每天总是要我绞尽脑汁去回答你不知道从哪里冒出来的问题吗？只要和你在一起，就会有许多温暖涌上心头。不忙时，陪着我，慢慢地走，就像当年一样，我带着你一步一步地走。"

【案例直播】

不一样的面试

一位名牌大学毕业生到国内某知名大型企业应聘。人事部经理审视着他的脸，出乎意料地说："你替父母洗过澡、擦过身吗？""从来没有过。"青年很老实地回答。"那么，你替父母捶过背吗？"

青年想了想，说："有过，那是我要读小学的时候，那时母亲还给了我10块钱。"在交谈中，人事部经理安慰他别灰心，会有希望的。青年临走时，人事部经理突然对他说："明天这个时候，请你再来一次。不过有一个条件，刚才你说从来没有替父母擦过身，明天来这里之前，希望你一定要为父母擦一次，能做到吗？"这是人事部经理的吩咐，因此青年一口答应了。

青年虽然大学毕业，但家境贫寒。他刚出生不久父亲便去世了，从此母亲做雇工拼命挣钱。孩子渐渐长大，读书成绩优异，考进了北京某名牌大学。学费虽令人生畏，但母亲毫无怨言，继续帮佣供他上学。直到今日，母亲还去帮佣。

青年回到家，母亲还没有回来。母亲出门在外，脚一定很脏，他决定替母亲洗脚。母亲回来后，见儿子要替她洗脚，感到很奇怪。于是，青年将自己必须替母亲洗脚的原委说了一遍。

母亲很理解，便按照儿子的吩咐坐下，等儿子端来水，把脚伸进水盆里。青年右手拿着毛巾，左手去握母亲的脚，他这才感觉到母亲的双脚已经像木棒一样硬，他不由得抱着母亲的脚潸然泪下。读书时，他心安理得地花母亲如期送来的学费和零花钱，现在他才知道，那些钱是母亲用血汗换来的。

第二天，青年如约去那家公司，对人事部经理说："现在我才知道母亲为我受了很多的苦，你使我明白了在学校里没有学过的道理。如果不是你，我还从来没有握过母亲的脚。我只有母亲一个亲人，我要照顾好母亲，再不能让她受苦了。"人事部经理点了点头，说："明天你到公司上班吧。"

▶▶▶ 案例启示

部分大学生可能以为孝敬父母就要在上学期间少花父母的钱，让他们的生活更舒适，或者认为等自己走上工作岗位之后，等父母老了之后给父母更多的钱花。其实，这只是孝敬父母的一个方面，孝敬父母更多的是要给他们精神上的快乐。作为大学生，该如何向父母表达孝心呢？

【温馨提示】

(1) 对父母的态度要温和，不采取偏激的行为方式。随着年龄的增长，大学生对父母的崇拜、依恋、顺从减弱，而更多地寻求同龄人的友谊，在家的时间减少，这被称为"离巢"现象。孩子的骤然长大使父母一下子失落很多，心里也空落落的。所以我们要理解这种心情，多打电话回家，常回家看看。对父母的态度要温和，即使父母有自己不能接受的观念也不要顶撞、闹气。

(2) 要表现出一定的独立能力，让父母放心。从小衣来伸手、饭来张口，上学从来都要父母接送的孩子，突然放学回来后就把自己关在房间里，或经常玩到很晚才回来，怎能不让父母忧心忡忡呢？这不是父母不想放心，而是你的表现不让他们放心。试着去关心父母，帮他们做做家务，谈谈家庭经济状况或你的理想，让爸妈觉得"我们的孩子长大了"，他们自然就不会过多地干涉你的行动了。

(3) 要保持自己的独立性，但不要忽略与父母的交流与沟通。对父母的理解、宽容就是种良好的沟通方式，可以说，它是用亲情思维爱父母，是一种心灵上的沟通。具体的沟通方式有很多，如打电话、写信、留言、短信、邮件等。

(4) 点点滴滴的成功，开开心心地学习，平平安安地生活，是对父母最大的感恩。

第二节　友情——结交在相知，骨肉何必亲

向你的朋友学好，对着你的影子整装。——蒙古族谚语

记得进大学的第一天，我们寝室的全体室友便找了一家饭店，高声呐喊着，一边大口大口地吃饭，一边诉说着各自的中学故事，笑谈各自的家乡方言……那一刻，是我终生的记忆。后来，我才知道，那便是友情。

对青年期的学生而言，友谊是一种最主要的情感和人际关系。在大学里，学生们对友谊有一种更加强烈的心理需求，没有友谊温暖的大学生很少有生活上的幸福感。因此，正值青春年华的大学生，拥有一段真挚的友情是人生最美好的经历。

一、大学里的友情

古人云："与善人交，如入芝兰之室，久而不闻其香；与不善人交，如入鲍鱼之肆，久而不闻其臭。"在人的一生中，知心朋友是必不可少的，特别是大学生。所谓"近朱者赤，近墨者黑"，与什么样的朋友交往将会影响人的一生。

【案例直播】

同窗的影响　何立伟

我在湖南师范大学读书时有两个同窗好友，一叫湘生，一叫顺久，我感念的是大学生活里他们对我的影响要胜于师长。

湘生是好读书又情感丰富之人，且爱诗歌与写作。他对诗歌的热爱迅速传染了我，使我于懵里懵懂间一下子有了人生的一个方向。我于是见贤思齐，也拿过小本子来偷偷涂鸦。我后来走上职业文字客的人生路，现在想起来应是从偷看湘生的诗歌开始的。顺久是另一类型的好友，世面见得多，看人看事常看到骨子里。然而他世故却不圆滑，有辩才却不损口德，有极强的亲和力与待人接物的能力。这样的人物你跟他日日相处，开心之外也必然受到他潜移默化的影响。我如今爱同朋友笑闹相处，想必亦有他的影子。这些影响皆大于书本的影响，也大于学校师长的影响。

▶▶▶ **案例启示**

年轻时结交了什么样的朋友，你就有可能从此就形成了什么样的人格，也就有了什么样的人性色彩。

在今天的大学校园里，大学生根据各自的兴趣、爱好，结成了一个个或松或紧的交往圈。这种交往圈，大概可以分为学习型、娱乐型、社团型、老乡型等几种类型。

(1)学习圈。这个圈子的同学是学习实力派。每天奔波于教室与自习室之间，全身心地投入学习，积极参加各种考试，如英语等级考试、计算机等级考试、会计师考试或其他实用的热门证书考试，忙着增强自身的"含金量"。

(2)娱乐圈。这个圈子里的大学生都爱好某种娱乐活动。喜欢体育运动的学生，课余时间经常在一起活动；喜欢旅游出行的，总是在节假日约在起，游览各地的山山水水，乐在其中。

(3)社团圈。学生社团是大学校园里一道亮丽的风景线，是校园文化的重要载体。社团有特长类，如汇贤诗文社、兰亭书法协会、葫芦丝协会、摄影协会；有实践类，如社会实践部、青年志愿者等，涉及各个方面。许多大学生通过社团培养了能力，增长了才干，同时结交了一群志趣相投的朋友。

(4)老乡圈。我们中国人非常注重"乡土"观念，"老乡会"是大学生的一个重要的交往圈。大学校园里的"老乡会"具有三大特点：一是以地域上的"同乡"为基础，由来自同一地区的学生组成，大的以省为界，小的以地、市为界，可视规模、人数做灵活的调整。二是具有封闭性，对内是一种比较亲密的人际关系，对外则具有封闭性和排他性。三是"老乡会"的活动时间相对比较集中，一般集中在9、10月新生入校期间和5、6月毕业生离校期间。

子曰："益者三友，损者三友。友直，友谅，友多闻，益矣。友便辟，友善柔，友便佞，损矣。"这对大学生如何选择朋友有着深刻的启示：一个人的朋友如何，对自身的发展往往起很大作用。与正直、讲信用、有学问的同学结交朋友，会受益匪浅；与那种谄媚奉承、华而不实的人交朋友，很可能误入歧途。大学生无论交什么类型的朋友，都要慎重。

大体来讲，大学生的益友有以下几种：挚友、畏友、密友、学友。挚友是指恳切、真诚，以感情和原则为生命的真心朋友。畏友指的是朋友之间敢直言规谏、直陈人过的人。畏友像一面镜子，照出自己脸上的尘土与污点，可使自己及时发现并改正。密友是亲密无间、感情浓厚、能与自己同甘共苦的朋友。学友是指勤于学习或知识渊博的朋友。学友可以使自己增长知识，开阔视野，相互配合，取长补短，相互促进，互相鞭策。

二、大学交友的技巧

英国文学家萧伯纳曾这样说过朋友的作用："倘若你有一个苹果，我也有一个苹果，我们彼此交换这些苹果，那么我和你仍然是各有一个苹果。但是，倘若你有一种思想，我也有一种思想，我们彼此交流这些思想，那么，我们每个人将有两种思想。"朋友就是互相交换思想、沟通心灵、彼此帮助的人。一般而言，知心朋友可遇不可求，但交友时要多观察，尽可能地了解对方。

【案例直播一】

我们的关系为什么越来越糟?

小肖,大一学生。她还未进大学时父母就教育她:到了学校要多交朋友,与朋友搞好关系。小肖想:与朋友搞好关系就要舍得花钱。于是,她经常请认识的同学吃饭。有时对刚认识不久的同学也顺口说上一句,有空请你吃饭。结果,自己被吃穷不说,有些朋友碍于面子也要请她吃,双方都要勒紧腰带。有的干脆就直接断了来往,觉得交往不起。小肖很纳闷:自己宁可苦点,也要与朋友搞好关系,可怎么关系越来越糟了?

【案例直播二】

写在沙上或刻在石上?

有两个朋友在沙漠中旅行,在途中他们吵架了,一个还给了另外一个一记耳光。被打的觉得受辱,一言不语,在沙子上写下:今天我的好朋友打了我一巴掌。他们继续往前走。当越过一条急流时,被打巴掌的那位差点淹死,幸好被朋友救起来了。被救起后他拿了一把剑在石头上刻下:今天我的好朋友救了我一命。一旁的朋友好奇地问他:为什么我打了你以后,你要写在沙子上,而现在要刻在石头上呢?他笑着回答说:当被朋友伤害时,要写在易忘的地方,风会抹去它;相反,如果被帮助了,我们要把它刻在心灵的深处,那里任何风都不能抹去它。

▶▶▶ 案例启示

交朋友要出于真心,诚心诚意。对朋友最怕虚情假意,虚与委蛇。朋友之间要包容。"人非圣贤,孰能无过?"因为一点小小的过失就错失一位好友,实在是不值得。真正的友谊靠的是赤诚相投,而不在于甜言蜜语。至于物质上的交换、互相利用,甚至尔虞我诈的小人之交,我们应把它扔到垃圾堆里去。当然,我们提倡朋友之间的礼尚往来和文明馈赠。从某种意义上讲,朋友之间的"雪中送炭"或"千里送鹅毛"等行为能体现朋友间的相互关心和友爱。当朋友有困难时，要鼎力相助、无私支持，这正是真朋友的表现。

【温馨提示】

交友是一门复杂的艺术。要想结交到情趣相投的知心朋友，仅有交往的艺术和技巧是不行的，重要的是提高个人素质，培养健康的交友心态，提高对交友的认识，而且要大胆实践，善于总结交友的经验。

1.以诚待人

古语云："信人者，人恒信之。"说明要想处理好朋友之间的关系、获得朋友的信任就要相信朋友，以心换心是最简单的处事原则。真诚是朋友间的黏合剂，真诚给人以安全感、愉悦感和信赖感。

2.厚友薄己

要把荣誉、享受让给朋友，把困难、责任留给自己。虚心接受朋友提出的缺点、不足。切忌对朋友乱发脾气。

3.不吝啬你的赞美

任何人都喜欢听好话，要在不违背做人基本原则的情况下赞美朋友并给予其鼓励，切忌妒别人而总是冷言冷语。

4.学会感恩

不要把别人的好视为理所当然，要知道感恩。

5.乐于助人

人在一生中并非一帆风顺，学习、生活、工作中都会产生烦恼。此时，如果你能伸出援助之手，就如"雪中送炭"一般，自然可以加深彼此的友情。

6.处理好竞争和友谊的关系

作为大学生，在与同学交往的过程中应树立竞争意识，在学习过程中要不甘落后，敢于脱颖而出。即使竞争时会显得不近人情，甚至可能要付出巨大的努力和一定的代价，但只要竞争的目的是获取知识，有利于调动人的主动性、创造性，对个人的发展有帮助，就要勇于参与竞争。不难想象，一个缺乏竞争意识、学习成绩平平、工作不积极的人是很难赢得同学的尊重和好感的。随着社会的发展，大学生面临的竞争会更加激烈。面对竞争，应调整心态，勇敢地参与竞争。同时，大学生应采取正确的竞争方式。有竞争就会有胜负，面对胜负，应保持胜不骄、败不馁的健康心态。当处于劣势时，应改变思路，采用积极的方法提高自己，以赶超对方。处于优势时，则应保持虚心，不骄傲，不能看到同学落后于自己而幸灾乐祸。

竞争和友谊并不一定是不能互容的。竞争标志着奋发进取、积极向上，是前进的推动力，使生活充满生机。你追我赶，竞高争长，最能促使学业不断进步、思想积极上进。友谊是一种特殊的人际关系，是连接人们心灵的纽带，是人的情感生活的重要组成部分。通过友谊，能促使大学生在学业上互相切磋、品德上互相激励、思想上互相启迪，使大学生愉快充实地度过大学的美好时光。所以竞争与友谊在本质上是没有冲突的。当然，假如你把竞争建立在个人主义的基础上，这种竞争就有可能破坏友谊、葬送友谊。在竞争中互相帮助反而能够增加彼此的了解和信任。

三、正确处理异性友情

人生的路漫长而曲折，于是就需要很多很多的朋友。同性朋友自个必说，那是多多益善。那异性朋友怎么相处？太亲密了，难免有瓜田李下之嫌。拒人于千里之外，又不近情理。

【案例直播】

我该如何是好

小李是一位大学二年级的女生，她与同班男同学小江经常在一起讨论学术问题，课下两人也经常一起交流兴趣爱好。不多久，使引来同学们的议论，说两人是在谈恋爱。小李很苦恼，自己现在还不想谈恋爱，他们之间只是纯粹的同学关系、朋友关系，比较谈得来而已，要消除同学们的非议，只能与小江断了来往，可她又舍不得，不知道该怎么办。

▶▶▶ 案例启示

在我们的一生中会邂逅许多美丽的花蕾，但属于自己的只有适时而开的那一朵。所以，请冷静思考：这支箭对于自己而言是友情之箭，还是自己早已期待的幸福之箭？如果是纯真的友情，那就请保持纯洁。

异性相吸是自然界的一种现象。对于大学生来说，青春期特有的生理、心理特点，使得异性同学之间更易于产生思想、感情上的沟通。女生喜欢男生的豁达、有主见和力量；男生则喜欢女生的贤惠、温柔和细腻。

心理学家通过研究和观察发现：青春期交往范围广泛，既有同性知己，又有异性朋友的人，比那些少有朋友或只有同性朋友的人的个性发展更完善，情感丰富，自制力较强，心理健康的水平较高，容易形成积极乐观、开朗豁达的性格。因此，男女生之间的正当交往不仅应允许，而且是有益的，异性之间的纯真友谊不可缺少。但拘谨会妨碍大学里男女同学之间的交往。过分热情、随便，会显得轻浮、不庄重，同样是不可取的。那怎样才是正确地与异性交往呢？

（1）注意交往方式。青少年男女以集体交往为宜。课堂上的讨论发言，课后的议论说笑，课外的游戏活动等，为大家创造了与异性交往的机会。这些集体活动免除了一些性格内向的同学独自面对异性的羞涩和困窘，满足了一些喜欢交际的同学与人交往的需要。大家都融进了浓浓的集体氛围中。在这样的交往中，每个人各有所长，或幽默健谈，或聪明善良，或乐观大度，或稳重老练……可以使我们在吸收众人优点的同时，开阔眼界和心胸。

（2）要把握交往的尺度。对方约你一同参加某项活动，如听音乐、看电影、观画展、逛书市，这是正常的、公开场合的交往，完全可以大大方方地赴约。女孩子应端庄、坦荡，不使对方产生误解和非分之想。男孩子要沉稳、庄重，尊重对方。只要把握与异性交往的尺度，诚恳待人，热情大方，自尊自重，便能处理好与异性的关系，以自身良好的修养和人品赢得异性的尊重和友情。

第三节　爱情——人生自是有情痴，此恨不关风与月

一、大学里的爱情课是选修还是必修

大学，注定是滋生爱情的地方。在少男钟情、少女怀春的青春期，一旦遇到合适的土壤，就会播种下爱情的种子，绽放出绚烂的爱情之花。在大学校园，爱情主题被朝气蓬勃的大学生演绎得更加淋漓尽致。

有人说大学里的爱情是一门必修课，只有当你爱上一个人时，心智才是健全的。因为幸福，你不会怨天尤人，才会知道责任为何物，才会真正地知道爱为何物。爱情还可以教会你许多东西。如果大学里没有恋爱，那无疑少了一个学习的机会和一个改变的机会。这个改变或许一生中只有那么一次，那种简单的幸福或许也只能体验一次。也有人认为，谈恋爱需要缘分，大学生各方面准备还不成熟，目的性太强，它应该是一门选修课。选修这门课需要付出的精力很大，而最后如果修不到圆满的结局反而留下痛苦的回忆，还不如放弃这门课。

其实大学里的爱情到底是选修课还是必修课不是最重要的，顺其自然就好。遇见了属于你的爱情就好好地珍惜并付出，没有遇见那也是很快乐的事情，也不必妄自菲薄。其实，大学里没有爱情，生活一样充满生气。爱情是不期而遇的，可以期待，可以充满想象，却不能刻意制造。

【案例直播一】

小锋留给女友的信

背景：小锋将要去外地上大学，而他的女友要留在家乡工作，帮助小锋父母一起挣小锋的学费。

"亲爱的，明天我就要走了，要离开你三年，留下你一个人，心情很沉重。但是，一想起寒假回来咱俩见面的时候，想起将来永远生活在一起的日子，就觉得分离值得忍受，甚至感到幸福。

"亲爱的，我向你发誓，我将沐浴在对未来的憧憬中。你能维护爱情，经受住考验吗？你曾向我提过这类问题，说男孩子会很快忘掉女孩子，爱情的命运更多地取决于男孩子而不是女孩子。我们不要把事情想得很坏，折磨自己，我们要相信一切都会是美好的，不管在哪里，我会永远对我们的爱情负责。

"我们不能一同学习，这不要紧。待我大学毕业后，我先工作，然后我们结婚，之后你再去学习。任何事情也妨碍不了我们，你不必担心。我们曾发过誓，三年后，当我们要做丈夫和妻子的时候再互相亲吻。这是你提议的，我同意了。我很理解你的想法，我也是这样想的。亲爱的，谢谢你，你是这样尊重我们的爱情，并且为我做出了这么多牺牲，我都不知如何爱你了。相信我，我会好好学习，珍惜时间，等你上大学的时候，我才能有资格帮你。

"爱你，谢谢你，等我！"

小锋大学毕业之后，他们得出了他俩的爱情已经经受住时间考验的结论，于是开始实施原定的计划：小锋找工作，帮助女朋友接受高等教育。复习一年之后，女友考上了职业技术学院。六年之后，他们结婚了。

【案例直播二】

浪漫的爱?

男女二人一见钟情,两人闪电般坠入爱河。他们相约三周后,在海边相见,没有手机联络,也没有约定具体地点,却奇迹般地重逢——浪漫到了极致。他们决定同居,谁知住在一起不过一年,就开始争吵不断,最终恶语相向,无可挽回地分了手。

▶▶▶ 案例启示

恋是一种原始的激情,是一种瞬间的情愫,不包含任何理性的成分。爱是一种有创造力的感情,是在理性的参与、漫长时间的考验下,去把握感情的一种能力。只有经受时间考验的爱之果实才会甜美。

【温馨提示】

恋爱基础教程　张怡筠

一段感情的成功与否,不是看是否还牵着手,而是由感情品质而定的,很多时候牵手不代表成功,分手不代表失败。关键是看在这段感情中你是否完成了两件重要的恋爱心理任务:你是否更了解自己的需求,你是否已学会疼爱别人。爱的反面不应该是恨,而应该是淡忘。那为什么有些人的爱会变成恨,而不能成为淡忘呢?那是因为他在爱里面缺乏自信。

1. 在恋爱中我们需要完成两项重要的心理任务

一要更了解自己。二要培养我们爱人的能力,从习惯被爱开始,学会爱人。

2. 看一个男人是不是好男人有三个基准:负责、尊重和稳定

负责意味着他能对自己所说过的话负责。

尊重,则是指他能够尊重自己的另一半。就是我们通常所说的,你和他之间建立的是"伙伴式关系",你们相处的方式是平等的。

另外,他还得是一个情绪稳定的人。有些人情绪容易大起大落,这样的人是很难维持一段长久的关系的。

上面说的只是好男人的基准。如果我们把条件再抬高一点,可以归纳出"三心二意"的基准。

首先第一个"心"是开心。他自己应该是一个开心的人，这会让和他相处的人也感到心情愉快。

第二个"心"是关心。关心意味着体贴，这是所有女生都很希望得到的。

第三个"心"是同理心。什么叫同理心？就是设身处地为别人着想的能力。同理心是尊重的来源，也是情侣间解决冲突时最重要的能力。

还有两个"意"：

第一个"意"是诚意。诚意意味着真诚，真诚是负责的基础。

第二个"意"是善意，就是要能够用善意的方式去解读情侣之间的行为。这是很多人在与情侣相处时很难做到的。比如对方不小心迟到时，如果用恶意的解读方式来理解，就会开始责怪对方：你不在乎我！

3. 男生在恋爱里的情绪需求

（1）自身的能力被肯定。他时常会关心是否被人瞧得起。

（2）才华被欣赏。也许他有些嗜好和才华与其工作完全不相干，但你仍需学会喜爱和尊重。

（3）努力被感激。他对你以及对这段感情所做的努力需要被感激。

4. 女生在恋爱里的情绪需求

（1）时常被关怀。日常的唠叨，请你耐心倾听。

（2）再三地被肯定。她可能一而再再而三地询问你是否爱她。其实她只是需要再三地肯定，需要给她信心。

（3）想法被尊重。分享种种情绪可以增进彼此的感情。

每一个成熟女性的身体里都有个非常幼稚的小女孩，每一个幼稚小女孩体内都有个幼稚的小问号，那就是：我到底是不是讨人喜欢？在这个时候，你需要学会称赞对方，称赞对方外貌、身材是个不错的选择，她照顾家庭的能力也是不可忽视的。当然，每一个成熟的男性身体里都有个非常幼稚的小男孩，每一个幼稚的小男孩体内都有个可笑的小问号，那就是：我有没有让人家瞧不起？不管多成熟的男性的心中，这个小问号依然存在。要学会给他肯定，从来没有什么事情比爱更让人动容。

5. 健康爱

心理学家将爱情分为健康和不健康两大类。

（1）健康的爱情表现

①不过分痴情，不咄咄逼人，不显示自己的爱情占有欲，能够充分尊重对方；

②将爱情给予对方比向对方索取爱情更使自己感到欢欣，并以对方的幸福为自己的满足。

(2)不健康的爱情表现

①过高地评价对方，将对方的人格理想化；

②过于痴情，一味地要求对方表露爱的情怀；

③缺乏体贴怜爱之心，只表现自己强烈的占有欲；

④偏重于追求外表。

二、校园里不得不说的性

性教育依然是一个"敏感"的校园话题，大学生的性教育已经到了必须重视的地步。因为在追求爱情的路上，一些女大学生为此付出了巨大的代价。我们希望教给大家健康的性知识，保护好自己，同时我们呼吁大学生们树立健康、纯洁的性道德观。

【案例直播】

一位女大学生的求助信

"我是刚刚进入大学时认识他的。他是我的老乡，在我初次离家时给予了我太多的安慰与帮助。不知不觉，我陷入了恋爱之中。随着交往的深入，我们的恋爱也不仅限于精神层次的交往，彼此从身体上渴望接纳对方。于是在一个晚上，我们有了第一次。虽然我们还在恋爱，可每次在一起我总会想到性，我会感到恐慌，经常觉得所有人都知道我们的事。因此，我的睡眠很差，上课注意力难以集中，陷入了深深的担忧之中。如果以后我们分手怎么办？我真不知道该如何面对。"

这是典型的婚前性行为造成的内疚与自责，心理无法摆脱自责的感觉，长此以往，会影响身体健康，也会影响两个人的感情。

【温馨提示】

1.性的"延迟满足"——延长"只是亲吻"的时间

"只是亲吻"的阶段，就是虽然亲密却也可以抽身的阶段。这时的两个人都有期待，也都保留着安全和独立，可以给情感很大的伸展空间。

牵手、拥抱、亲吻、依偎、抚摸……这些都是性,并不只是一步到位的性关系才叫性。我们可以给这些"性的表达"更多的时间,让它们有机会传递给爱人。"一口吃不成胖子"的道理同样适用于性爱,循序渐进才能给我们的内心一个最好的适应期。所以可以延长一些"只是亲吻"的时间。当你发现你能给对方的,不仅只是身体行为,而且已经渗透至心灵的层面,比如安全感、归属感和幸福感时,你的感情会更加牢靠。

2. 偷尝禁果,三思而后行

偷尝禁果前,要问问自己爱他究竟有多深,是不是已经深到心甘情愿地承受可能有的后果。这似乎是个难题,但有些细小的量化指标可以说明问题。

(1)你们确立恋爱关系用了多久

一般来说,至少应在确立恋爱关系半年以后再做爱才能称得上有一点安全意识(大学生的这个阶段还可以延长)。当然,你可以说时间不是爱情的关键问题,可如果你们认识的时间很短,你连他是不是每天换洗内裤、能不能拿出为你做人流及事后补充营养的钱都不了解,想想吧,你的风险有多大。

(2)你想与他做爱的动机是什么

A. 我很爱他,我想这样做。

B. 我们很相爱,我觉得他会善待我。

如果你的答案为上面的一种,才可以考虑进一步的行动。

A. 他强烈的要求感染了你。

B. 你很好奇,想试试。

C. 周围朋友很多都已经尝试过,你觉得现在大家都想得开,无所谓。

D. 为了证明你爱他。

E. 你想通过做爱把他拴得更牢。

F. 很寂寞,想取暖。

如果你的答案为上面的一种,请冷静一下,看看究竟这样做值不值得。你可能为冲动付出的代价是人流、妇科炎症、他得到你的身体却变心了、你因为并不真正爱他而觉得做爱是受罪……

3. 偷尝禁果,你有心理准备吗?

我们应该乐观,不应该把什么事情都想得那么糟糕,但只有想到了事情最糟糕的一面,你才能确定自己是不是一定要去做。偷尝禁果的心理准备很简单,就是你要想到最坏的结果。

A. 他得到你的身体后,可能原形毕露,变得不喜欢你了。

B. 你可能因此感染妇科炎症。目前，少女妇科炎症的发病率已经比五年前增加了12%，与不洁或不科学的性生活有密切关系。

C. 你可能因此需要做人流手术，也可能因此患上后遗症甚至不孕症。

D. 最关键的一点是，因为你们的关系没有任何法律保障，甚至没有深厚的感情基础，他很可能在你患病时不知如何照顾你，甚至弃你而去。

最好用笔写出以上四种可能发生的情况，逐一分析其可能性，还可以根据你的实际情况列出更多可能发生的糟糕事情。这些事情发生的概率不一定很大，但如果你事先一一考虑过，一旦出现不良结果，你的承受能力会大大强于那些把同居生活想象成王子与公主幸福生活的人。

4. 女生应该知道的知识

(1) 经期知识

女生应加强自我保健，适当做些体育运动，但是运动量不能太大。另外，还要注意饮食，多吃稳定情绪的食物，如土豆、牛奶等。月经前一周最好戒食含咖啡因、酒精的刺激性饮料，经常保持乐观和稳定的情绪，减轻心理压力。这样有助于减轻和消除症状。女大学生要特别注意保护自己，不要把坚守贞操认为是过时的、封建的东西。在生理卫生方面也要格外小心，要学会清洗外阴、勤换洗内裤，千万不要图省钱，使用质量低劣的卫生巾。女孩子十八九岁时，月经就应该很有规律了。如果不规律，要及时去找医生寻求治疗。

(2) 避孕知识

对于女大学生来说，如果偶越"雷池"，一定要主动采取避孕措施，通常的措施是服用避孕药。那么使用口服避孕药时应该注意些什么呢？

第一，不要乱吃避孕药。避孕药有许多种，成分和效果也各不相同，在服用之前，一定要遵医生的嘱咐和说明书上的要求。

第二，不要长期服用长效口服避孕药。这种长效的避孕药会储存在你的脂肪里，因此，未生育的女性最好不要用，也不要去打避孕针。

第三，现在的性病发病率很高，淋病、梅毒的发病率都明显上升。如果你对这方面比较顾忌的话，可以使用避孕套。避孕套虽然不能绝对地阻隔性病，但对大部分的性病可以起到隔离作用。

(3) 怀孕了怎么办

女大学生一定要懂得，如果有性关系，就必须采取安全的避孕措施。一旦避孕措施失败就会造成妊娠，要尽早到医院采取相关的措施。

特别要提醒女大学生：无论是采取人工流产还是药物流产，都一定要到正规的医院进行手术,千万不要到私人小诊所就诊。否则,有可能造成不可挽回的致命性伤害。同时,手术后,一定要休养一周左右,补充营养,使自己的身体尽快恢复。

更为重要的是,在这个过程中,如果遇到自己处理不了的问题,一定要通知自己的父母或老师,寻求物质和精神上的帮助,相信他们一定会给你提供最贴心的呵护。千万不要因为害羞或者其他原因,使自己留下终身的遗憾。

5. 男生应该知道的知识

(1)要注意心理卫生和精神调适,消除恐惧、紧张、焦虑的心理状态,培养自己开朗、乐观、坚强的性格,保持轻松、愉快的情绪,排除杂念,清心寡欲。

(2)要注意生活起居,衣裤应稍宽松些,夜晚不要过饱进食。睡前用温水洗脚,被褥不宜过重,脚部不宜盖得太厚。养成侧卧睡眠的习惯。

(3)节制性欲,戒除手淫。不看色情淫秽书刊和影视音像制品。

(4)多参加文体活动,培养多种业余兴趣和爱好,适当参加体力劳动。正常对待男女关系,不要把男女交往神秘化。

(5)积极治疗相关疾病。包皮过长的应通过手术切除;养成良好的卫生习惯,经常清洗阴茎包皮,以免包皮垢积聚;如患有包皮龟头炎,应及时治疗。

(6)不要认为遗精是低级下流的事情。遗精后要注意外生殖器的清洁,勤洗换内裤,以防感染。

6. 不断升华性的观念

首先要正确理解人类的性不单是个人生活问题,也是社会道德问题。要认识到一旦发生性行为,就意味着个人必须对社会负起做夫妻和做父母的责任,而大学生一般是缺乏这种认识的,更没有承担起这些责任的条件。

还应该认识到,性是一种广泛的活动,不仅包括性行为,还包括非性行为,它是人类精神文明的一个组成部分。不能把性仅仅看作性欲的满足,那样的话人就和动物没有什么区别了。

性不是游戏,大学生心智都没有完全成熟的时候还是要审慎地对待它。不管是男生还是女生,都要以健康的心态面对性,在明明白白的基础之上做出合理的选择。

三、爱情死亡以后

大学生恋爱已经不是一个新鲜的问题。许多在大学中恋爱的人可以携手一生,但也有许多在大学中恋爱失利的人,他们该如何面对感情的失利呢?

1.爱情死亡以后

爱情死亡以后，有三种不同的反应：

(1)愚者多怨。把被负、被伤、被弃的憾、恨、怒，化为逢人便说的故事。琐琐碎碎、窝窝囊囊、百说不厌、百诉不累，把自己化成了一条又长又臭的缠脚布。人人退避三舍，他却浑然不觉，依然在唠唠叨叨地争取同情。

(2)仁者不言。一个手掌拍不响，恋爱与分手、结婚和离婚，都是两个人之间的事。爱情的鹊桥断了，双方都有责任。就算对方移情别恋，也只能归咎于缘分已尽。保持缄默，是自我尊重的方式。

(3)智者不记。把相恋时的狂喜化成披着丧衣的白蝴蝶，让它在记忆里翩飞远去，永不复返。

(4)与绝情无关。唯有淡忘，才能在大悲大喜之后练成牵动人心的平和；唯有遗忘，才能在绚烂已极之后炼出处变不惊的恬然。

【案例直播】

打破的鱼缸

一个遭受女友抛弃的男生来找心理咨询师，他说前女朋友现在过得很好，他感到愤恨难平。咨询师问他为什么。

他说："我们在一起时发过誓的，先背叛感情的人在一年内一定会死于非命，但是现在两年了，她还活得很好。老天是不是太没有眼睛，难道听不到人的誓言吗？"

"如果人间所有的誓言都会实现，那人早就绝种了。老天不是无眼，而是知道爱情变化无常，我们的誓言在智者的耳中不过是戏言罢了。"咨询师说道。"那我该怎么办呢？"男孩问咨询师。

咨询师对男孩说了一个寓言：从前有一个人，用水缸养了一条最名贵的金鱼。有一天鱼缸被打破了，这个人有两个选择：一个是站在水缸前诅咒、怨恨，眼看金鱼失水而死。一个是赶快拿一个新水缸来救金鱼。"如果是你，你怎么选择？"咨询师问。"当然拿水缸来救金鱼了。"男孩说。

"这就对了，你应该快点拿水缸来救你的金鱼，给它一点滋润，救活它，然后把已经打破的水缸丢弃。一个人只有能把诅咒、怨恨都放下了，才会懂得真正的爱。"

男孩听了，面露微笑，欢喜地离去了。

有人说："誓言都是骗人的。"可是你知道吗？当一个人说要和你一生一世时，他真的是那么希望的。只是由于许许多多的外界原因，使许多人不得不背弃誓言。所以，当你的鱼缸破碎时，不要一味地沮丧，赶快找个新的鱼缸吧！任何时候，都不要对爱失望！

2. 正确对待失恋

失去爱是一种重要关系的丧失、一种身份的丧失，需要一定的时间去面对和适应。

第一，要学习科学地看待失恋。有些同学可能把失恋看作人生中的一个巨大的失败，是自尊心的强烈受损，那就必然会有强烈的负面情绪产生。其实，失恋只是一种选择的结果，别人不选择自己不等于自己的全面失败。

第二，感情宣泄。不要过分地隐藏或压抑失恋带来的痛苦，要找适当的方式和途径进行宣泄。

第三，情境转移。失恋后之所以难以摆脱旧情的困扰，就在于生活的方方面面都与昔日的恋人有着千丝万缕的联系，所以要想摆脱失恋的痛苦，可以换一个崭新的环境，暂时离开曾经熟悉的环境。

第四，在失恋中学习，把失恋作为一种人生的财富。失恋给人带来的强烈的内心冲击是其他事件所不能带来的，这个过程中所体会到的挣扎与痛苦，实为一笔人生财富，使人有了更多的人生体验，人会在失恋中变得更加成熟。

第五，失恋给人再恋爱的机会。一次失恋不等于整个爱情生命的结束，只要用心去体验、去学习和感受，人还会再恋爱，再体验美好的爱情。

第八章　交际篇

伟大的革命导师马克思曾经说过："人是各种社会关系的总和，每个人都不是孤立存在的，他必定存在于各种社会关系之中。"如何理顺这些关系，并提高生活质量是每个进入社会的人必须学会的技能。

第一节　人际交往——扩大自己的交际圈

在大学校园里建立良好的人际关系，形成一种团结友爱、朝气蓬勃的环境，将有利于大学生形成健康的个性品质。

一、人际关系的意义

人是社会的动物，不能离开群体而单独生存。亚里士多德曾说："能独自生活的人，不是野兽，就是上帝。"在社会活动中，人们几乎每天都要和他人打交道。有人估计，一个人每天除了 8 小时的睡眠之外，其余 16 个小时中有 70% 的时间是在进行人际交往。人际交往对于人们来说有着特殊的意义。

美国有人做了一项实验。该实验以每天 20 美元的报酬（在当时是很高的金额）雇用了一批学生作为被试对象。为制造出极端的孤独状态，实验者将学生关在有放音装置的小房间里，让他们戴上半透明的保护膜以尽量减少视觉刺激。又让他们戴上木棉手套，并在袖口处套了一个长长的圆筒。为了限制各种触觉刺激，又在其头部垫上了一个气泡枕。除了进餐和排泄外，实验者要求学生 24 小时都躺在床上，营造出一个所有感觉都被剥夺了的状态。

结果，尽管报酬很高，却几乎没有人能在这项孤独实验中忍耐三天以上。最初的 8 个小时还能撑住，之后，学生就吹起了口哨或者自言自语，开始烦躁不安起来。在这种状态下，即使试验结束后让他们做一些简单的事情，也会频频出错，精神也集中不起来，实验后需要三天以上的时间才能恢复到原来的正常状态。实验持续数日后，人会产生一些幻觉。到第四天时，学生出现双手发抖、不能笔直走路、应答速度迟缓以及对疼痛敏感等症状。

看来，人们的身心要想正常工作就需要不断地从外界获得新的刺激。社会生活中的每一个人都生活在人际关系的网中，每一个人的成长和发展都依存于人际交往。对于正在学习、成长之中的职业院校的学生来说，培养良好的交往能力，不仅是大学生活的需要，更是将来走向社会的需要。

【温馨提示】

健康的人际交往对大学生的学习、生活、成长、成才具有十分重要的作用。

1. 有助于大学生获得信息

促进信息交流是人际关系的一大功能。大学生直接从书本上获得的知识毕竟是有限的，即便是皓首穷经、学富五车，在现代社会潮水般涌来的新信息中也只是沧海一粟。当今大学生通过人际交流，每个人都能从中获得大量有用的信息。不仅如此，人际交往也是大学生社会化的最重要和最有效的途径。如果说家庭是人的社会化的第一场所，那么可以说，学校是人类社会化的第二个场所。不同类型，不同经历，不同习惯、爱好、个性、价值观的同学相互交往，不仅有利于个体之间的信息沟通，有利于培养社会交往能力，而且也有利于提高对社会问题的认识能力，促进其社会化的完成，为今后踏入社会做好充分的准备。

2. 有助于大学生自我意识的提高

交往活动是促进大学生自我认识的基本途径。歌德说过："人只有在人们之间才能认识自己。"事实上，人们需要把别人当作认识自己的镜子，常要以别人对自己的反应作为衡量的依据，因此，人在认识别人的同时，可以得到形成自我评价的必要信息。

所以，通过广泛的交往和比较，人就能逐渐形成较为恰当的自我评价。人际交往对大学生的自我意识的发展和成熟起着重要的作用。

3. 有助于大学生的心理健康

弗朗西斯·培根曾说："如果你把快乐告诉一个朋友，你将得到两个快乐；而如果你把忧愁和一个朋友倾吐，你将被分掉一半忧愁。"对大学生而言尤其如此。大学生正处在由青春期向成人期转变的时期，良好的人际交往可以使大学生紧张的心理得以放松，归属感、友谊等需要得到满足，自尊和自信心大大提高，内心的冲突与苦闷得到缓解。大学生中某些抑郁症、焦虑症、神经衰弱、溃疡病等的发生常与人际关系失调有关，而社交恐惧则更是人际关系不良的直接后果。

4.有助于大学生个性的发展和完善

交往活动是大学生个性发展和完善的必要条件。大学生在人际交往过程中可以认识自己的个性、展示自己的才华，相互影响，发展和完善自己的个性。正如法国作家巴比塞说的那样："个性和集体配合起来，不会失去个性，相反，只有在集体中，个性才能得到高度的觉悟和完善。"

5.有助于大学生事业的成功

健康的交往活动是大学生事业成功的保证因素之一。一方面，交往活动为大学生适应大学生活、学业成功及自身个性的充分发展提供了保障，为今后成功地走向社会打下了基础。另一方面，今天的同学将是明天的同行与朋友，大学期间的同学情、师生情将一直延伸到今后的事业中去，并对今后的家庭生活、个人事业提供极好的帮助。正如许多同学在毕业后踏上社会时的感触：大学的时光最宝贵，大学期间的友谊最难忘。

二、大学生常见交际圈

随着人际关系社会性的不断强化，人们思想开放程度的不断增强，现代科技水平的不断进步，当代大学生的人际交往变得越来越错综复杂。在现今的大学校园里，大学生们因为相同的兴趣、爱好，或因为共同的理想，抑或是某种特定的目的，形成了大大小小的交际圈。

【温馨提示】

1.同学关系

同学关系是大学生人际交往的基本关系，同学是大学生人际交往的主要对象。大学校园里的同学关系总的说是和谐、友好的，同学之间的关系有亲情化、家庭化的趋势，即在日常生活、学习中产生一种如同亲属般稳固的同学关系。

大学同学间的交往频繁而关系复杂。一方面，大学生年龄相仿、经历相同、兴趣爱好相近，又共同生活在同一个集体，学习相同的专业，沟通与交往十分容易。另一方面，大学生来自不同的地域、不同的家庭背景，生活习惯和个性气质不同，再加上大学生之间的空间距离小、交往密度高而，我空间相对狭小，因而对人际交往的期望较高，一旦得不到满足，容易采取消极退避的态度。

2.室友关系

室友关系是大学阶段最基本的人际关系。住集体宿舍，与宿舍成员搞好关系非常重要。关系融洽，心情舒畅，不仅有利于大学生的学习，也有利于其身心健康。倘若关系不融洽，甚至紧张，就会给大学生活涂上一层阴影，带来负面影响。其实宿舍里发生的都是些鸡毛蒜皮的小事，有些事大家在一起说开了就好了，最重要的是沟通。远亲不如近邻，大学三年和室友相处的时间比家里人还要多，只要处理好交际关系，就可以收获几个贴心的好友。

（1）与室友统一作息。一个宿舍一般有三四个或五六个人，大家在一起生活，宜有统一的作息时间。只要大家协调一致、共同遵守，就能减少争执，消除摩擦，维持正常的生活秩序。如果是"夜猫子"，晚上睡得很迟，待宿舍成员都睡了才开始洗漱，这样就容易惊醒其他人，影响别人休息。久而久之，就会引起室友们的反感。因此，宿舍的成员应当尽量统一起居时间。倘若实在有事，早起或者晚睡者也应尽量降低声响以免对室友们产生影响。

（2）不搞"小团体"。在宿舍中，应当以平等的态度对待每一个人，不要厚此薄彼，和部分人打得火热，而对另一部分人疏远不理。有些人喜欢同宿舍中的某个人十分亲近，在平时，老是与某个人说悄悄话，进进出出都和某个人在一起。这样就容易引起宿舍其他成员的不悦，认为你是不屑与其他人交往。所以在宿舍里，对每个人要尽量保持同等距离，不搞"小团体"。

（3）不窥探舍友的隐私。每个人都有自己的秘密，也有足够的好奇心。对于室友的隐私，切不可想方设法地去探求。应注意的是，未经室友同意，不可擅自翻动其衣物等物品。

（4）积极参加宿舍的集体活动。宿舍活动是室友之间联络感情的重要形式，应该积极参与。千万不要幼稚地把集体活动当作纯粹的费财费力的无聊之举，表现出一副不屑为伍的样子。其实，宿舍活动是大学生活中不可或缺的。

（5）别人有难要帮，自己有事也要求。良好的人际关系是以互相帮助为前提的。当舍友遇到困难时，应当主动伸出援助之手。当我们有事时，是否也应该向舍友求助呢？答案是肯定的。因为有时求助反而能表明你对别人的信任，能够使关系融洽，加深感情。

（6）不拒绝零食和宴请。当室友买来水果、瓜子之类的零食分享给自己时，应愉快地接受，不要推托，不要以吃别人的东西难为情为由而拒绝。有时，室友因过生日或其他事请你吃饭，也应欣然前往。因为应酬不仅仅体现在物质上，更体现在心理上。你接受别人的邀请，从某种意义上说，也是给别人面子。

（7）不逞一时口快。"卧谈会"是宿舍的一个重要活动项目。室友们互说见闻，发表意见，本来是件很愉快的事，但也往往因小事而发生争执，使"卧谈会"变成了"口舌大战"。其实，喜欢逞一时口快、在嘴巴上占便宜的人是非常愚蠢的，给人感觉是太好胜，难以合作。你不尊重别人，别人也不会尊重你。夸夸其谈，想处处表现得比别人聪明，最后只会引起别人反感。

（8）完成该做的杂务。宿舍成员不仅应做好自己个人的事，还应做好集体的事，没有哪一个集体会欢迎一个自私、懒惰和邋遢的人。因此，必须尽力搞好属于自己的那份杂务，凡事要养成亲力亲为的好习惯。

3. 网友关系

随着网络的普及，另一种特殊的大学生交际关系进入了人们的生活——网友关系。网友是一种特殊的朋友，指通过某一网络媒介而相识相知的、见面较少或只能在某一特定地点才能见到的朋友。比如通过校友群、QQ 聊友、MSN、微博、电话聊友、博客好友等。

4. 师生关系

师生关系是指教师和学生在教育、教学过程中结成的关系，包括彼此的地位、作用和相互对待的态度等。师生关系既受教育活动规律的制约，又是一定历史阶段社会关系的反映。良好的师生关系是提高学校教育质量的保证，也是社会精神文明的重要方面。

三、大学生人际交往的特点

大学生的文化层次较高，生理和心理日趋成熟，比较重感情，因此大学生的人际交往具有与其他社会交往不同的特点。从交往的心理看，大学生交往呈多元化与开放式的特点。大学生渴望友谊，渴望结交更多的朋友，交流更多的信息，接受更多的新思想。在这种心理的作用下，大学生的人际交往呈现出前所未有的开放式交往趋势。具体表现如下：

一是交往的范围扩大。交往对象由以前的亲友、朋辈转向更广泛的社会交往对象。同学交往不局限于同班同学，而发展到同级、同系甚至是同校的同学。不仅包括同性交往，异性交往也是同学交往的重要方式。

二是交往频率的提高。交往由偶尔的相聚、互访，发展到较为经常的聊天、社团活动、举行聚会、体育活动、结伴出游以及其他一些集体活动。

三是交往手段多元化。网络的发展为大学生的交往提供了更加广阔的交往空间，交往手段的发展，使大学生的人际交往变得更方便、更快捷，交往距离更远，交往范围更广。

从交往的方式看，以寝室为中心，社会工作和网络社交占据了主导地位。大学生虽然主动追求开放式的人际交往，但由于时间、精力、生活环境、经济条件等方面的限制，交往的主要场所仍然在校园内，中心是学生的寝室。尽管BBS和QQ等网络社交方式正逐渐被大学生接受并渗入生活中，但网络社交方式所发挥的作用并不被学生们看好。

从交往的目的看，情感型交往与功利型交往并重。随着社会的发展变化，大学生在社交目的上也趋于理性化，选择什么样的人交朋友，并不纯粹是出于情感认同和志同道合，交往的动机已变得很复杂。可以说，大学生的人际交往在注重情感交流的同时，越来越注重与自身社会利益的实现，呈现出情感型交往与功利型交往并重的趋势。

第二节　积极交际——敞开自己的心扉

人际交往是一门艺术，需要通过学习来掌握如何与人沟通。想要营造良好的人际关系，需要有主动交往的意识。"守株待兔"式的交往方式是行不通的，与同学交往需要敞开心扉，积极扩展人际交往圈。

一、影响人际交往的心理

我们每天都在与人交往，相信愉悦的人际交往是每个人的向往。愿望总是美好的，但是现实中总会出现一些不和谐的交往状态，甚至发展为心理障碍。

【案例直播】

　　以优异的成绩考入某高校的沈小军在外人看来是十分优秀的：智商高、能力强、有前途。可是沈小军有着自己的烦恼，因为他发现，如今的他虽然身在名校，受着外人的仰视，但他对自己的所有评价都是一般般——学业平平，社会工作平平，长相平平，家境平平，人际关系平平……在他的眼中，周围的同学都那么优秀，要么是学术大牛，要么是社会工作方面的大牛，要么是人缘特好的微笑天使。因为自卑，沈小军渐渐变得玩世不恭，表面上似乎对什么都满不在乎，也不再积极参加各种活动。面对校园里丰富多彩的比赛，他一律在心里默念"参加了也不会有结果的"，然后便忘得一干二净。更可怕的是，这种心态也蔓延到了学习上。沈小军在学业上变得马马虎虎，只求通过，大部分时间都醉心于网络游戏中。这自然也让沈小军失去了更多的机会。他明明知道自己陷入了恶性循环，却不知怎么跳出来，内心充满了纠结与痛苦。

【温馨提示】

良好的心理素质是人们进行广泛的社交活动的必要条件。相反，心理状态不佳，会形成某些隔膜和障碍，在一定程度上阻碍人们交朋结友和适应社会。因此，我们在工作生活中应该注重自身修养，努力克服以下人际交往中的种种病态心理。

1. 自卑

自卑心理表现为对自己缺乏一种正确的认识，在交往中缺乏自信，办事无胆量，畏首畏尾，随声附和，没有自己的主见，一遇到错误就以为是自己不好，从而导致他们失去交往的勇气和信心。自己瞧不起自己，这是一种消极的表现。在心理学上，自卑是一种性格缺陷，表现为对自己的能力和品质评价过低。自卑和自满正好是两种完全相反的心理品质，却都是年轻人常有的心理表现。

2. 嫉妒

嫉妒是一种不服、不悦、失落、仇视，甚至带有某种破坏性的危险情绪，是一种通过把自己与他人进行对比而产生的消极心态。当看到与自己有某种联系的人取得了比自己优越的地位或成绩时，便可能产生一种狭隘的忌恨心理。当对方面临或陷入灾难时，就隔岸观火，幸灾乐祸，甚至借助造谣、中伤、刁难、穿小鞋等手段贬低他人，安慰自己。

3. 怯懦

怯懦主要表现在涉世不深、阅历较浅、性格内向、不善辞令的人身上。怯懦会阻碍计划与设想的实现。怯懦心理是束缚思想行为的绳索，理应断之、弃之。

4. 多疑

有猜忌心理的人，往往爱用不信任的眼光去审视别人和看待外界事物，每每看到别人议论什么，就认为人家是在讲自己的坏话。猜忌成癖的人往往捕风捉影，节外生枝，说三道四，挑起事端，其结果只能是自寻烦恼，害人害己。

5. 逆反

有些人总爱与别人抬杠，以此表明自己的标新立异。对任何事情，不管是非曲直，你说好他偏说坏，你说一他偏说二。逆反心理容易模糊是非曲直的严格界限，常使人反感和厌恶。

6. 排他

人类已有的知识、经验以及思维方式等，需要不断地更新，否则就会失去活力，甚至产生负面效应。排他心理恰好忽视了这一点，表现为抱残守缺、拒绝拓展新思维，促使人们只在自我封闭的狭小空间内兜圈子。

7. 表演

有的人把交朋友当作逢场作戏，往往朝秦暮楚，见异思迁，且喜欢吹牛。这种人与人之间的交往方式只是在做表面文章，因而常常得不到真正的友谊。

8. 自私

有的人认为交朋友的目的就是互相利用，因此他们只结交对自己有用、能给自己带来好处的人，而且常常"过河拆桥"。这种占便宜心理会让人失去朋友，使自己的人格受到损害。

9. 情感淡漠

有些人对与自己无关的人和事一概冷漠对待，甚至错误地认为言语尖刻、态度孤傲、高视阔步就是自己的"个性"，致使别人不敢接近自己，失去了更多的朋友。

二、让自己变得自信起来

自信心是一种反映个体对自己是否有能力成功地完成某项活动的信任程度的心理特性，是一种积极、有效地表达自我价值、自我尊重、自我理解的特性和心理状态。与人交往时也是一样，大学生因为自卑而害怕交朋友，正是缺乏自信心的表现。

【案例直播】

有一位女歌手，在第一次登台演出时，内心十分紧张。想到自己马上就要上场，面对上千名观众，她的手心都在冒汗："要是在舞台上一紧张，忘了歌词怎么办？"越想她心跳得越快，甚至产生了打退堂鼓的念头。就在这时，一位前辈笑着走过来，随手将一个纸团塞到她的手里，轻声说道："这里面写着你要唱的歌词，如果你在台上忘了词，就打开来看看。"她握着这纸团，像握着一根救命的稻草，匆匆上了台。因为有那个纸团握在手心，她的心里踏实了许多。她在台上发挥得相当好，完全没有失常。她高兴地走下舞台，向那位前辈致谢。前辈却笑着说："是你自己战胜了自己，找回了自信。其实，我给你的，是一张白纸，上面根本没有写什么歌词！"她展开手心里的纸团，果然上面什么也没写。她感到惊讶，自己握着一张白纸，竟然顺利地渡过了难关，获得了演出的成功。"你握住的这张白纸，并不是一张白纸，而是你的自信啊！"前辈说。歌手拜谢了前辈。在以后的人生路上，她就是凭着自信，战胜了一个又一个困难，取得了一次又一次成功。

【温馨提示】

1. 活泼

自信的人在面容、姿态和言行举止上，都会表现出一种活泼的生气，显得对生活充满信心。自信的人不但自己充满生气，而且会给周围的人带来一种生机勃勃的气氛和一种乐观的鼓舞。

2. 坦诚

自信的人总是能够直接而坦诚地说出自己的意见，甚至是自己的缺点。这种坦诚和不掩饰缺点的性格，正是对自己充满信心的表现。自信的人总是说自己想说的话，而不是看着他人的脸色，说别人想听的话。

3. 虚心

自信的人能虚心地接受批评，坦然地承认自己的错误。能否虚心地接受批评，能否坦然地承认自己的错误，是衡量一个人自信程度的指标。在我们的生活中，不自信的人恰恰会拒绝接受批评，在自己明显错误的时候，也总是尽量地去为自己辩解。

4. 大度

自信的人能够自然和自如地表达自己对别人的赞赏、好感和喜欢，也能够自然和自如地接受别人对自己的赞赏、好感和喜欢。不自信的人容易嫉妒，不希望别人超过自己。而自信的人则恰恰相反，能够大度而坦然地赞赏和接受别人。

5. 轻松

自信的人在日常言行中，会表现出轻松自如的神态。孔子说，"君子坦荡荡，小人长戚戚"，即"君子"的心地平坦宽广，而"小人"则经常局促忧愁。毫无疑问，自信也是孔子心目中"君子"的基本条件，他们在日常生活中会表现得轻松自如，而不是终日陷入沉重抑郁之中。

6. 言行一致

自信的人的言行是一致的，他所说的与其所做的，往往一致而协调，因而，他的容貌、声音和举止，也都会表现出一种内在的和谐气氛。俗话说，"君子一言，驷马难追"，说到就应该做到，这是自信的人所应信守的。

7. 开放

自信的人对生活中的新观念、新体验和新机会，都有一种基本的开放态度。社会在发展、在变化，是积极而开放地接受这种发展和变化，还是消极而顽固地拒绝这种发展和变化，是衡量自信与不自信的另一个指标。

8. 幽默

自信的人能够以一种幽默的态度面对生活，包括生活中的失意、紧张和挫折；自信的人也能够自然地发现生活中的幽默，能够在自己或别人身上发现并欣赏幽默。幽默是一种自然而轻松的态度，也是一种敏感和智慧的表现。

9. 勇敢

自信的人总是能够以一种轻松自然的态度面对生活中复杂的情景或挑战，表现出一种大智大勇的气度。

10. 果断

自信的人果断，尤其是在重大或关键的问题上，自信的人总是能够表现出一种果断的品质和作风。由于自信的人勇于承担责任，不会因为事关重大而优柔寡断，不会想着逃避不好的结果而瞻前顾后，因而会保持一贯的果断作风。

三、积极寻求他人的帮助

积极寻求外界帮助是一个人心智成熟的标志之一，内向羞怯而敏感脆弱的人，往往会遇到更多问题，也常常最不愿意主动求助他人，这种情况愈演愈烈，就会出现心理问题。

【案例直播】

> 19 岁的女生小颖考上了湖南某大专院校，性格内向的她不爱与人交际，班上组织活动，她总是躲在后面。遇到了难题自己能解决的就自己解决，不能解决的就打电回家寻求父母的帮助，很少跟同学或老师倾诉。一个学期下来，小颖不但没有交到朋友，连专业成绩也越来越差，甚至不愿意去上课，辅导员老师多次找她谈话，鼓励她学会与同学交流、懂得求助和帮助他人，并从中得到内心真正的快乐，这才慢慢解开了小颖怕向人求助的心结。

【温馨提示】

"廉者不受嗟来之食"一直被当作有气节的表现，可是这句话并不适用于人际交往中。向他人寻求帮助并不是接受"嗟来之食"，而是一种正常的需求。一个人由于家庭、际遇等原因而陷入一时的困顿并不丢人，古往今来有过很多曾经穷困潦倒的大人物，例如韩信就曾饿晕在河边，之后靠漂母的施舍才得以活命。主动说出自己的困难，主动寻求帮助，也是积极面对生活的表现，在关键的时刻更是一项生存技能。有困难说出来，就会发现，获得帮助并不像想象的那样困难和令人难堪，并且通过他人的帮助，能交到很多好朋友，正所谓"患难见真情"，在困难时帮助自己的朋友才是真正的挚友。

第三节　交际技巧——大学交往三两招

培养良好的人际关系是每一个刚刚步入大学生活的新生所面对的一个重要课题。对于大学新生而言，初期的人际交往能否顺利展开，不仅是每一个学生在大学生活中能否得到最大限度全面发展的基础，也是大学生整体素质能否在实质上最终形成和完善的一个重要因素。因此，在全方位开展新生入学教育的同时，有必要加强对大学新生人际交往方面的教育和引导。

一、做好第一次自我介绍

人与人第一次交往时留下的印象，在对方的头脑中形成并占据着主导地位，这种效应即为第一印象效应。第一印象的好坏，对之后其与人交往有着深远的影响，因此大学生在与人交往时，为了给人留下好印象，一定要做好第一次自我介绍。

【案例直播】

有这样一个故事：一个新闻系的毕业生正急于寻找工作。一天，他到某报社对总编说："你们要一个编辑吗？""不需要！""那么记者呢？""不需要！""那么排字工人、校对呢？""不，我们什么空缺也没有了。""那么，你们一定需要这个东西。"说着他从公文包中拿出一块精致的小牌子，上面写着"额满，暂不雇用"。总编看了看牌子，微笑着点了点头，说："如果你愿意，可以到我们广告部工作。"这位大学生通过自己制作的牌子表达了自己的机智和乐观，给总编留下了美好的"第一印象"，引起其极大的兴趣，从而为自己赢得了一份满意的工作。

【温馨提示】

大学正式开学后开班会时，第一件事就是让同学们互相认识，进行自我介绍，传统的方式就是按照顺序一个一个地站起来，流水式地将自己简单地介绍一下。对大家来说，这样的效果非常不好，过后，还是有许多人不认识，只有一点面熟，达到叫名字的程度还要等很长时间。

因此，想要引人注目，就必须做到"先声夺人"。第一次自我介绍就要精心准备，这不仅关系到同学们对自己的第一印象，而且可以使自己在班干部竞选中脱颖而出。将来就业面试时，第一印象同样十分重要。面试时的第一印象，有两个关键点：一是考官会根据工作的要求物色人才；二是考官可能通过自己的主观体验，来选择与他心中形象相匹配的人，比如考官可能根据自身经历，对有某种形象特征的人有好感等。

第一印象，同样有个性和共性之分。个性方面就是人可能根据自己的喜好来判断他人；在共性方面，诸如真诚、善良、有礼貌等，这些都是形成良好第一印象的要素。我们无从把握个性方面的印象，但我们可以从共性方面提升自己给别人的第一印象。第一印象一旦形成，便很难改变，因此我们要珍惜这仅有的一次机会。在平时要注意自我修炼，比如观察自己，找到适合自己的打扮风格，不断学习和充实自己，适时展现自己的气质和风采。还有，一个人具备一技之长也会给人留下一个美好的第一印象。

二、保持良好的交往心态

生活在大学校园这个小社会里，大学生就已经跟周围的人形成了一种人际关系。如何保持一个良好的交往心理，对于维护彼此之间的关系是相当重要的。正确的交往心态应该是不卑不亢、坦诚相待，太过自大或是太过自卑都不能收获真正的友谊。

【案例直播】

> 三个人合伙做生意，最后赔了。甲说："都怨你们，没有真本事，和你们合伙真是倒霉!"乙说："我觉得这次赔本有几个原因：一是我们三人想法不一致，劲没往一处使；二是工作上也存在一些客观阻力。"丙说："都是我不好，我没干好工作，请你们原谅，我一定会改正，大家还是接着干吧。"这段对话中，甲用长辈的口吻指责两位同事，显然是一种家长心态；乙非常冷静，像一个稳重、明理的成年人，属于成人心态；丙却像个小孩子，像做了错事一般，一个劲地求大家原谅，属于孩童心态。

【温馨提示】

大学生对于交往要保持良好的积极心态，积极的心态能够促使人采取积极的行动，行动的结果反过来又可以加深和助长积极的心态。人与人之间要讲究宽容、大度、尊敬、欣赏、谦虚和信任。以下做法都是积极的交际心态下的行为：

1.赞扬别人

人们有渴望被肯定、被赞扬的特点。既然人们渴望被肯定、被赞扬，我们就应该给予他们这些，即"给予别人真诚的赞赏"。它能使人朝气蓬勃，是促人向上的催化剂。

2. 热情为他人服务

和人打交道，如果先提自己的需要，十次有九次要失败。请相信这样的观点："成功的人际关系，在于你捕捉对方观点的能力。"

3. 对人报以微笑

在人际交往中，真诚的微笑显示的是一种力量、涵养和暗示，仿佛在说："我喜欢你，你使我快乐，见到你我非常愉快。"抬头挺胸面带微笑，你会充满信心，成为一个诚实、快乐、精力旺盛的人。

一个不习惯笑的人，首先要强迫自己微笑，单独一个人时，可以吹吹口哨，唱唱歌曲等；其次，经常做出快乐的样子也能使你快乐。

4. 宽慰别人

学会宽慰别人，有些人似乎觉得很难。但是，想一想当你处于悔恨、内疚、痛苦的情绪之中时，你会觉得尤其需要别人的宽慰。因此，要学会宽慰别人，因为它是可以给人的心灵以莫大安抚的良药。

5. 记住别人的名字

当我们看集体照片时，最先注意的是自己。当公布成绩时，最先注意的是自己的名字，别人也是如此。在人际交往中，记住对方的名字能给人以尊重，能很快缩短你和别人的距离。

6. 学会沉默

沉默有其独特的功能，如表示出友好和谦逊，表示出自信和力量，还可以防止不注意讲话方式带来的不必要的麻烦。适当沉默，会给自己留下回旋的余地，使旁人更欣赏你的内在气质，更有助于人际关系的进一步发展。

7. 积极倾听

有句老话："人长着两个耳朵一个嘴巴，就是为了少说多听。"在别人讲话时，要积极地倾听，如果你要补充说明、提问，要先让对方说完再交流；在交流时可以利用手势、合理的坐姿、保持目光接触等方式表示你正在认真地倾听。切记要集中精力，不可东张西望。

三、提高个人的社交能力

社会交往能力是指妥善处理组织内外关系的能力，包括与周围环境建立广泛联系和对外界信息的吸收、转化的能力，以及正确处理上下左右关系的能力。具体来说，分为以下三种能力：表达、理解的能力，人际融合能力，解决问题的能力。

【案例直播】

　　北京某高校学生小周升入大二后，突然发现自己越来越不愿在众人面前开口讲话了。但同时，网络社交空间中的小周却是另一种表现。在人人网、微博、微信等社交空间中，他与别人频繁互动，经常就一些话题聊得热火朝天。小周说，自己在现实和虚拟世界中完全是两个人：一个内向，一个外向。这种情况在大学校园中并非个案。

【温馨提示】

　　人际交往能力是指在一个团体、群体内与他人和谐相处的能力。人际交往能力对于大学生来说有着特别的意义。

　　1. 人际交往是维护大学生身心健康的重要途径

　　(1)人际关系影响着大学生的生理和心理状况。处于青年期的大学生，思想活跃、感情丰富，人际交往的需要极为强烈，人人都渴望真诚友爱，大家都力图通过人际交往获得友谊，满足自己物质和精神上的需要。但新的环境、新的对象和紧张的学习生活，使得一部分学生加剧了心理矛盾。此时，积极的人际交往、良好的人际关系，可以使人精神愉快、情绪饱满、信心十足，使人保持乐观的态度。一般说来，具有良好人际关系的学生，大都能保持开朗的性格、热情乐观的品质，从而正确认识、对待各种现实问题，化解学习、生活中的各种矛盾，形成积极向上的优秀品质，迅速适应大学生活。

　　相反，如果缺乏积极的人际交往，不能正确地对待自己和别人，心胸狭隘、目光短浅，则容易形成精神上、心理上的巨大压力，难以化解心理矛盾。严重的还可能导致病态心理，如果得不到及时的疏导，可能形成恶性循环而严重影响身心健康。

　　(2)人际交往影响大学生的情绪和情感。大学生正处在人生的黄金阶段，在心理、生理和社会化方面逐步走向成熟。但在这个过程中，一旦遇到不良因素的影响，就容易导致焦虑、紧张、恐惧、愤怒等不良情绪，以致影响学习和生活。实践证明，友好、和谐、协调的人际交往，有利于大学生对不良情绪和情感的控制和发泄。

（3）人际交往影响大学生的精神生活。大学生情感丰富，在紧张的学习之余，需要进行情感交流，讨论理想、人生，诉说喜怒哀乐。人际交往正是实现这一目的的最好方式。通过人际交往，可以满足大学生对友谊、归属、安全的需要，可以更深刻、更生动地体会到自己在集体中的价值，并产生对集体和他人的亲密感和依恋之情，从而获得充实的、愉快的精神生活，促进身心健康。

2. 人际交往是大学生成长成才的重要保证

（1）人际交往是交流信息、获取知识的重要途径。现代社会是信息社会，信息量之大、信息价值之高，是前所未有的。人们对拥有各种信息和利用信息的要求，随着信息量的扩大也在不断地增长。通过人际交往，可以相互传递、交流信息和成果，使自己的经验变得丰富，增长见识，开阔视野，活跃思维，启迪思想。

（2）人际交往是个体认识自我、完善自我的重要手段。孔子曾说过："独学而无友，则孤陋而寡闻。"人际交往可以帮助我们提高对自己的认识，以及自己对别人的认识。在人际交往的过程中，彼此从对方的言谈举止中认识了对方。同时，又从对方对自己的反应和评价中认识了自己。交往面越宽，交往越深，对对方的认识越完整，对自己的认识也就越深刻。只有对他人的认识全面、对自己认识深刻，才能得到别人的理解、同情、关怀和帮助，自我完善才可能实现。

（3）人际交往是一个集体成长和社会发展的需要。人际交往是协调一个集体关系、形成集体合力的纽带。而一个良好的集体能促进青年学生优良个性品质的形成。如正义感、同情心、乐观向上等都是在民主、和睦、友爱的人际关系中成长起来的。良好的人际关系还能够增进学生集体的凝聚力，成为集体中最重要的教育力量。人际交往是人与人之间的一种互动。良好的人际交往能力是积极向上的，反之，则不利于个体的全面健康的发展。

四、运用灵活的交往技巧

通过对人际交往的特点以及交往的原则的认识与理解，可以使大家领悟到一些正确的交往知识。结合这些特点与原则，大学生们能够找到合适的方法培养自己的人际交往能力，促进自身的人际关系。同时还需掌握以下人际交往的技巧，打造真挚坚固的交际圈。

【案例直播】

　　蔡某，女，20岁，某大学二年级学生。她苦恼地说："我入学已一年半了，但和同学总是处不好关系。不知从什么时候起，周围的人好像都不喜欢我、讨厌我。有的人一见到我就掉头走开；有的人还在背后嘀嘀咕咕地议论我。为此，我心里很烦，不知道周围的人为什么不喜欢我？怎样才能获得他人的好感与尊重呢？"小蔡的苦恼主要表现在人际关系方面，同学关系处不好，不被别人接纳，认为大家都不喜欢自己，为此心烦。一方面她有与同学处好关系、被他人信任和尊重、被人喜欢的愿望，但另一方面又缺乏必要的知识。因此，建议她学习和掌握一些人际交往的基本原则和必要知识，同时要冷静地从自己的为人态度、性格特征、思想方法等方面找找原因，也可态度诚恳地主动找几个同学聊聊，请他们帮自己找找原因。

【温馨提示】

　　1. 把握成功的交往原则

　　(1) 平等交往。平等，主要指交往双方态度上的平等，我们每个人都有自己独立的人格、做人的尊严和法律上的权利与义务，人与人之间的关系是平等的关系。在交往过程中，如果一方居高临下、盛气凌人、发号施令、颐指气使，那么他很快便会遭到孤立。大学生往往个性很强，互不服输，这种精神是值得提倡的，但绝不能自认为高人一头，因同学在出身、长相等方面的客观差异而对人"另眼相看"。坚持平等的交往原则，就要正确估价自己，不要光看自己的优点而盛气凌人，也不要只看到自身弱点而盲目自卑，要尊重他人的自尊心和感情。

　　(2) 尊重他人。每个人都有自己的人格尊严，并期望在各种场合中得到尊重。尊重能够获得别人的信任、坦诚，缩短交往的心理距离。一般来说，大学生的自尊心都较强，因此，大学生在人际交中尤其要注意尊重的原则、不损伤他人的名誉和人格、承认或肯定他人的能力与成绩。否则，易导致人际关系的紧张和冲突。坚持尊重的原则，必须注意在态度上和人格上尊重同学，平等待人，讲究语言文明、礼貌待人，不开恶作剧式的玩笑，不乱给同学取绰号，尊重同学的生活习惯。

（3）真诚待人。真诚是人与人之间沟通的桥梁，只有以诚相待，才能使交往双方建立信任感，并结成深厚的友谊。坚持真诚的原则，必须做到热情关心、真心帮助他人而不求回报，对朋友的不足和缺点能诚恳批评。对人、对事实事求是，对不同的观点能直陈己见而不是口是心非，既不当面奉承人，也不在背后诽谤人，做到肝胆相照、赤诚待人、襟怀坦白。

（4）互助互利。人际关系以能否满足交往双方的需要为基础。如果交往双方的心理需要都能获得满足，其关系才会继续发展，因此交往双方要遵循互助互利的原则。互助就是当一方需要帮助时，另一方要力所能及地给对方提供帮助。这种帮助可以是物质方面的，也可以是精神方面的；可以是脑力的，也可以是体力的。坚持互助互利原则，就要破除极端个人主义，与人为善，乐于帮助别人。同时，又要善于向别人求助。别人帮助你克服了困难，他也会感到愉快，这也可以进一步沟通双方的情感。

（5）讲究信用。信用是成功的伙伴，是无形的资本，是中华民族优良的传统。信用原则要求大学生在人际交往中说真话，言必行，行必果。答应做到的事情不管有多难，也要千方百计、不遗余力地办到。如果经再三努力而没有实现，则应诚恳说明原因，不能有"凑合""对付"的思想。守信用者能交真朋友、好朋友；不守信用者只能交一时的朋友或最终被抛弃。坚持信用原则，要做到有约按时到、借物按时还，不乱猜疑，不轻易许诺、信口开河。

（6）宽容大度。人际交往中往往会产生误解和矛盾。大学生大多数个性鲜明，不可避免地会产生些许矛盾。这就要求大学生在交往中不要斤斤计较，而要谦让大度、克制忍让，做到"宰相肚里能撑船"。他吵，你不吵；他凶，你不凶；他骂，你不骂。宽容克制并不是软弱、怯懦的表现；相反，它是有度量的表现，是建立良好人际关系的润滑剂，能"化干戈为玉帛"，赢得更多的朋友。

2. 掌握人际交往的艺术

（1）语言艺术。"良言一句三冬暖，恶语伤人六月寒。"这句话告诉我们交往时要注意运用语言艺术。语言艺术运用得好，能优化人际交往；相反，如果不注意说话的艺术，往往在无意间出口伤人，产生矛盾。讲究语言艺术，要注意以下方面：

一是称呼得体。称呼反映出人们之间心理关系的密切程度。恰当得体的称呼，使人能获得一种心理满足，使对方感到亲切，交往便有了良好的心理气氛；称呼不得体，往往会引起对方的不快甚至愤怒，使交往受阻或中断。所以，在交往过程中，要根据对方的年龄、身份、职业等具体情况及交往的场合、双方关系的亲疏远近来决定对于对方的称呼。对长辈的称呼要尊敬，对同辈的称呼要亲切、友好，对关系密切的人可直呼其名，对不熟悉的要用全称。

二是说话注意礼貌。每个人都希望别人赞美自己的优点。如果我们能够发掘对方的优点，进行赞美，他会很乐意与你多交往。但是赞美要适度，要有具体内容，绝不能曲意逢迎。真诚的赞美往往能获得出乎意料的效果。

(2)肢体语言艺术。一般包括眼神、手势、面部表情、姿态、位置、距离等。掌握和运用好这种交往艺术，对大学生搞好人际交往是不可少的。"眼睛是心灵的窗户"，"眼睛像嘴一样会说话"。面部表情是内心情绪的外在表现，它们均能表达人的态度和情感。如眉飞色舞表示内心高兴，怒目圆睁表示愤怒等。交往中还可用人体动作来表达思想，大学生在人际交往中根据谈话的内容和场合，正确运用肢体语言，巧妙地表达自己的思想感情，有时能起到"此时无声胜有声"的作用。但要恰到好处地使用肢体语言，不可过于频繁和夸张，以免给人手舞足蹈之感。

此外，大学生还要学会聆听。人际关系学者认为"倾听"是维持人际关系的有效法宝，所以，大学生要学会聆听。在沟通时，作为听者要少讲多听，不要打断对方的谈话，最好不要插话，要等别人讲完之后再发表自己的见解。要尽量表现出聆听的兴趣，听别人讲话时要正视对方，切忌做小动作，以免对方认为你不耐烦。力求在对方的立场上设身处地地考虑问题，对对方表示关心、理解和同情。不要轻易地与对方争论或妄加评论。

3.努力增强自己的魅力

魅力是指在人际交往过程中形成的、个体对他人给予的积极和正面的评价的倾向。每个人都有自己喜欢的人，并愿意与之交往；每个人也都有自己讨厌的人，不愿意和这些人交往。这种现象反映的实际上就是人与人之间的吸引。那么，大学生如何增强吸引力，做一个受欢迎的人呢？

(1)努力建立良好的第一印象。怎样表现才能给人留下良好的第一印象呢？主要包括以下六种途径：一是真诚地对别人感兴趣；二是微笑；三是多提别人的名字；四是做个耐心的听者，鼓励别人谈他们自己；五是谈符合别人兴趣的话题；六是以真诚的方式让别人感到他很重要。

(2)提高个人的外在素质。追求美、欣赏美、塑造美是人的天性。美的外貌、风度能使人感到轻松愉快，并且在心理上形成一种精神的犒赏。所以，大学生应恰当地修饰自己的容貌，扬长避短，注意在不同场合中选择样式和色彩符合自己的服装，形成自己独特的气质和风度。

同时，大学生应注意追求外在美和内在美的协调一致，即外秀内慧，因为随着时间的推移、交往的加深，外在美的作用会逐渐减弱，对他人的吸引会逐渐由外及内，从相貌、仪表转为道德、才能。

（3）培养良好的个性特征。良好的个性特征对建立良好的人际关系有吸引作用，不良个性特征对建立良好的人际关系有阻碍作用。生活中，大家都愿意与性格良好的人交往，没有人愿意与自私、虚伪、狡猾、性情粗暴、心胸狭隘的人打交道。因此，要不断形成良好的个性特征，注意克服性格上的弱点。

（4）加强交往，密切关系。心理学研究表明，人与人之间空间距离上的接近，是促进人际吸引的重要因素，因为人与人之间空间位置上越接近，彼此交往的频率就越高，越有助于相互了解，沟通情感、密切关系。即使两个人的人际关系比较紧张，通过交往，也有可能逐步消除猜疑、误会。反之，即使两人关系很好，但如果长期不交往，彼此了解减少，其关系也可能逐渐淡薄。大学生住在一起，接触密切，这是建立友情的良好的客观条件，应充分利用这一条件，与朋友保持适度的接触频率。

第九章　心理篇

"健康的心理是一剂良药，能催人奋进，反之它就是枷锁，使人消沉。"所谓健康，并非只是拥有一个健壮的身体，还必须有一个阳光、健康的心理。大一新生是最容易发生心理问题的群体之一，一旦发现自己的心理出现问题，必须及时与家长或老师进行沟通。

第一节　心理健康——拥有强大的内心

在《做内心强大的自己》一书中，卡耐基这样说："世上最宝贵的财富不在别处，就在伴我们一生的心灵之中。唤醒内在的强大力量，激发正面思维的能量，是我们一生的心灵修炼。"一个内心强大的人，才是真正有思想的人。内心强大，表明对这个世界、对社会、对人生，已经有了一整套比较完整的看法。

一、心理健康与成长

心理健康，指个体在适应环境中表现出来的一种良好的心理状态。在这种状态下，个体不仅自我体验良好，充分发挥身心潜能，而且与社会保持着和谐的关系，可以说，它是一种持续的、积极发展的心理状态。在这种状态下我们能够对周围环境做出积极的反应，能充分发挥身心潜能。

【案例直播】

清华大学电机系四年级学生刘海洋，于 2002 年 1 月 29 日和 2 月 23 日，先后两次把掺有火碱、硫酸的饮料倒在了北京动物园养的狗熊身上和嘴里，造成 3 只黑熊、1 只马来熊和 1 只棕熊受到不同程度的伤害。这名大学生年仅 21 岁，已通过研究生考试。对于为什么要残害动物，刘海洋说："我曾经从书中看到过熊的嗅觉非常敏感，分辨东西的能力特别强。但人们又总说'笨狗熊'，所以我就想验证一下狗熊到底笨不笨。"

【温馨提示】

心理健康是健康素质的重要内容，是大学生在学习、生活、成长中实现人生理想和成为高素质人才的前提，也是大学生学会学习、掌握科学文化知识的必备条件。其作用包括以下层面：

1. 关系到大学生学业的成败

大学生的主要任务是学习科学文化知识，全面提高职业水平。大学生学习的过程是一场集脑力劳动和体力劳动于一体的十分艰苦的活动。在这一过程中，大学生的心理健康状况与学业的成败相互联系、相互制约。

首先，心理不健康将间接影响智能活动。健康的心理寓于健康的身体之中，心理上的长期不健康状态，会导致生理上的异常或病变，使脑功能不能正常发挥，影响智力活动的进行，阻碍智力的发展。一个身体健康、精力充沛的大学生，在学习过程中，他的大脑功能能正常发挥作用并得到提高，从而提高其创新思维能力，取得学习和实践中的优秀成绩。

其次，不良的心理状态不利于学业完成，而学业不佳又反过来引起新的心理问题或者加剧原有的不良心理状态，进一步影响学业，形成恶性循环。

2. 影响到知识结构的完善

现代科学的发展要求大学生具有宽广的知识面、精深的专业知识、完善的知识结构，所以说，健康的心理是大学生学习知识的动力因素。只有心理健康者，才能形成对事物的兴趣、爱好、需求、动机、意志等学习所需要的品质。

从现实生活中的实际情况看，有的大学生身心健康状况差，经常失眠，上课注意力不集中，情绪不稳定，人际关系不良，从而导致他们学习效果差、知识结构单一、能力水平较低。心理健康的大学生，精力充沛，学习效果良好，知识水平提高很快，知识结构合理。

3. 影响成才的规格和质量

大学生作为社会成员，只有适应社会，才能生存发展，才能成才。心理健康不仅有助于树立辩证唯物主义的世界观、方法论，而且有助于掌握科学的思维方法。只有心理健康的人，才能够充分认识社会对人才的要求，摆正自身在社会中的位置，树立积极进取的人生观，培养坚强的意志品质和调适心理压力的能力。同时，做到不居功、不诿过，不计较个人名誉得失，自觉陶冶高尚道德情操，完善人格，成为高规格的人才。

现代社会是一个竞争的社会，也是合作的社会。合格的人才要具有优秀的心理品质，敢于积极参与竞争，在竞争中发挥才干，为社会做贡献。心理学家研究表明，一个人的成功20%依赖于智力因素，80%依赖于非智力因素，可见，拥有健康的心态，能帮助我们友好地对待竞争对手，帮助我们建立良好的人际关系。

相反，如果没有健康的心理，处处以自我为中心，嫉妒他人，不尊重他人的劳动，难以与他人友好合作，很难成为优秀的人才。

4.影响大学生的身体健康

心理健康对生理健康有重要的影响和促进作用。现代医学研究表明，在人体的疾病中有70%左右属于心身疾病。所谓心身疾病，是指那些心理因素在疾病的发生和病程演变中起主导作用的躯体疾病。这充分表明心理健康在人的生理健康中发挥着重要作用。心理健康有助于生理机能的正常发挥和健康生理的形成，还能够增强人体的免疫能力。心理健康的人，生理上有了疾病，比较容易治疗。日常生活中也有这样的例子，某些大学生得病后，情绪稳定，自信心强，积极配合治疗，很快就恢复了健康；反之，即使没有生理疾病，心理上不健康，也极容易导致身体出现问题。

二、大学生心理现状

近年来，大学生的心理健康问题已引起了社会的广泛关注。有研究表明，大学生心理健康状况不容乐观：有心理障碍倾向的占20%，有较严重心理障碍的占10%，严重的占1%。因心理问题休学、退学的现象时有发生，自杀、凶杀等一些反常或恶性事件不时见诸报端。

案例分析

小莉是某高校大一的新生，从小性格内向，在大人眼中一直是个好孩子，没有让父母担心的事情。

在大学生活了3个月后，高中时候的男朋友突然提出分手，小莉感觉天要塌下来了，悔恨交加，情绪日渐低落，特别是在遇到别人谈论恋爱问题时，特别敏感，虽然还能坚持学习，但积极性、主动性大大降低，对于生活的兴趣也大不如前。

【温馨提示】

大学生的心理健康问题主要表现在以下几个方面：

1. 迷茫与困惑

大学生处于自我确认、自我重塑的成长过程中，在这个过程中，一些同学往往表现出困惑丛生、无所适从的心理状态。因为，我国绝大多数学生在进入大学以前，往往对未来充满着不切实际的希望，加上中学时代很少接触社会，对纷繁复杂的社会现象缺乏了解，对社会的认识过于理想。等到进入大学，发现理想和现实相差甚远，内心冲突在所难免，有的同学甚至产生了"厌学"心理。

2. 情绪波动与情感挫折

在大学生活中，大学生们既有对友情、爱情的追寻和渴望，也有情感的迷惑、失落，处理不好，就会受到压抑、抑郁等情绪的困扰。

当今的大学生相当一部分为独生子女，在家里受到家长们无微不至的关心和照顾，享受家庭的温暖和父母无私的爱。进入大学以后，由于离开了家乡和父母，一些同学感到难以适应大学生活，不能及时进入大学的学习状态，产生了情绪波动。他们渴望关爱和友情，苦闷、孤寂、烦恼等情绪时时会袭扰他们的内心。加上独立意识增强和独立生活能力不够强的反差，也给不少同学造成了比较大的心理压力。

3. 学习与就业焦虑

焦虑是大学生中常见的情绪障碍，其中学习焦虑和就业焦虑尤为突出。高考竞争的胜利，使许多大学生受到教师、家长、亲朋好友的赞许，受到了未考入大学的同学的羡慕，其自信心、自豪感和优越感油然而生。可进入大学以后，许多同学发现自己来到了一个"人才云集"之地，昔日的高才生走到一起，一些同学没有了往昔的优势，学习压力增大。特别是有些同学发现自己已不是老师和同学关注的中心时，往往会产生深深的失落感。或者相反，有些同学进入高职学院，自认为从此与大学生相差甚远，不安心学习，混时间，得过且过，白白浪费光阴。

近年来，日趋激烈的就业竞争给在校大学生带来新的压力，想到大学毕业以后面对的严峻的就业形势，也使部分同学处于焦急和忧虑之中。

4. 人际关系不适

大学生们的感情世界十分丰富而敏感，渴望与人交往，获得友谊、尊重和理解，希望能够找到一个同甘共苦、无话不说的知己。然而，不同的地域、不同的生活习惯、不同的性格、不同的兴趣爱好造成的差异和同学之间的相互竞争，又使得一些同学对人际交往产生心理戒备，甚至形成闭锁心理。

这种渴望交往与心理闭锁的矛盾，在心理上形成一个悖论，即一方面渴望与同学们真诚、平等地交往，渴望获得友谊、理解和尊重；另一方面却又在与人交往的过程中，怀有多疑、戒备、封闭的心理。对人际交往的期望值越高，在人际交往过程中的猜忌、戒备心理也越重，越是不愿轻易向他人敞露心扉，自我封闭的状态也就日益严重。结果就是，自我封闭愈严重，内心的孤独感也就愈强，因而更加渴望与人交往，更加渴望真情和理解。封闭与交往的冲突，也是当前一些同学产生失落和自卑心理的重要原因之一。

三、心理健康的标准

大学生的年龄一般为 18~25 岁，从心理学的观点来看，正处于青年中期。大学生的心理具有青年中期的许多特点，但作为一个特殊群体，大学生又不能完全等同于社会上的青年。因此，大学生心理健康与否有着不同的评判标准。

【案例直播】

> 某大学大三学生王某有强烈的不安全感，坐在教室里看书时，总担心会有人坐在身后并干扰自己，以致只能坐在角落或者靠墙而坐，否则就无法安心看书。
>
> 同时，王某对同寝室一位同学放收音机的行为非常反感，有时简直难以忍受，尤其是中午睡午觉时总担心会有收音机的声音干扰自己，从而睡不着觉，经常休息不好。可是他又不能确定自己是否属于心理不健康，很长时间都不能摆脱这种心理困境，严重影响了自己的日常生活和学习。

【温馨提示】

心理健康的标准随着时代变迁、文化背景变化而变化。根据我国大学生的实际情况，评判大学生的心理健康水平主要包括以下几个标准：

1. 智力正常

智力，是人的观察力、注意力、记忆力、想象力、思维力、创造力及实践活动能力等的综合表现，包括在实践中学习或理解的能力，获得和保持知识的能力，迅速而成功地对新情境做出反应的能力，运用推理有效地解决问题的能力等。

2. 情绪健康

情绪健康的标志是情绪稳定和心情愉快。其主要内容：愉快情绪多于负面情绪，乐观开朗、富有朝气，对生活充满希望；情绪较稳定，善于控制与调节自己的情绪，既能克制又能合理宣泄自己的情绪，情绪的表达既符合社会的要求又符合自身的需要，在不同的时间和场合有恰如其分的情绪表达；情绪反应与环境相适应，反应的强度与引起这种情绪的情境相符合。

3. 意志健全

意志是人在完成一种有目的的活动时进行的选择、决定与执行的心理过程。意志健全者在行动的自觉性、果断性、顽强性和自制力等方面都表现出较高的水平。意志健全的大学生在各种活动中都有自觉的目的性，能适时地做出决定并运用切实有效的方式解决所遇到的问题，在困难和挫折面前，能采取合理的反应方式，能在行动中控制情绪和言而有信，而不是行动盲目、畏惧困难、顽固执拗。

4. 人格完整

人格是个体比较稳定的心理特征的总和。人格完善就是指有健全统一的人格，个人的所想、所说、所做都是协调一致的。人格完善包括人格结构的各要素完整统一；具有正确的自我意识，不产生自我同一性混乱，以积极进取的人生观作为人格的核心，并以此为中心把自己的需要、目标和行动统一起来。

5. 自我评价正确

正确的自我评价是大学生心理健康的重要条件，大学生在进行自我观察、自我认定、自我判断和自我评价时，要做到自知，能够恰如其分地认识自己，摆正自己的位置，既不以自己在某些方面高于别人而自傲，也不以某些方面低于别人而自卑，面对挫折与困境，能够自我悦纳，喜欢自己，接受自己，自尊、自强、自制、自爱适度，正视现实，积极进取。

6. 人际关系和谐

良好而深厚的人际关系是事业成功与生活幸福的前提，其具体表现为乐于与人交往，既有广泛而深厚的人际关系，有知心朋友；在交往中保持独立而完整的人格，有自知之明，不卑不亢；能客观评价别人和自己，善于取人之长补己之短，宽以待人，乐于助人，积极的交往态度多于消极态度，交往动机端正。

7.社会适应正常

个体应与客观现实环境保持良好的关系,既要进行客观观察以取得正确认识,以有效的办法应付环境中的各种困难,不退缩;又要根据环境的特点和自我意识的情况努力进行协调,或改变环境适应个体需要,改造自我适应环境。

8.心理行为符合大学生的年龄特征

大学生是处于特定年龄阶段的特殊群体,身心都应该处于成熟阶段,故应具有与年龄与角色相适应的心理行为特征。

四、跨越心理健康的误区

大学生朋友可以看看,关于"心理健康",你是否存在以下误区?

误区一:身体健康就是心理健康。这是对心理健康的典型误解之一。国际卫生组织(WHO)早在1981年就指出,健康不仅指身体健康,还包括心理健康和良好的社会适应能力。所以仅仅身体健康不等于健康,也不等于心理健康,它们是相互独立又相互依赖的。只有两者都具备,一个人才能算作健康。

误区二:心理不变态就算心理健康。心理不健康有许多种形式,心理变态只是其极端形式而已。根据状态,人的心理可用三个区域来表示:白色区、灰色区和黑色区。人处于心理白色区就是心理健康,处于黑色区则心理变态,而处于灰色区则介于上述两者之间。它们之间是可以相互转换的,灰色心理调解得当就会恢复为白色心理,不当则会发展为黑色心理。所以仅仅心理不变态的人不一定心理健康。

误区三:有心理问题就是有精神病。许多人对"心理问题"十分敏感又不屑一顾,认为有心理问题的人是十分可笑和可耻的,认为有心理问题就是有精神病。这是一种很伤害人的误解。人经常会有心理困惑,调解不当就会形成心理问题,长久得不到解决就会发展为心理疾病。几乎每个人都会有一般的心理问题,但不会都发展为精神病,所以一般心理问题与精神病没有必然的、内在的联系。

误区四:心理健康与心理问题是静态的、不可变化的。许多人认为心理健康就永远不会有问题,心理有问题就永远健康不了。这是一个误区。其实心理健康与心理问题是相对而言的,这二者是动态的、可逆的、有变化的。

误区五:心理问题只发生在少数人身上。在人一生中的不同时期都可能产生心理问题。其实,几乎人人都有心理问题,只是程度有轻有重,或是自己没有意识到。

误区六：纪律、道德、思想问题与心理健康问题毫无关系。实际上，两者是有密切联系的。例如，某学生一到上课时就咳嗽不止或喜欢东张西望，有可能就是学业负担产生的心理压力引起的躯体反应或心理逆反。

误区七：心理问题只能出现后再进行治疗。心理问题是能被早期发现、早期调试的，对心理问题同样应贯彻预防为主的原则。

误区八：去看心理医生是丢人的事情。很多人觉得去看心理医生是很难为情的事情，认为看心理医生的人都心理变态。这是很大的误区。心理咨询在中国是个新生事物，人们对它的了解还不够，这可能是造成这种误区的原因之一。另外，许多人对心理咨询不信任，认为是骗人的东西，这也是误解。

误区九：心理上有"病"不用去看。长期以来只重视身体健康而忽视心理健康的宣传，致使人们身体有病大大方方地去看医生，但心理有问题却不好意思去看心理医生，小问题也逐渐成了大问题。

误区十：一次心理咨询就可以解决问题。对心理咨询的不了解也导致了人们过高的期望值，认为通过一次两次的心理咨询就可以解决所有的心理问题。其实，心理问题和身体疾病一样，"冰冻三尺，非一日之寒"，不可期望很快就能痊愈。而且，不同于身体疾病，心理问题的治疗需要患者和心理医生双方互动交流。这自然也不是一次可以完成的。当然，也不是所有心理问题都需要多次咨询和治疗，简单的问题一次足矣。随着社会的转型，大学生心理危机情况频频发生。作为一名大学生，当心理危机来临时，要学会通过自我调节和心理咨询等方式及时寻求帮助，从而摆脱心理问题，走出心理危机。

【案例直播】

　　某高校大二学生李某是一个单纯内向的女孩子，小时候被寄养于外婆家，六岁后才回家和父母一起生活。她和母亲的关系不好，原因是母亲的教育方式简单粗暴。这种对母亲的讨厌进而发展为和同学关系的紧张，不愿意与同学交往，进而感觉自己很孤独，情绪上感觉抑郁。生活和学习不堪其扰的她向学校里的心理辅导老师寻求帮助。心理老师首先向她分析了心理问题产生的原因，同时给她做一些新的人际交往方式训练。经过两个月的心理辅导，李某的心理症状基本消失，人际交往能力大为改善，情绪压抑现象也基本消失，学习有了很大的进步。

【温馨提示】

1. 控制情绪

人的心理与情绪是息息相关的，由于情绪是一种全天候的活动，生活中任何事情都可能左右我们的心情，但我们绝对不可以随时随地地表露自己的狂喜或恶劣的情绪，否则将会对自己的形象产生很大的负面影响。因此在日常交往活动中，掌握自我平静的艺术，学会控制和调节自己的情绪，是一种很重要的心理能力。这种能力，在心理学上被称为"情绪智力"，它对我们的身心健康很有益处。

2. 找出自卑根源

心理学家 A.阿德勒对自卑感有特殊的解释，称其为自卑情结。他认为自卑情绪主要有两种相联系的含义：首先，自卑情结指以一个人以认为自己或自己的环境不如别人的自卑观念为核心的潜意识欲望、情感所组成的一种复杂心理。其次，自卑情结指一个人由于不能或不愿进行奋斗而形成的文饰作用。

如果一个人长期沉浸于孤独的心理状态，将对智力发展、情绪、语言交流等方面产生障碍。因此，大学生们要有"我能行"的信念，恰到好处地自我暗示，在自己的心田上播种自信。平时不管做什么事情，不可操之过急，目标不可定得太大太高，不然容易受挫。可将它分解为一个个小目标，这样就易于成功，而每次成功都对自己是一种激励，这有利于提高自信心。要以宽容、豁达的态度来对待挫折，并进行恰当的"挫折归因"，即对于造成挫折的原因要分析得正确，然后想办法去克服困难。

3. 要乐于接受自己

接受自己就是以一种温暖、关爱、亲切、宽容和体贴的态度对待自己，正如萨提亚所说的：

我努力做到最好，但我不要求十全十美；

我接受不够完美的我自己；

我不必事事要求完美；

我做我自己、我接受我自己、我接受我真实的样子；

我接受我的每一个感觉，不管是好是坏；

我开始学着爱自己；

我不再批判自己做得好不好；

我不再处处与人比较；

我不再活得那么辛苦；

我做真实的我自己；

我做我自己的主人；

我活出我自己；

我是最特殊的人；

我是世界上最独特的人；

我是最真诚的人；

我可以做自己；

我爱我自己；

我是最善良的人；

我乐于分享；

我乐于助人我满意我自己；

我接受丰足与爱；

我接受我还有情绪；

我接受我还有愤怒；

我接受我还有怨尤；

我接受我还无法做到无条件接纳一个人、爱一个人；

我接受我还无法原谅某一个人；

但是我正在努力学习爱；

爱已经起步了；

我的未来是安全的；

我是安全的；

我是可以放轻松的；

我可以信任生命；

我让自己成为接受的、开放的；

我接受所有对我有益的事物；

我努力于打开我的心；

我对一切事情表达感激；

我接受爱，我值得被爱；

我可以享受生命；

我值得享受丰足与爱。

4.正视现实

心理不健康的人往往以幻想代替现实，不敢面对现实，也不敢接受现实的挑战，总是抱怨自己"生不逢时"或者责备社会环境对自己太不公平而怨天尤人，无法适应现实环境。大学生应该学习勇敢地介入社会生活，不但要面对现实、接受现实，而且能够适应现实和改造现实，而不是逃避现实。要能客观地看待周围的事物和环境，并能与现实环境保良好的接触；既有高于现实的理想，又不会沉溺于不切实际的幻想和奢望中；对自己的力量充满信心，对于生活、学习和工作中的各种困难和挑战都能妥善处理。

5.培养自己对工作的兴趣

心理学家曾经做过这样一个实验：他把 18 名学生分成两个小组，每组 9人，让一组的学生从事他们感兴趣的工作，另一组的学生从事他们不感兴趣的工作。没过多长时间，从事自己不感兴趣工作的那组学生就开始出现小动作，再过了一会儿就抱怨头痛、背痛，另一组的学生正干得起劲。由此可见，人的疲倦感往往不是由工作本身造成的，而是由于对工作的乏味或焦虑所引起的，它消磨了人对工作的热情与干劲，甚至能让人产生挫败感。如果一个人能给自己的工作注入生命，培养对工作的兴趣，那么他就会在工作中得到无穷的快乐。一个能在工作中得到快乐的人，往往会最大限度地发挥出自己的潜能和热情，自然能将工作干得更加出色。

6.目标转移法

历史上有很多伟人，其成功之路并非是一帆风顺的。如鲁迅先生曾立志当一名医生，当他以医救国之志破灭之时，毅然弃医从文，挥笔作枪，写出了一篇篇战斗的檄文，成为举世闻名的大文豪。

当然，我们也不能一遭遇逆境就改变目标，要在稳定情绪的基础上，对自己追求的目标进行冷静、客观的分析。如果发现目标确实是现实的、可行的，那就应该排除各种困难，毫不动摇地朝着既定目标迈进；如果发现目标不符合客观要求，在主观上不具备实现的可能，我们则可扬长避短，改换目标，另谋出路。

另外，人在遭受逆境之后，必然产生相应的情绪反应。为了摆脱不良情绪的困扰和逆境的纠缠，可以去参加使自己愉快的活动，或暂时避开逆境，从而把注意力从引起不良情绪反应的刺激情境转移到其他事物上去。实践证明，音乐、体育、运动、娱乐、旅游等活动都可以使人从不良情绪中解脱出来。

第二节　心理障碍——阻碍交际的枷锁

虽说大学生身处大学校园内，但是仍旧面临着大大小小的竞争，因而往往会产生过重的心理压力，严重影响自己的学业。加强自身的修养，培养乐观豁达的人生态度，消除心理障碍，保持健康的自我，是每个人的必修课。

一、校园常见的心理障碍

心理障碍是指一个人由生理、心理或社会原因而导致的各种异常心理过程、异常人格特征的异常行为方式，是一个人表现为没有能力按照社会认可的适宜方式行动，以致其行为的后果对本人和社会都是不适应的。在临床上，常采用"心理病理学"的概念，将范围广泛的心理异常或行为异常统称为"心理障碍"，或称为异常行为。在特定情境和特定时段，由不良刺激引起的心理异常现象，属于正常心理活动中暂时性的局部异常状态。它既可以包括轻微的心理问题，也包括比较严重的心理活动紊乱。

【案例直播】

> 张某高中时成绩优异，但高考失利，原以为可以进重本的她只上了三本线，她觉得"没脸复读"，也出于就业考虑而索性选择读高职学院。刚进学校时，她希望通过自己的努力"一雪高考之耻"，于是主动关心班集体，积极参加各种活动，学习认真刻苦，期望能在班级竞选中当选班长并获得奖学金。
>
> 可事与愿违，她竞选班干部没成功。自此，她的情绪一落千丈，变得郁郁寡欢，无心学习，也无法处理好与同学之间的关系，还整夜整夜地失眠。煎熬了半年后，她不得不去医院精神科检查，诊断结果是她患了抑郁症。

【温馨提示】

1. 抑郁症

抑郁症是大学生中常见的一种心理障碍，主要表现为悲伤、绝望、孤独、自卑、自责等，把外界的一切都看成"灰暗色"的。有的大学生对枯燥的专业学习不感兴趣，对刻板的生活方式感到厌烦，为自己学习或社交的不成功而灰心丧气，陷入抑郁悲观状态。长期的忧郁状态会导致思维迟钝、失眠、体力衰退等，对个体危害是很大的。大学生患抑郁症的比例较高，主要原因有两方面：一方面，他们对社会有各种强烈的需求，极力想表现出自己的才能；另一方面，他们对社会的复杂缺乏认识，对自身行为的合理性和可能性了解得不够深刻，加上人生观、价值观尚未稳定建立，对挫折的承受能力与心理防卫机能不成熟、不完善，因而很容易表现出抑郁的情绪和心境。

一般来讲，神经性抑郁症患者在病前大多能找到一些精神因素，如生活中的不幸遭遇，学习中遇到重大挫折和困难，在公共场合中自尊心受到严重伤害等。该症的发生与性格也有一定的关系。自尊心一向很强的人，在受到挫折后，很容易产生失望、自卑而发病；性格不开朗、多愁善感、好思虑、敏感性强、依赖性强的人，在精神因素作用下，也容易患上抑郁症。

克服抑郁症可以采用以下几种方法：一是学会将自己的忧伤、痛苦以恰当的方式宣泄出来，以减轻心理上的压力，例如倾诉、写日记、哭泣等，都可以减少心理负荷；二是多与其他同学交往，尝试从另一个角度看待自己所面临的问题，开阔视野；三是有意识地参加一些实实在在的活动，如体育锻炼、文化娱乐活动等，将自己从苦恼中解脱出来。

2. 焦虑症

焦虑症是一种常见的神经症。大学生进入新的环境，各方面都要重新开始适应和调整。如果对自己期望过高，压力过大，凡事患得患失，时间长了，就会产生持续性的焦虑不安、担心、恐慌，并且还伴有明显的运动性不安以及各种躯体上的不舒适感。患有焦虑症的人，其性格上也有一定的特点，大多胆小，做事瞻前顾后、犹豫不决，对新事物、新环境适应能力差。

患有焦虑症的人，常感到无明显原因、无明确对象、游移不定、范围广泛的紧张不安，经常提心吊胆，却又说不出具体原因。患者过分关心周围事物，注意力难以集中，从而使工作和学习效率明显下降。对焦虑症，一方面可进行药物治疗，另一方面可进行心理训练，如自我松弛训练、生物反馈疗法等，都有一定的效果。

3. 强迫症

强迫症是指患者在主观上感到某种不可抗拒和被迫无奈的观念、情绪、意向或行为存在。患有强迫症的人，明知某种行为或观念不合理，但却无法摆脱，因而非常痛苦。这种症状大多是由强烈而持久的精神因素及情绪体验诱发而来的，与患者以往的生活经历、精神创伤或幼年时期的遭遇有一定的联系。患强迫症的大学生多与其性格缺陷有关，如缺乏自信、遇事过分谨慎、生活习惯呆板、墨守成规、常怕出现不幸、活动能力差、主动性不足等。

行为疗法对治疗强迫症有一定效果。向患者解释精神生活中的各种知识，增强他们的自信心，对缓解症状有一定效果。

4. 神经衰弱

神经衰弱也是大学生中极为常见的心理障碍。它的特点是容易兴奋，迅速疲倦，并常常伴有各种躯体不适感和睡眠障碍。引起神经衰弱的原因，是长期存在的某些精神因素引起大脑机能活动的过度紧张，使精神活动的能力减弱。有易感素质和不良性格特征的人，更易患神经衰弱。大学生神经衰弱的发生，主要是因为缺乏面对现实的勇气和良好的适应能力，如学习负担过重、专业思想不稳定、个体自我调节失灵，对社会、对人生思虑过多，在家庭问题上、恋爱问题上犹豫徘徊等。所有这些，在患者头脑中产生了强烈的思想冲突，使得神经活动过程强烈而持久地处于紧张状态，超过了神经系统本身的张力所能忍受的限度，从而引起崩溃和失调。

患有神经衰弱的学生，要合理安排学习和生活作息时间，适当参加娱乐活动和体育锻炼，并进行必要的心理治疗，一般可以收到较好的效果。

二、大学生心理迷茫的根源

【案例直播】

> 　　怀着激动的心情，2013级大学新生小江进入了北京市某重点高校。可是入学仅一个多月，小江就觉得有些迷茫了，因为在原来的高中，小江是"鹤立鸡群"的，成绩拔尖的他有些自负。但是在大学里，他的成绩优势荡然无存，慢慢地，小江开始旷课玩游戏，学业受到了很大的影响。

几乎每一位学生都是带着希望与憧憬踏入大学校园的，然而，对于涉世未深的学生来说，要在最短的时间里适应既新鲜又陌生的大学生活，无疑是对个人心理素质和能力的考验。在这一时期，很多大学新生感到迷茫、困惑，这种心态常常被人们称为"新生迷茫"或"大一现象"。总的来说，大学新生产生迷茫心理的根源包括以下几点：

1. 理想与现实的差异

从孩子们开始懂事起，老师和家长们为了激励他们好好读书，会把大学描述得十分完美、神圣，所以他们心中对大学有如此想象：幽静的林荫小道，布置有序的石桌石凳，明亮的多媒体教室，笑声朗朗的宿舍，学识渊博的教授，多才多艺的同学，振奋人心的讲座，丰富多彩的业余生活……总之，大学是一个四处都洋溢着青春、自由和浪漫的天堂。

当真正来到大学的时候，他们发现现实的大学生活不过就是宿舍、食堂、教室、图书馆四点一线的单调生活，有时上课也十分乏味。加上有的高校硬件条件较差，如食堂伙食质量低下、寝室拥挤不堪等，从而形成了想象与现实的极大落差，致使一部分学生感到失望、惆怅，当初的壮志雄心很快灰飞烟灭，自己变得不知所措。

2. 学习和生活方式的转变

大学的学习方式与中学相比有着天壤之别，大学的学习对学生个体提出了更高的要求。在高中时期，应试教育主导着整个教学过程，学生唯一的目标是高考，学校的目标实质就是培养考试能手。在这种教育思想指导下，学校只注重考试分数高低，而忽视了学生综合素质和能力的培养。

进入大学后，脱离了家庭，要过集体生活，个人财物、个人卫生都得自行处理，这让很多同学束手无策。再者，由于依恋往日家庭的舒适生活，当生活和学习上遇到不如意之事时，一些同学就想家，甚至暗自哭泣想打道回府。因此，学习和生活方式上的突变是新生入学后产生迷茫的一个重要因素。

3. 社会角色的突变

现今，高考虽不再如千军万马挤独木桥，但对于金榜题名者来说，他们都是中学时代的佼佼者。在高中时期尤其是刚刚金榜题名之时，他们沐浴在一片赞赏声中，自我中心的优越感进一步膨胀。

正因如此，问题也随之而来，当踌躇满志的他们迈入强手云集的大学校园时，感到自己以往的优势微不足道。甚至当他们发现自己的学习成绩远不如自己的同学，在其他能力以及个人威信方面也不及别人时，往日的优越感很快消失，更多的是感到压抑、苦闷和失望，还会产生自卑感，怀疑自己的能力，入学前的宏伟计划和奋斗目标一下子全都蒸发掉了。这种角色的突变很容易使他们通过网络和游戏等无意义的事情来宣泄自己的情绪。

4. 对自己所学专业的失望

刚踏入大学校门，新生们难免会听到一些有关自己所学专业的反面议论，就认为自己入错了行，结果在很长时间内难以使自己的情绪安定下来。这种反差会导致心理失衡，使新生丧失学习动力，最后贻误了学业。

5. 人际交往中的障碍

孔子曰："独学而无友，则孤陋而寡闻。"融洽的人际关系不仅能赢得他人的尊重和关心，更能让处于困境中的人感受到温暖与希望。人际交往的障碍同样会导致大学生心理迷茫。

针对迷茫心理产生的根源，大学新生应该从自身找原因，提高自己的心理适应能力，早日跨出迷茫沼泽，促进身心的健康发展。

三、克服心理障碍的方法

1. 重构目标体系，激发学习动机

王夫之曾说过："志立则学思从之，故才日益而聪明日盛，成乎富有；志之笃，则气从其志以不倦而日新。"这句话告诉我们，只有立定志向，才能去认识事物，从事学习；只有立下大志，才能获得高深而丰富的知识和本领；只有立下坚定志向，才能有所发展。

2. 调动主观能动性，尽早适应大学生活

新生从高中进入大学，一下子很难适应大学较为自由宽松的学习氛围。因此，我们一定要真正认识大学生活的特点，充分利用好课余时间，多向学长们请教。

在大学校园里不得不提的一个问题——网络沉迷。网络既是新生用来打发时间的方式，也往往会成为更加迷茫的诱因。克服网络成瘾，最好的办法是提高我们自身的自制力，同时学会转移注意力，用阅读、运动、社团活动等取代网络游戏，从而自觉抵制网络的诱惑，学会适可而止。

3. 正确认识自我，建立和谐的人际关系

要在高职学院脱颖而出，除了学习和专业技能突出之外还得在社交、组织、社会实践等综合能力方面较为突出。因此，新生入学后一方面要明确大学教育的培养目标，另一方面要重新认识自己和周围的人，调整自己的心态，确立自己在班级、学校的新角色、新位置。

4. 摆脱专业困境，培养专业兴趣

刚入大学，由于接触的都是基础课程，很多同学对自己的专业是学什么、怎么学都不了解，听到一些有关专业的反面议论，就开始对自己的专业产生怀疑，走进了"专业困境"。对于这种情况，学校会邀请校内外的本专业学科带头人给同学们做讲座，帮助大家了解专业的研究对象、发展前景和当前国内外发展现状，帮助同学们进行学习规划。因此，凡有这样的培训机会千万不要错过。

第三节　健全人格——塑造完美的自己

大学是人生中最美好的时光，也是对今后人生发展影响最大的一段特殊时期。如何度过美好的大学时光，开端极为重要，防范大学时期的心理问题，塑造完美人格，就要从入学开始。

一、健全人格的意义

健全的人格是一个人素质的重要组成部分，也是一个人心理面貌的集中反映。作为国家进步发展的"接班人"，大学生的人格发展状况、人格所呈现的面貌不仅直接影响我们自身生活的质量，而且也间接地关系着整个人类社会是否能够健康、和谐地发展。

【案例直播】

> 2013年4月1日，复旦大学医学院硕士研究生黄洋因饮用寝室饮水机内含有有毒化合物的水发病，在医院抢救15天后，于16日下午身亡，警方初步认定嫌疑人为与他同宿舍的室友林某。在对此事的讨论尚未平息时，4月17日一早，南京航空航天大学金城学院又发生血案，该校自动化系的两名同宿舍学生发生口角，其中一人在冲突中被刺伤，抢救无效身亡。

【温馨提示】

作为适应未来社会需要的人才，我们不仅要有健康的身体、高尚的思想道德素质、扎实的科学文化知识，而且要有健全的人格。大学生身心发展正处于青年期，不仅身心会发生急剧的变化，自我意识也将由分化、矛盾冲突逐渐走向统一，这正是大学生人格发展、完善的重要时期。因此，对我们来说，塑造健全人格更有其现实意义。

二、影响人格形成的因素

大学生是承载着社会和家庭高期望的群体，自我成才欲望非常强烈，但其心理发展尚未成熟，缺乏社会经验，适应能力较差。欲望能与不能实现之间的矛盾，成为影响我们人格发展的主要因素。具体体现在以下方面：

1.不适当的家庭教育方法和教养方式

长期以来，在高考指挥棒的调遣下，学校和家长在教育我们的过程中往往采用应试教育的方法，只重视智力教育，而忽略了我们健全人格的培养。在教养方式上，相当一部分家长因为受教育程度较低，多采用简单、粗暴的传统的家长制手段。这种消极的教养方式，容易使子女形成敏感多疑、自卑易怒、抑郁焦虑、偏执敌对等不健康的品质。相当多的家长在子女考入大学后，将更多的精力转移到提供经济支持上，而对子女的心理问题则关注不够。近年来社会离婚率的提高，导致离异家庭的在校学生也逐年增多，这些缺少家庭温暖的学生，更易产生心理障碍。

2.社会现实的影响

市场经济中的激烈竞争在促进社会各方面飞速发展的同时，亦带来了一系列的社会问题，紧张的生活节奏和巨大的工作压力使人感到精神压抑、身心疲惫。改革开放给我们的发展提供了广阔的良好机遇，但随之出现的一系列社会不良现象亦使我们在心理上产生了诸多矛盾，甚至切身感受到社会转型期的阵痛，这使得我们人格的弱点浮现出来，形成心理疾患。

三、人格障碍的定义

人格障碍，与健康人格相对应，是指在没有认知障碍或智力缺陷的情况下，人格偏离正常性已远远超出了正常的变动范围。著名的精神病学家施耐德对人格障碍的定义是"人格障碍是一种人格异常，由于其人格的异常而妨碍其人际关系，甚至给社会造成危害，或给本人带来痛苦"。

【案例直播】

例一：菲菲是一名刚上大一的女孩子，今年19岁。她从小到大都跟父母生活在一起，一切事情都是父母帮她照料，甚至衣服鞋袜都是妈妈帮忙洗。

进入大学后，由于生活中缺少了父母的帮助，菲菲很多事情都不会办，经常引来同学们异样的眼光。并且菲菲经常梦到和父母生活的日子，梦到和同学们一起的快乐生活，醒来后的现实让她黯然流泪。对于这种情况，菲菲不知该怎么办。

例二：小龙是某高职院校一年级的学生，来自农村，在家排行最小，上有三个哥哥，爸爸和哥哥脾气都很暴躁，从小经常打骂他。第一次高考落榜后，他选择了附近地区的一所学校复读。由于不爱说话，经常受到同学们的冷嘲热讽，使他的心理受到很大的创伤。上了大学后，刚好又与来自同一所高中的同学分在同一间宿舍，这让他十分难受，辅导员已经几次为他调整宿舍，但他仍与同学相处不好，认为同学都排斥自己。

【温馨提示】

一般来说，人格障碍具有以下几个特点：

(1)主要表现为情感和意志障碍，但思维和智能并无异常，一般始于青春期。

(2)紊乱不定的心理特点和难以与人相处的人际关系，这是各类人格障碍患者最主要的行为特征。

(3)遇到困难时，不是积极地解决问题，而是想方法设法推卸责任，将其归咎为命运的捉弄或他人的过错，从而使自己处于摆脱尴尬处境或假象中的两难处境。

(4)没有责任心和责任感，对别人造成了伤害，仍做出自以为是的辩护。

(5)认知、行为等具有绝对的恒定和一致性。

(6)缺乏自知，不能从生活经验中吸取教训。

(7)不会自我感知到人格上存在障碍。

专家认为人格障碍可分为未成熟型和成熟型两大类。前者包括反社会型、冲动型、癔症型、依赖型、自恋型等，随着年龄的增长，情况趋向缓和；成熟型有强迫型、偏执型、分裂型、回避型等，不因年龄的增长而改变。

1.偏执型人格障碍

偏执型人格障碍的典型特征是有明显的猜疑和偏执，其特点是主观、固执、敏感、多疑、心胸狭隘、报复心强。一方面，骄傲自大，自命不凡，总以为自己怀才不遇，自我评价甚高；另一方面，在遇挫折失败时，又过分敏感，怪罪他人，推诿责任，很容易与他人发生冲突与争执。患者把生活中本来与自己无关的事件都认为是针对自己的，对现实生活中或想象中的耻辱特别敏感多疑。

2. 分裂型人格障碍

分裂型人格障碍以极端孤僻、社交退缩、情感冷酷，对人缺少感情为主要特征。患者对生活缺乏热情和兴趣，对喜事缺乏愉快感，对人冷淡，缺乏知音，我行我素，很少与人来往，过分沉湎于幻想。

3. 强迫型人格障碍

强迫性人格障碍以要求严格和完美为主要特点。做事过分谨慎与刻板，事先反复计划，事后反复检查，不厌其烦。平时犹豫不决，优柔寡断。不合理地坚持要求别人严格服从或按照自己的方式做事，否则就极不愉快。表现为过分谨慎、刻板、无业余爱好、缺乏愉快和满足体验，较易内疚或悔恨自己。

4. 冲动型人格障碍

冲动型人格障碍又称爆发型或攻击型人格障碍，是一种以行为与情绪有明显冲动性为主要特征的人格障碍。发作前没有先兆，不考虑后果，不能自控，易与他人发生冲突。发作之后能认识到不对，间歇期一般表现正常。

5. 反社会型人格障碍

反社会型人格障碍又称悖德型人格障碍，以行为不符合社会规范为主要特点。这种人感情冷淡，对人缺乏同情、漠不关心，缺乏正常的人间爱；挫折耐受性差，轻微刺激即可引起冲动行为；即使给别人造成痛苦，也很少感到内疚，缺乏罪恶感，因此常发生不负责任的行为，甚至是违法乱纪的行为，屡教不改。

6. 依赖型人格障碍

依赖型人格障碍缺乏独立性，感到自己无助、无能和缺乏精力，生怕被人抛弃；将自己的需要依附于别人，过分顺从别人意志；要求和容忍他人安排自己的生活，当亲密关系终结、中断联系或孤独时则有被毁灭和无助的体验，易与他人发生冲突；有一种将责任推给他人来对付逆境的倾向。

7. 癔症型人格障碍

癔症型人格障碍又称表演型人格障碍，其典型的特征表现为心理发育的不成熟性，特别是情感过程的不成熟性。具有这种人格障碍的人的最大特点是做作、情绪表露过分，总希望引起别人的注意。

8. 焦虑型人格障碍

焦虑型人格障碍又称回避型人格障碍，此类人的特征是长期和全面地脱离社会关系。他们回避社交，特别是涉及较多人际关系的职业活动。他们害怕被取笑、嘲弄和羞辱；自感无能，过分焦虑和担心，怕在社交场合被批评和拒绝。

9.自恋型人格障碍

这类人大多有以自我为中心的特点，表现为自我重视、夸大其词、缺乏同情心，对别人的评价过分敏感等。他们一听到别人的赞美之词，就沾沾自喜；反之，则会暴跳如雷。他们对别人的才智十分嫉妒，有一种"我不好，也不让你好"的心理；在和别人相处时，很少设身处地地理解别人的情感和需求。由于缺乏同情心，所以人际关系很糟，容易产生孤独抑郁的心情，加之他们有不切实际的高目标，往往易在各方面遭受失败。

10.不成熟型人格障碍

这类人情绪幼稚，依赖性极强；以自我为中心，缺乏道德感、义务感，对别人缺乏同情心；不遵守社会道德，甚至胡作非为，不讲道理；不善于与人相处、不珍惜友谊；自我欣赏，自以为是，听不得一点批评意见；适应能力差，习惯于让别人照顾自己，如处境不良或遭受挫折，则容易自暴自弃、轻率自杀，或暴怒发狂、伤害别人。

四、健康人格的塑造

健康人格是指个人在其生活经历中以其生活方式和生活风格逐步建立起来的一种自我意识，是人的世界观、心理素质、道德修养等方面的综合体现和重要标志，也是人能够准确把握自己、寻找适合自己发展的社会位置以及获得他人尊重和好感的基础。

【案例直播】

王某是某高校大一学生，性格不好，脾气暴躁，动不动爱发脾气。对于这种情况，他也不知道为什么。按照他自己的说法，一遇到让自己生气的事情，就很容易爆发出来，不管不顾地出一通气。也正是他的这种脾气，使他跟周围的同学关系非常僵。可是每次事后，王某也为自己的行为感到后悔，但就是控制不住自己的脾气，王某为此感到十分苦恼。

【温馨提示】

健康人格的标准可分为理想标准和相对标准。健康人格的理想标准就是人格的生理、心理、社会、道德和审美各要素完美地统一、平衡、协调。但从相对意义上讲，不同时代、不同的社会条件有相对应的健康人格标准。一般来说，以下标准必不可少：

1. 和谐的人际关系

人际关系最能体现一个人人格健康的程度。人格健康的人乐于与他人交往，并与他人建立良好的关系；与人相处时，尊敬、信任等正面态度多于嫉妒、怀疑等消极态度。健康的人常常以诚恳、公平、谦虚、宽容的态度尊重他人，受到他人的尊重与接纳。

2. 良好的社会适应能力

社会适应能力反映了人与社会的协调程度。人格健康的人能够和社会保持良好密切的接触，以一种开放的态度，主动关心社会，了解社会；在认识社会的同时，使自己的思想、行为跟上时代的发展，与社会的要求相符合，能很快适应新的环境。

3. 正确的自我意识

自我意识是个体对自己和自己与他人、与周围世界关系的认识。具有健康人格的人对自己有恰如其分的评价，充满自信、扬长避短，在日常生活中能有效地调节自己的行为，使之与环境保持平衡。缺乏正确自我意识的人则常常表现出自我冲突、自我矛盾，或者自视清高、妄自尊大，做力不能及的工作，或者自轻自贱、妄自菲薄，甘愿放弃一切可以努力的机遇。

4. 乐观向上的生活态度

积极的人生态度是人类在社会实践中获得的本质力量的表现。乐观的人常常能看到生活的光明面，对前途充满希望和信心，对自己所从事的工作或学习抱有浓厚的兴趣，并在其中发挥自身的智慧和能力。即使在遇到困难和挫折时，也能不畏艰险，勇于拼搏。大学生的主要任务是学习，因而对学习的兴趣如何可以反映出其对生活的基本倾向。人格健康的学生对学习怀有浓厚的兴趣，观察敏锐、注意集中、想象丰富、充满信心、勇于克服困难，通过刻苦、严谨的学习过程，获得学习的满足感和成就感。

5. 良好的情绪调控能力

情绪标志着人格的成熟程度。人格健康的人情绪反应适度，具有调节和控制情绪的能力，经常保持愉快、满意、开朗的心境，并富有幽默感。

根据以上标准，我们可以这样理解：大学生健康人格的塑造，一是要服从人格健康发展的需要；二是要服从现代化建设和社会进步的需要。这是大学生人格塑造的基本原则和指导思想,也是鉴别大学生健康人格塑造效果的尺度。

那么,大学生应该如何塑造健康人格呢?

(1)保持开朗的心境,学会控制和调节自己的情绪,建立健康的情绪状态。

(2)磨炼意志,自觉主动地控制自己的行为,培养经受挫折的耐受力。不盲目冲动,不消极低沉,始终保持乐观的生活态度。

(3)注意性格完善,自觉检查、修正自己的性格缺点,培养健康的性格模式。

(4)养成良好的思维品质,具有独立分析问题和解决问题的能力。

(5)培养良好的情操,加强思想品德修养,树立科学的世界观、人生观,注重社会实践,提高自身综合素质。

第十章　制度篇

　　现代管理学之父泰勒认为，达到最高工作效率的重要手段，是用科学的管理方法代替旧的经验管理方法。德鲁克则认为通过授权、信任和激励可以达成高效率工作。我校在学生管理制度建设中，一直在努力实现制度建设的全面性、规范性、严谨性，并在制度设计中充分体现学生的主体性、主动性和创造性。我校学生管理制度的制定，贯彻依法治校原则，同时，充分相信学生、引导学生，全面落实"立德树人"，坚持用社会主义核心价值观引领学生。由于篇幅受限，本章只遴选了在学生常规管理、奖惩与资助、权益与保障、活动与拓展等方面使用频率较高、有总领意义的 30 个制度条文，同学们可以登录学校学工部网页查询其他的细则办法。希望同学们认真学习学校的各项规章制度，并转化为自己的思考与实际行动，度过一个安全、舒心、愉快、奋进的大学阶段。

第一节　学校总则

一、湖南艺术职业学院学生管理规定（根据《普通高等学校学生管理规定》〔教育部令 41 号〕制定）

第一章　总　则

　　第一条　为规范我校学生管理行为，维护学校正常的教育教学秩序和生活秩序，保障学生合法权益，培养德、智、体、美等方面全面发展的社会主义建设者和接班人，依据《教育法》《高等教育法》《普通高等学校学生管理规定》（教育部令 41 号）以及有关法律法规，制定本规定。

　　第二条　本规定适用于我校对接受普通高等学历教育的专科（高职）学生的管理，中等职业学历学生、"3+2"高等职业教育（即五年制大专）前三年学生

(以下称学生)依照本规定执行。

第三条 学校坚持社会主义办学方向,坚持马克思主义的指导地位,全面贯彻国家教育方针;坚持以立德树人为根本,以理想信念教育为核心,培育和践行社会主义核心价值观,弘扬中华优秀传统文化和革命文化、社会主义先进文化,培养学生的社会责任感、创新精神和实践能力;坚持依法治校,科学管理,健全和完善管理制度,规范管理行为,将管理与育人相结合,不断提高管理和服务水平。

第四条 学生应拥护中国共产党领导,努力学习马克思列宁主义、毛泽东思想、中国特色社会主义理论体系,深入学习习近平总书记系列重要讲话精神和治国理政新理念新思想新战略,坚定中国特色社会主义道路自信、理论自信、制度自信、文化自信,树立中国特色社会主义共同理想;树立爱国主义思想,具有团结统一、爱好和平、勤劳勇敢、自强不息的精神;增强法治观念,遵守宪法、法律、法规,遵守公民道德规范,遵守学校管理制度具有良好的道德品质和行为习惯;刻苦学习,勇于探索,积极实践,努力掌握现代科学文化知识和专业技能;积极锻炼身体,增进身心健康,提高个人修养,培养审美情趣。

第五条 学校依法依规实施学生管理,尊重和保护学生的合法权利,教育和引导学生承担应尽的义务与责任,鼓励和支持学生实行自我管理、自我服务、自我教育、自我监督。

第二章 学生的权利与义务

第六条 学生在学校期间依法享有下列权利:

(一)参加学校教育教学计划安排的各项活动,使用学校提供的教育教学资源;

(二)参加社会实践、志愿服务、勤工助学、文娱体育及科技文化创新等活动,获得就业创业指导和服务;

(三)申请奖学金、助学金、减(免)学费及助学贷款;

(四)在思想品德、学业成绩等方面获得科学、公正评价,完成学校规定学业后获得相应的学历证书;

(五)在学校内组织、参加学生团体,以适当方式参与学校管理,对学校与学生权益相关事务享有知情权、参与权、表达权和监督权;

(六)对学校给予的处理或者处分有异议,向学校、教育行政部门提出申诉,对学校、教职员工侵犯其人身权、财产权等合法权益的行为,提出申诉或者依法提起诉讼；

（七）法律、法规及学校章程规定的其他权利。

第七条　学生在学校期间依法履行下列义务：

（一）遵守宪法和法律、法规；

（二）遵守学校章程和规章制度；

（三）恪守学术道德，完成规定学业；

（四）按规定缴纳学费及有关费用，履行获得贷学金及助学金的相应义务；

（五）遵守学生行为规范，尊敬师长，养成良好的思想品德和行为习惯；

（六）法律、法规及学校章程规定的其他义务。

第三章　学籍管理

第一节　入学与注册

第八条　按国家招生规定录取的新生，持录取通知书，按学校有关要求和规定期限到校办理入学手续。新生因故不能按期入学的，应提前向学校招生部门请假，请假时间一般不超过 4 周。未请假或者请假逾期的，除因不可抗力等正当事由以外，视为放弃入学资格。

第九条　学校在报到时对新生入学资格进行初步审查，审查合格的办理入学手续，予以注册学籍；审查发现新生的录取通知、考生信息等证明材料，与本人实际情况不符，或者有其他违反国家招生考试规定情形的，取消入学资格。

第十条　新生在入学校前因家庭重大变故或学生本人出现不适宜入学或已创新创业的，本人或法定监护人可以向学校提交相关证明材料申请保留入学资格，保留时间为 1 年。保留入学资格期间不具有学籍，不享有本规定第六条、第七条之权利、义务。

新生保留入学资格期满应提前向学校申请入学，经学校审查合格后，办理入学手续，审查不合格的，取消入学资格；逾期不办理入学手续且未有因不可抗力延迟等正当理由的，视为放弃入学资格。

第十一条　学生入学后，学校在 3 个月内按照国家招生规定进行复查。复查内容主要包括以下方面：

（一）录取手续及程序等是否合乎国家招生规定；

（二）所获得的录取资格是否真实、合乎相关规定；

（三）本人及身份证明与录取通知、考生档案等是否一致；

(四)身心健康状况是否符合报考专业或者专业类别体检要求,能否保证在学校正常学习、生活;

(五)艺术表演类专业或其他有特定要求的专业学生其专业水平是否符合录取要求。复查中发现学生存在弄虚作假、徇私舞弊等情形的,确定为复查不合格,取消学籍;情节严重的,学校移交有关部门调查处理。

复查中发现学生身心状况不适宜在校学习,经学校指定的二级甲等以上医院诊断,需要在家休养的,可以按照第十条的规定保留入学资格。

第十二条 每学期开学时,学生应当按学校规定办理注册手续。不能如期注册的,应当向所属二级学院请假,履行暂缓注册手续。未按学校规定缴纳学费、请假时间超过 4 周或有其他不符合注册条件的,不予注册。

学校制定《湖南艺术职业学院学生资助工作条例》,通过国家助学贷款、学费减(免)、学校助学金、特殊困难补助、勤工助学等方式为学生提供经济援助,保证学生不因家庭经济困难而放弃学业。

第二节 考核与成绩记载

第十三条 学生应当参加学校教育教学计划规定的课程和各种教育教学环节(以下统称课程)的考核,考核成绩记入成绩册,并归入学籍档案。

学校课程考核分为考试和考查两种。每学期考试、考查课程按教学计划实施。考试课程成绩实行百分制,60 分及以上为及格,60 分以下为不及格;考查课程成绩实行等级制,分优秀、良好、及格、不及格四个等级。对考核不及格的课程,学生可以参加补考,补考成绩归入学籍档案。学校安排每学期开学初进行一次在校生补考、每年 5 月进行一次应届毕业生补考。补考未及格的应届毕业生不予发放毕业证,允许其在次年 5 月再参加一次补考,补考及格,发放毕业证,补考不及格,不再核发毕业证。

学生因特殊原因不能按时参加当期课程考核,应事先向学校申请办理缓考手续,经批准后可进行补考,成绩视为本课程第一次考试成绩。未履行缓考手续的学生当期课程考试记零分。

第十四条 学生思想品德、日常行为操守的考核、鉴定,以本规定第四条为主要依据,采取个人小结、师生民主评议等形式进行。

学生体育成绩评定突出过程管理,根据考勤、课内教学、课外锻炼活动和体质健康等情况综合评定。

第十五条 学生须按教学计划规定完成所修课程(学分)。实行学年制教学管理的专业,学生学年所修课程经学校考核为及格或在一学年内经第一次补考后不及格课程在 3 门及以内者，可正常升级；不及格课程在 4 门及以上者，视具体情况实行留级；对成绩较差、学习跟不上教学进度的学生，经本人申请、学校批准，可以降级。实行学分制教学管理的专业不实行降、留级制度。

第十六条　学生根据学校有关规定，可以申请辅修学校内其他专业或者选修其他专业课程，参加学校认可的开放式网络课程学习。学生修读的课程成绩（学分），学校审核同意后，予以承认。

第十七条　学校鼓励、支持和指导学生参加社会实践、创新创业活动，建立创新创业档案，设置创新创业学分。学生参加创新创业、社会实践等活动以及发表论文、获得专利授权等与专业学习、学业要求相关的经历、成果，可以折算为学分，计入学业成绩。

第十八条　学校健全学生学业成绩和学籍档案管理制度，真实、完整地记载、出具学生学业成绩，对通过补考、重修获得的成绩，予以标注。

学生严重违反考核纪律或者作弊的，该课程考核成绩记为无效，并视其违纪或者作弊情节，给予相应的纪律处分。给予警告、严重警告、记过及留校察看处分的，经教育表现较好，给予该课程补考或者重修机会。

学生因退学等情况中止学业，其在校学习期间所修课程及已获得学分，学校予以记录。学生重新参加入学考试、符合录取条件，再次入学的，其已获得成绩（学分），经学校认定，可以予以承认。

第十九条　学生应当按时参加教育教学计划规定的活动。不能按时参加的，应当事先请假并获得批准。无故缺席 5 分钟内计迟到（早退），超过 5 分钟的计为旷课，学校给予批评教育，情节严重的，给予相应的纪律处分。学生旷课时间按课程表规定的上课时数计算，对以天或周安排的实践性教学活动，按每天 4 课时计算，对一年内旷课累计达到 10 课时以上者（3 次退到早退计 1 课时旷课），给予下列处分：

（一）旷课 10 课时及以上，不到 20 课时的，给予警告处分；

（二）旷课 20 课时及以上，不到 30 课时的，给予严重警告处分；

（三）旷课 30 课时及以上，不到 40 课时的，给予记过处分；

（四）旷课 40 课时及以上，不到 60 课时的，给予留校察看处分；

（五）旷课 60 课时及以上视为放弃学籍，按退学处理，情节恶劣者，作开除处理。

第二十条　学校开展学生诚信教育，记录学生学业、学术、品行等方面的诚信信息，对失信行为予以批评教育、诫勉谈话；对有严重失信行为的，按规定给予相应的纪律处分；对违背学术诚信的，对其获得的学术称号、荣誉等限制处理。

第三节　转专业与转学

第二十一条　学生在学校学习期间对其他专业有兴趣和专长的，个人申请、资格审查并履行相关手续可以转专业。学校根据社会对人才需求情况的发展变化，适当调整专业的，允许在读学生转到相关专业就读。

（一）专科（高职）学生新生入校后第一个学期不允许转专业，第二个学期开学可以申请转专业；毕业学年不允许转专业。专业可以在本校同类专业范围内选择，其中，不同学制之间不得转专业、学习类别不同不能转专业。

（二）"3+2"高等职业教育（即五年制大专）属特殊招生形式，入校注册后不允许转专业；

（三）中等职业学历新生入校后第一个学期不允许转专业，第二个学期开学可以申请转专业；三年级及以上不允许转专业。专业可以在本校同类专业范围内选择，其中，不同学制之间不得转专业、学习类别不同不能转专业。

学校每学年对转专业情况进行公示。休学创业或退役后复学的学生，因自身情况需要转专业的，学校予以优先考虑。

第二十二条　学生一般应当在本校完成学业。因患病或者有特殊困难、特别需要，无法继续在本校学习或者不适应本校学习要求的，可以申请转学。有下列情形之一，不得转学：

（一）入学未满一学期或者毕业前一年的；

（二）高考成绩低于拟转入学校相关专业同一生源地相应年份录取成绩的

（三）由低学历层次转为高学历层次的；

（四）以定向就业招生录取的；

（五）应当退学或无正当转学理由的。

学校因培养条件改变等非本人原因需要转学的，学校出具证明，报省教育厅协调后转学到同层次学校。

第二十三条　学生转学由学生本人提出申请，说明理由，经学校和拟转入学校同意，由转入学校负责审核转学条件及相关证明，可以转出。

第二十四条　学校对转学情况及时进行公示，转入学生在转学完成后3个月内由学校报省教育行政部门备案。

第四节　休学与复学

第二十五条　学生因特殊原因，经本人申请并办理相关手续，可以在学校分阶段完成学业,但学生在学校最长年限不得超过规定学制 3 年(含休学和保留学籍,参军入伍学生服役时间不计入)。

学生申请休学或者学校认为应当休学的,经学校批准,可以休学。学生在校学习期间,休学次数不得超过 2 次,每次休学期限一般为 1 年,学期中途不可休学。

第二十六条　学校根据实际情况建立并实行灵活的学习制度。对休学创业的学生,如系学年制专业,休学时间不得超过 2 年;如系学分制专业,在校学习年限不得超过规定学制 3 年。

第二十七条　新生和在校学生应征参加中国人民解放军(含中国人民武装警察部队),个人申请并办理相关手续,学校保留其入学资格或者学籍至退役后 2 年,退役后学生 2 年内须办理复学或入学手续。

学生参加学校组织的跨校联合培养项目,在联合培养学校学习期间,学校同时为其保留学籍。

学生保留学籍期间,学校与其实际所在的部队学校等组织建立管理关系。

第二十八条　休学学生须办理手续离校。学生休学期间,学校为其保留学籍,但不享受在校学习学生待遇。因病休学学生的医疗费按国家及有关规定处理。

第二十九条　学生休学期满前应当于学校规定的期限内提出复学申请,经学校复查合格,方可复学。

第五节　退　学

第三十条　学生有下列情形之一,学校可予退学处理

(一)学业成绩在一年内经第一次补考后不及格课程门数在 6 门及以上者,或超过规定学制年限 3 年以上(经批准的特殊情况除外)未完成学业的;

(二)休学、保留学籍期满,在学校规定期限内未提出复学申请或者申请复学经复查不合格的;

(三)根据学校指定医院诊断,患有疾病或者意外伤残不能继续在学校学习的;

(四)未经批准连续两周未参加学校规定的教学活动的;

(五)超过学校规定期限未注册而又未履行暂缓注册手续的;

(六)不能完成学业、应予退学的其他情形。

学生本人申请退学的,经学校审核同意后,办理退学手续。

第三十一条　退学学生须按学校规定期限办理退学手续离校,学校及时予以公示。退学学生的档案由学校退回其家庭所在地,户口按照国家相关规定迁回原户籍地或者家庭户籍所在地。

第六节　毕业与结业

第三十二条　学生在学校规定学习年限内，修完教育教学计划规定内容，成绩合格，达到学校毕业要求的，学校准予毕业，并在学生离校前发给毕业证书。

实行学分制教学管理专业的学生提前完成教育教学计划规定内容，获得毕业所要求的学分，且在校期间获得过一次"国家奖学金"或"湖艺杰出青年"称号的学生，可以申请提前毕业。

第三十三条　学生在学校规定学习年限内，修完教育教学计划规定内容，但未达到学校毕业要求的，学校准予结业，发给结业证书。对退学学生，个人申请，学校发给肄业证书或者写实性学习证明。

第七节　学业证书管理

第三十四条　学校严格按照招生时确定的办学类型和学习形式，以及学生招生录取时填报的个人信息，填写、颁发学历证书及其他学业证书。

学生在校期间变更姓名、出生日期等证书需填写的个人信息的，应当入校后两年内提出，需有合理、充分的理由，并提供有法定效力的相应证明文件。学校经与学生生源地省级教育行政部门及有关部门核查后无误后方予以变更。

第三十五条　学校执行省教育部门学籍学历电子注册管理制度，严肃学籍学历信息管理，按相关规定及时完成学生学籍学历电子注册。

第三十六条　对完成本专业学业同时辅修其他专业并达到该专业辅修要求的学生，由学校发给辅修专业证书。

第三十七条　对违反国家招生规定取得入学资格或者学籍的，学校取消其学籍，停发学历证书；已发的学历证书，学校依法予以撤销。对以作弊、剽窃、抄袭等学术不端行为或者其他不正当手段获得学历证书的，学校依法予以撤销。被撤销的学历证书、学位证书已注册的，学校予以注销并报教育行政部门宣布无效。

第三十八条　学生学历证书遗失或者损坏，经本人申请，学校核实后出具相应的证明书。证明书与原证书具有同等效力。

第四章　校园秩序与课外活动

第三十九条　学校、学生应当共同维护校园正常秩序，保障学校环境安全、稳定，保障学生的正常学习和生活。

第四十条　学校建立和完善学生参与管理的组织形式，通过"学生代表大会""书记、校长面对面""学生评教"等形式，支持和保障学生依法、依章程参与学校民主管理。

第四十一条　学生应当自觉遵守公民道德规范，自觉遵守学校管理制度，创造和维护文明、整洁、优美，安全的学习和生活环境，树立安全风险防范和自我保护意识，保障自身合法权益。

第四十二条　学生不得有酗酒、打架斗殴、赌博、吸毒，传播、复制、贩卖非法书刊和音像制品等违法行为；不得参与非法传销、校园贷和进行邪教、封建迷信活动；不得从事或者参与有损大学生形象、有悖社会公序良俗的活动。

发现学生在校内有违法行为或者严重精神疾病可能对他人造成伤害的，学校依法采取或者协助有关部门采取必要措施。

第四十二条　学校坚持教育与宗教相分离原则。任何组织和个人不得在学校进行宗教活动。

第四十四条　学校建立健全学生代表大会制度，为学生会等学生组织开展活动提供必要条件，支持其在学生管理中发挥作用。

学生可在学校内成立、参加学生团体。学生成立团体，应当按学校有关规定提出书面申请，报学校批准并施行登记和年检制度。

学生团体应当在宪法、法律、法规和学校管理制度范围内活动，接受学校的领导和管理。学生团体邀请校外组织、人员到校举办讲座等活动，需经学校批准。

第四十五条　学校提倡并支持学生及学生团体开展有益于身心健康、成长成才的学术、科技、艺术、文娱、体育等活动。

学生进行课外活动不得影响学校正常的教育教学秩序和生活秩序。学生参加勤工助学活动应当遵守法律、法规以及学校、用工单位的管理制度，履行勤工助学活动的有关协议。

第四十六条　学生举行大型集会、游行、示威等活动，应当按法律程序和有关规定获得批准。对未获批准的，学校依法劝阻或制止。

第四十七条　学生应当遵守国家和学校关于网络使用的有关规定，不得登录非法网站和传播非法文字、音频、视频资料等，不得编造或者传播虚假、有害信息；不得攻击、侵入他人计算机和移动通信网络系统。

第四十八条　学校严格规范学生住宿管理制度，学生应当遵守学校关于学生住宿管理的规定，按时归寝、文明住寝。学校鼓励和支持学生通过制定"文明公约"、创建"文明宿舍"等载体，实施自我管理、自我服务、自我教育，促进建立和谐人际关系。

第四章 奖励与处分

第四十九条 学校制定《湖南艺术职业学院学生奖励条例》，对在德、智、体、美等方面全面发展或者在思想品德、学业成绩、参军入伍、创新创业、基层就业、技能竞赛、志愿服务及社会实践等方面表现突出的学生，给予表彰和奖励。

第五十条 学校对学生的表彰和奖励采取授予"三好学生""优秀学生干部"称号和其他荣誉称号、颁发奖学金等多种形式，给予相应的精神鼓励或物质奖励。学校对学生予以表彰和奖励，以及确定推优入党、国家奖学金、国家励志奖学金、公派访问留学人选等行为，按照公开、公平、公正的原则并完善选拔、公示等制度。

第五十一条 对有违反国家法律法规、本规定以及学校纪律行为的学生，学校给予批评教育，并视情节轻重，给予如下纪律处分：

(一)警告；

(二)严重警告；

(三)记过；

(四)留校察看；

(五)开除学籍。

第五十二条 学生有下列情形之一，学校可以给予开除学籍处分：

(一)违反宪法，反对四项基本原则、破坏安定团结、扰乱社会秩序的；

(二)触犯国家法律，构成刑事犯罪的；

(三)受到治安管理处罚，情节严重、性质恶劣的；

(四)代替他人或者让他人代替自己参加考试、组织作弊、使用通信设备或其他器材作弊、向他人出售考试试题或答案牟取利益，以及其他严重作弊或扰乱考试秩序行为的；

(五)毕业论文、公开发表的研究成果存在抄袭、篡改、伪造等学术不端行为，情节严重的，或者代写论文、买卖论文的；

(六)违反国家有关规定、学校规定，严重影响学校教育教学秩序、生活秩序以及公共场所管理秩序的；

(七)侵害其他个人、组织合法权益，造成严重后果的；

(八)屡次违反学校规定受到纪律处分，经教育不改的。

第五十三条 学校对学生做出处分出具处分决定书。处分决定书包括下列内容：

（一）学生的基本信息

（二）做出处分的事实和证据；

（三）处分的种类、依据、期限；

（四）申诉的途径和期限；

（五）其他必要内容。

第五十四条 学校制定《湖南艺术职业学院学生违纪处分条例》，给予学生处分，坚持教育与惩戒相结合的原则，与学生违法、违纪行为的性质和过错的严重程度相适应，做到证据充分、依据明确、定性准确、程序正当、处分适当。

第五十五条 在对学生做出处分或者其他不利决定之前，学校告知学生做出决定的事实、理由及依据，并告知学生享有陈述和申辩的权利，听取学生的陈述和申辩。处理、处分决定以及处分告知书等直接送达学生本人，学生拒绝签收的，以留置方式送达；已离校的，采取邮寄方式送达；难于联系的，利用学校网站、新闻媒体等以公告方式送达；已离校的，采取邮寄方式送达；难于联系的，利用学校网站、新闻媒体等以公告方式送达。

第五十六条 对学生做出取消入学资格、取消学籍、退学、开除学籍或者其他涉及学生重大利益的处理或者处分决定的，由校长办公会或者校长授权的专门会议研究决定。

第五十七条 除开除学籍处分以外，学生处分期限一般为 6 到 12 个月，处分期限到期按个人申请、班级评议、二级学院及相关部门审议、学工部审核、校长办公会或校长授权相关会议研究的程序予以解除。解除处分后，学生获得表彰、奖励及其他权益，不再受原处分的影响。

第五十八条 对学生的奖励、处理、处分及解除处分材料，学校真实完整地归入学校文书档案和本人档案。

被开除学籍的学生，由学校发给学习证明。学生按学校规定期限离校，档案由学校退回其家庭所在地，户口按照国家相关规定迁回原户籍地或者家庭户籍所在地。

第五章 学生申诉

第五十九条 学校成立学生申诉处理委员会，负责受理学生对处理或者处分决定不服提起的申诉。

学生申诉处理委员会由学校相关负责人、职能部门负责人、教师代表、学生代表、负责法律事务的相关机构负责人等组成，必要时聘请校外法律、教育等方面专家参加。

第六十条　学生对学校的处理或者处分决定有异议的，可以在接到学校处理或者处分决定书之日起 10 日内，向学校学生申诉处理委员会提出书面申诉。

第六十一条　学生申诉处理委员会对学生提出的申诉进行复查，并在接到书面申诉之日起 15 日内做出复查结论并告知申诉人。情况复杂不能在规定限期内做出结论的，经学校负责人批准，可延长 15 日。学生申诉处理委员会认为必要的，可以建议学校暂缓执行有关决定。

学生申诉处理委员会经复查，认为做出处理或者处分的事实、依据、程序等存在不当，可以做出建议撤销或变更的复查意见，要求相关职能部门予以研究，重新提交校长办公会或者专门会议做出决定。

第六十二条　学生对复查决定有异议的，可在接到学校复查决定书之日起 15 日内向省教育行政部门提出书面申诉。

第六十三条　自处理、处分或者复查决定书送达之日起，学生在申诉期内未提出申诉的视为放弃申诉，学校或省教育行政部门不再受理其提出的申诉。

第六十四条　学生认为学校及其工作人员违反本规定，侵害其合法权益的；或者学校制定的规章制度与法律法规和本规定抵触的，可以向省教育行政部门投诉。

第六章　附　则

第六十五条　学校对接受高等学历继续教育的学生、港澳台侨学生、留学生的管理参照本规定执行。

第六十六条　本规定自 2017 年 9 月 1 日起施行，解释权在学校学生工作部。原有关文件规定与本规定不一致的，以本规定为准。

二、湖南艺术职业学院学生行为守则

第一部分　讲政治、有爱心

第一条　爱国爱党，政治合格。坚决拥护党的路线、方针、政策，坚持四项基本原则，努力践行社会主义核心价值观，树立正确的人生观、世界观、价值观，成为有理想、有道德、有文化、有纪律的社会主义接班人。

第二条　热爱学校，热爱集体。培养和树立集体荣誉感和主人翁意识，坚持集体主义原则，反对个人主义，反对损人利己行为。积极参加学校、各二级学院和班团开展的各项有益活动。

第三条　尊敬师长，团结同学。尊师重教，守时践诺，见到老师，主动问好，言谈举止，文雅得体；同学间友好相处，互相帮助，豁达宽容。

第四条　知行合一，懂得感恩。孝敬父母，尊敬长辈，保持与父母密切联系，加强情感沟通。生活俭朴，杜绝浪费，珍惜他人和社会劳动成果。刻苦钻研，勤奋学习，热爱劳动，努力提高综合素质和社会适应能力。

第五条　自尊自爱，人格健全。诚实守信，严于律己；自尊自爱，身心健康。增强法制意识、规范意识和自我防范意识，不断提升自我保护能力，专心学习，积极实践，勇于创新。

第二部分　守秩序、讲文明

第六条　自觉维护校园稳定。不参与任何有损学校荣誉，危害校园稳定，干扰教学与生活秩序的活动；严禁乱发表、宣传各种不利于稳定和团结的广告、海报、言论和文字第七条自觉遵守校区秩序。有序出入校门、教学区、生活区；严禁乱扔垃圾；自觉排队，不准拥挤穿插，文明就餐、安全乘坐电梯；严禁打架斗殴、寻衅滋事、敲诈勒索、赌博、酒、偷盗等。

第八条　珍惜保护公共财产。注意节水节电，不准损毁强电、弱电、水网、消防、监控、电梯、楼道等装置设备；不攀折花木，不践踏草坪；不在课桌、黑板、墙壁等处乱刻、乱写、乱画；桌、椅、家具、窗帘等设施摆放有序，未经批准，不得擅自移动和挪作他用。

第九条　遵守教学管理规定。弘扬工匠精神，理论联系实际，强化动手能力；尊重老师，听从调配；遵从学术规范，恪守学术道德，不作弊，不剽窃；不带食品进教学楼、教室、图书馆等。

第十条　遵守安全管理规定。规范使用水、电设备及公寓、教学、生活设施；严禁进入施工场地；严禁高空抛物；不私自下江、河、湖游泳；遵守交通规则，注意交通安全；校区内除指定吸烟点外，不准吸烟；不私自外出，注意防火、防盗、防骗。

第十一条　遵守公寓管理规定。保护好公寓内公共设施；高压消防水管禁止吊、拉及悬挂衣服等；严禁在宿舍内售卖货品；严禁在窗外晾晒衣物；按时归寝、作息，不从事影响他人正常学习和休息的活动；未经允许不擅自进入他人房间，不动用他人物品；严禁将管制刀具、毒品、易燃易爆品等存在安全隐患的物品带回宿舍；严禁在宿舍内烧酒精炉；严禁使用电磁炉、电烙铁、电热水器等电热设备；严禁私接电源，不得私自安装洗衣机或拆装宿舍设备。

第十二条　遵守网络管理规定。严禁观看、收听、传播反动信息；不上黄色网站，不看黄色的书刊和音像制品，自觉抵制黄、赌、毒等不良诱惑；严禁参与网络借贷；不在网上公开个人资料，不随意约见网友，不参加无益身心健康的网络活动。

第十三条　注重个人文明细节。衣着整洁大方，不穿背心、拖鞋、打赤膊到教室、图书馆及其他公共场所；文明交友，男女交往举止得体，端庄大方，严禁男女生擅自互串宿舍，严禁留宿异性；观看比赛、观摩演出要做文明观众，未经允许，不提前离开会场。

第三部分　讲程序、有担当

第十四条　设备故障，及时报告。校内凡各类公共设施设备（包括建筑物、水电气设备、教具家装等）出现故障，必须严格履行报告维修制度，严禁学生私自拆装维修。设施设备故障报备设点在公寓楼一楼。

第十五条　拒绝不文明，人人有责。创建文明校园人人有责，学生应主动承担起"校园小卫士"的责任，不文明行为不但自己不做，同时还要主动进行监督，发现其他个人和组织的不文明行为要积极劝止、及时汇报。

第十六条　精准服务，确保平安。学校对接学生需求主要有以下部门：

1.学生工作部，主要对接学生日常事务综合管理协调。

2.保卫部，主要对接学生校园治安。

3.总务处，主要对接学生后勤服务管理。

4.教务处（实训处）、马克思主义学院、公共教学部、体育部，主要对接学生教学管理服务。

5.计划财务处，主要对接学生收费退费项目。

6.二级学院，主要对接学生在校具体事务管理。

第二节　日常管理

一、湖南艺术职业学院学分制管理办法

为贯彻落实《国务院关于加快发展现代职业教育的决定》（国发〔2014119〕号）和《教育部关于深化职业教育教学改革全面提高人才质量的若干意见》（教职成〔201516〕号）、《普通高等学校学生管理规定》（教育部令41号）等文件精神，主动适应市场经济体制对学校改革的要求，充分调动教与学两方面的积极

性，提高学生全面素质和综合职业能力培养优秀人才，增强教学活力，全面提升教学质量和办学效益，经学校研究决定，从 2019 年起实行高职学分制改革，并制定如下管理办法。

第一章　总　则

1. 学分制试行范围：按国家招生规定录取、在本校接受普通高等学历教育的三年学制学生（以下简称学生）。

2. 学分要求：用学分计算学生的学习量，每修完一门课程并达到合格要求，即取得专业人才培养方案规定的相应学分，一般为 140 学分。

3. 学生基本学习年限即为学制年限，学生最长修业年限不得超过 5 年，休学（含征兵入伍）、创业的学生，可适当延长。

（1）提前毕业

凡能按照主修专业课程计划的要求，修满规定的各类学分，符合毕业条件的学生，允许提前毕业，但在校学习时间不少于 2 年，且学生顶岗实习（毕业实习）的时间不少于 6 个月

（2）延期毕业

凡在人才培养方案年限内难以达到毕业要求的或因休学、辅修而不能按期毕业的学生，允许延期完成学业，但在校累计学习时间不超过 4 年，最长学习年限不超过 5 年（含休学）。

（3）休学

学生获得学籍后的学习期间，可以申请休学，但应遵守延期毕业的有关规定。

4. 学分制是以选课为前提，以学分作为学习的计量单位，以学分绩点衡量学生学习质量，以取得最低总学分作为毕业标准的一种教学管理制度。

5. 课程设置与分类：专业（群）人才培养方案按照专业及学生来源制定，培养方案的程和各种教育教学环节分为必修课、限定选修课（以下简称限选课）和任意选修课（以下简称任选课）三大类。

根据实现专业（群）培养目标的需要，各专业各类课程学分所占的大致比例为：必修占应修总学分的 65%～75%，限选课占应修学分的 15%～25%，任选课占应修总学分的 10%。专业类课程约占应修总学分的 65%～70%，公共类课程及素质拓展约占应修总学分的 30%～35%。

第二章　学　分

6. 学分是计算学生学习分量和成效的基本单位，是学生学籍流动和能否毕

业的主要依据，也是学校评选优秀学生、评定奖助学金、申请自修辅修、获取第二专业学历、推荐就业以及收取学费等的重要依据。

7. 学年学分制以学年制为基础，以选课制为核心。各专业(群)的最低毕业总学分也称为规定毕业学分，由专业(群)人才培养方案中明确规定其构成及分值。各专业(群)才培养方案应根据专业(群)人才培养目标，确定每学年的必修课和选修课的课程及学分同时规定每学年应修满的学分，学生在学制年限允许的范围内修满规定的总学分即可毕业。

8. 学生可在2~5年的学期期限内修满人才培养方案规定的最低毕业总学分，取得毕业资格，不论修业时间长短，毕业时学制均按照三年计算。

9. 学分是衡量学生上课负荷的基本单位，也是学生修读课程所需时间的反映。每门课程的学分计算，以这门课程在培养方案中规定的学时数和学生必须付出的劳动量为依据。一般理论课(含专业选修课)和单独开设的实验课按每16~18学时计1学分；停课集中进行的认知跟岗顶岗实习、毕业设计、毕业实习等校内或校外实习实训者，按每周(26学时)计1学分。

10. 为了让学生在德、智、体、美、劳等方面得到全面发展，学生毕业前除完成规定的课程学分外，还要完成素质拓展6学分(必修模块和选修模块各3学分)；其中，必修模块包括志愿服务活动1学分和劳动实践活动2学分。学校鼓励学生多修素质拓展学分，作为评优评奖等的依据。与学业相关的表彰、奖励，按照《湖南艺术职业学院大学生素质学分认定管理办法》授予学分，奖励学分最高不超过10学分。

11. 学生修读课程，课程成绩合格，即获得该课程学分；必修课程不合格者可进行一次补考，补考合格即获得该课程学分；补考不合格者，则应当重修该课程；选修课不安排补考，可重选重修。

12. 学分绩点是评价学生学习质量的指标。学生修读某门课程的学分绩点，等于该课程的学分与获得成绩的绩点数成绩(某门课程的学分绩点 = 课程学分×绩点)。

成绩与绩点对照表

成绩(分)	90~100	80~89	70~79	60~69	<60	补考及格
绩点	4.0~5.0	3.0~3.9	2.0~2.9	1.0~1.9	0	0.8×学分

13. 平均学分绩点是综合衡量学生学习质量的重要指标，是进行智育测评、奖学金评定、评优评奖等的重要依据。某一时期的平均学分绩点，等于学生在同期所修读的各门课程所得学分绩点的总和除以总学分之商。

第三章　课程分类与修读

14. 必修课是为保证专业人才培养的基本规格，学生在校期间必须修读公共基础必修课程、专业必修课程、集中实践教学活动、毕业设计、毕业答辩等，必修课学分都必须获得才能够毕业。

（1）公共基础必修课指根据教育部要求，学校人才培养方案所规定设置的公共基础课，包括思政课、体育课、军事理论、国防与安全教育、形势与政策、大学生心理健康、创业就业指导等。

（2）专业必修课指体现本专业（群）特点的专业基础课程、专业核心课程（包括课程实践实训）和专业拓展课程。

（3）集中实践教学活动包括认知实习、综合实训、强化训练、跟岗顶岗实习、毕业实习等。

（4）素质拓展必修课程主要包括志愿服务活动和劳动实践活动等。

15. 限选课是指学生按照专业（群）人才培养方案限定选择范围和必须达到学分要求所选修的有关深化、拓展人文素质和专业知识、技能的课程。

16. 任选课是指学生根据个人兴趣和实际需要选择的扩大专业知识面，提高个人素质和岗位适应能力的课程。任选课设置要有利于培养和发展学生的个性特长，开发学生潜能。学生可根据各专业（群）培养方案的要求和个人兴趣选课，完成规定的学分。学分制人才培养方案应将必修课、限选课按课程内在的递进关系在各学期科学进行设置。任选课作为相关学期的推荐课程，列入学分制人才培养方案。

在专业（群）人才培养方案规定的各类学分中，选修课学分不能替代必修课学分。

17. 学生应依据专业（群）人才培养方案的课程设置，参照选课办法中规定的选课程序，按学期在校园教学管理平台上进行选课，各二级学院应选派有教学经验的教师予以指导。

18. 各专业（群）人才培养方案中所规定的每学期必修课和限选课，学生必须修读，学生的入学教育、军训、社会实践和顶岗实习/毕业实习等教学环节，学生必须参加。学生必须修满专业（群）人才培养方案中规定的各类课程的最低专业总学分，方达到毕业标准。

学生选课应按照循序渐进的原则，首先修读必修课和限选课，后选任选课；有严格的连续关系的课程，应先选前接课程，再选后接课程。选课应避免各门课程上课时间的冲突。

学生修读应从个人实际出发，合理修读。每学年修读完成的学分，一般不低于35~40分，学习优秀者可适当多修读学分，但最高不宜超过60学分。

19. 必修课和限选课均统一编班上课，实行考勤制度。任选课实行优先选课制，选修人数过于集中，超过某门课程规定人数时，学生应改选其他任选课；选修人数少于30人的课程原则上不予开课。

教学管理部门于每学期结束前4周公布下学期开课课程。学生在规定的时间内进行选课。

第四章　成绩考核与记载

20. 学生应当参加学校专业(群)人才培养方案规定课程的考核，课程首次考核(缓考)及补考等成绩均记入学生成绩单，并将最终成绩归入学生个人档案。

21. 考核分为考试和考查两种方式。考核可依据笔试、口试、平时表现、实践实训、见习实习、课程设计、习题作业等进行综合评定，根据课程标准的规定实施。

22. 成绩评定原则上采用百分制。以期末考试成绩结合平时成绩评定，具体比例视课程标准由各二级学院研究，报教务处确定。考查成绩由平时成绩结合综合考核成绩评定，综合考核可由综合项目、课程设计等形式组成。

23. 学生对成绩有异议者，可向所有二级学院提交书面申请，申请应经各二级学院主管教学的副院长确认，教务处处长批准。如需核查，应通知任课教师，除评定有误、合分有误、记分有误外，不得更改成绩。

24. 学生参加考试，必须首先取得该门课程的考试资格。有下列情况之一者应当取消考试资格，综合评定成绩以0分计，直接参加重修：

(1)缺课累计超过该门课程本学期授课学时的1/3(含1/3)。

(2)实习(实践)缺课累计超过该门课程本学期实习(实践)课时的1/3(含1/3)。

(3)该门课程全学期缺交作业(实践报告)累计达到应交次数的1/3(含1/3)。

考试前由任课教师对学生进行考试资格审查，并将取消考试资格的学生名单及原因以书面形式递交各二级学院主管教学的副院长审核，并报教务处备案。

25. 学生如违反考核规定，则按《湖南艺术职业学院学生违纪处分规定》给予相应的纪律处分。

第五章 补考、缓考与重修

26.学生期末考试不及格,可通过假期自修,参加开学初的学期补考,成绩以卷面实际得分(不考虑平时成绩)记载。如成绩合格则获得相应的学分,有效成按60分计,绩点按60分或及格对应的绩点乘0.8计算。每生每学期至多可以有4门课程参加开学物的期末补考,其余课程须直接参加重修(任选课不及格可重选,也可改选其他课程)。

27.学生通过学期补考和毕业补考两次补考不及格者,应当申请跟班重修该课程重修考试成绩合格者获得相应学分,绩点按分数对应的绩点乘以0.6计算。重修不安排补考。

28.学生在学期考试成绩合格的前提下,可以申请提高学分绩点重修,重修必修课采用跟班重修的方式,成绩按照学期考核成绩换算相应学分绩点。

29.考试期间确因以下原因者,可申请缓考:

(1)因病重(住院等)不能参加正常考试,须持有二甲以上医院诊断书;

(2)因公不能参加正常考试

(3)由于其他特殊原因造成学生不能参加正常考试。

30.学生因故不能正常参加期末考试,须提前出具有关证明递交缓考申请,经辅导员认定并由所在二级学院副院长签署意见后,报教务处审批,审批通过后,方可参加开学初的该课课程期末补考,按原期末考试的有关规定记载成绩。补考不得办理缓考。缓考未通过者须参加该课程的重修。

31.学生无故缺席考试均视为旷考。旷考课程不能参加期末补考,须参加该课程的重修。

32.学生毕业前安排一次毕业补考,补考课程不超过5门,补考合格可以拿毕业证;毕业前超过5门课程不及格或者补考不及格者参加结业生补考,结业生补考合格者发结业证,否则发肄业证。

第六章 免修、免试

33.学生如果具有某课程结业的同等水平,在开课两周内向所在二级学院提出免修申请,经所在二级学院统一组织考核确认后,报送教务处审批,审批通过后可免修课程,综合成绩最高不超过80分,并取得相应的学分。

34.军事理论与国防教育、思政理论课、公共体育课以及实践实训、毕业设计、顶岗实习/毕业实习等课程原则上不得免修,退伍后入校的学生按照国家有关规定执行。

第七章 转学、转专业

35. 校内转专业的学生，已修读的课程与转入专业的课程要求相同，其学分数与要求不低于转入专业的，并且成绩及格以上的，可予以承认，学分按转入专业学分记载；与转入专业课程相同，若其学分数与要求低于转入专业的，原则上应当重修，但修读者可以申请部分免听。如果课程内容不同或者无该课程的，则需进行重修。

36. 转入我校学习的学生，在原转出学校学习的课程教学目标与我校相同或相近，经二级学院和教务处审核同意后该生的成绩和学分可认定为有效。

第八章 休 学

37. 学生在休学期间通过自学或其他方式完成相关课程学习，可向二级学院提出申请，经课程考核合格或者素质学分认定后可取得相应学分。

第九章 学业预警

38. 学校实行学业预警制度。每学期结束后，学生课程考核不及格所占学分累计达到学期总学分 1/3 及其以上，由教务处通知学生所在二级学院对其进行学业预警，并向学生及其家长发出《湖南艺术职业学院学业预警通知书》。学生所在二级学院应当安排教师对受到学业预警的学生进行学业帮助。

第十章 学习证书

39. 学习证书包括毕业证书结业证书、肄业证书、第二专业辅修证书和学习证明。

40. 具备学籍，在规定修业年限内，修满本专业毕业规定的总学分，综合素质学分合格，发给毕业证书。跨校选择课程的学生，在颁发毕业证书的学校取得的学分原则上不低于总学分的 60%。在籍期间辅修第二专业，达到第二专业辅修要求的学生，可申请颁发第二专业辅修证书；若获取第二专业 60% 以上学分，可申请颁发第二专业的学习证明。

41. 具备学籍、完成专业培养方案规定课程的学生，在 3 年修业年限内，取得规定的毕业总学分，综合素质测试不合格者做结业处理，发给结业证书。结业学生可在离校后两年内按学校规定时间申请参加考试，完全达到毕业要求后换发毕业证书，毕业时间自换发毕业证时计算。

42. 具有学籍、准予休学的学生，在规定的 3 年修业年限内，取得规定学分的 60% 以上者，发给结业证书；在允许的 5 年修业年限内取得规定的毕业学分者，可换取毕业证书，毕业时间自换发毕业证时计算。

43. 修满本专业毕业课程学分但素质学分不合格者，作结业处理，发给结业证书；在允许的修业年限内经用人单位或居住地居民委员会或村民委员会鉴定，素质学分达到合格者，可换发毕业证书，毕业时间自换发毕业证时计算。

44. 学满一学年以上退学的学生，学校颁发肄业证书。未经学校批准擅自离校者，不发给肄业证书。学习未满一年退学的学生，对于已经获得学分的课程可以颁发学习证明。

45. 对违反国家招生规定者，学校不得发给学习证书；已发的学证书，学校将予以追回并报省教育行政主管部门宣布证书无效。

46. 学生被依法追究刑事责任，入伍后因政治原因或拒绝服兵役被部队退回、服役期间受到除名或开除军籍处分的，学校将取消其复学资格，不得发给学习证书。

47. 学校积极创造条件，为学生参加所学专业相同或相近的职业技能鉴定提供服务为合格者获得技能等级证书提供帮助。

48. 毕业、结业、肄业证书和学习证明遗失或者损坏，经本人申请，学校核实后出具相应的证明书。证明书与原证书具有同等效力。

二、湖南艺术职业学院大学生素质拓展学分认定管理办法

第一章　总　则

第一条　为了贯彻落实《中共中央、国务院关于深化教育改革，全面推进素质教育的决定》和共青团中央、教育部、全国学联《关于实施"大学生素质拓展计划"的意见》精神、教育部《学生志愿服务管理暂行办法》（教思政〔2015〕1号）、《国务院办公厅关于深化高等学院创新创业教育改革的实施意见（国办发〔2015〕36号）》以及《湖南省教育厅关于深化高等学院创新创业教育改革的实施意见》（湘教发〔2015〕45号）的文件精神，更好地发挥大学生素质拓展活动教育的育人功能、培养学生的科学精神、人文精神和自强精神，增强学生学习的主动性、积极性和创造性，增强学生的创业能力、实践能力和创新能力，培养适应时代发展需要的高素质人才，依据《湖南艺术职业学院学分制管理办法》，并结合学校素质教育的长期实践，特做出本规定。

第二条　本管理办法适用于我校按国家招生规定录取、在本校接受普通高等学历教育，并实行学分制管理的学生(以下称学生)。

第二章　大学生素质拓展学分的认定范围

第三条　大学生素质拓展学分的组成

大学生素质拓展学分由必修模块、选修模块、荣誉奖励模块三部分组成，其中必修模块3学分、选修模块3学分，荣誉奖励模块计3学分。必修模块学分与选修模块学分按时修满方可毕业。

第四条　大学生素质拓展学分(必修模块)认定范围

必修模块包括志愿服务活动1学分，劳动实践活动2学分。

包括学校学生工作部(团委)、教务处、各二级学院等校内部门组织的志愿服务、劳动实践活动。

第五条　大学生素质拓展学分(选修模块)认定范围

选修模块包括科研创新、各类竞赛、社会实践、参加校园文化、岗位技能类、参军入伍等六大类三十多项，共计3学分。

第三章　大学生素质拓展学分的认定程序和管理

第六条　大学生素质拓展学分申报

学校每年6月份和12月份集中受理大学生素质拓展学分认定的申报工作。学生在学工部网站上自行下载并填写《湖南艺术职业学院大学生素质拓展学分认定申请表》，并附上证明材料的原件及复印件(荣誉证书、营业执照、专著等学生个人重要材料经二级学院初审后退回)。

第七条　初审

二级学院根据学生所提供的材料，认真审核，核算相应学分，核算完毕后在二级学院内进行不少于5个工作日时长的公示。

第八条　审定

二级学院根据素质拓展学分的类别，以二级学院为单位将核算后的学分报学工部(院团委、武装部)进行审定。

第九条　确认

学工部对学分统一进行审定报教务处最终确认后，由二级学院负责录入教务管理系统。学生通过教务管理系统，可以查询本人的大学生素质拓展学分累计情况。

第十条　存档

二级学院应将学生提交的学分认定材料、认定结果、打分依据等资料及时存档，教务处、学工部将不定期对以上资料进行抽查。学生如在申请认定过程中有弄虚作假的情况，一经查实，按考试违纪处理。

第十一条 大学生素质拓展学分认定实行两级管理。学校以学工部为主，会同相关职能部门，负责学分的审定、复核工作；二级学院负责组织实施、学分核算、统计录入工作。

第四章 附 则

第十二条 二级学院、各有关职能部门要积极为学生开展志愿服务、劳动实践、创新创业活动、文娱体育活动和各类竞赛创造条件，切实做好组织实施、学分申报、审核及档案管理等各项工作。

第十三条 对尚未涉及的其他项目活动，若符合本办法精神的，由学生申请、二级学院核算、学工部审定、教务处确认后，方可进行学分认定。

第十四条 本办法自公布之日执行。

第十五条 本办法由学工部、教务处负责解释。

附：大学生素质拓展学分（选修模块）认定标准表

类别	项目	认定内容	分值	认证依据（材料）及要求
科研创新	专业论文	公开发表	2	刊物封面、封底、目录和正文
	艺术创作	省级及以上刊物发表	2	
		市级刊物发表	1	
	撰写或翻译著作	正式出版	4	著作原件
	知识产权	发明专利授权	4	各类证书、通知书等证明
		实用新型专利授权	2	
		获外观设计专利授权	1	
		申请各类专利	1	
	技术改造	参与技术改造取得显著成效	1	证明材料

续上表

类别	项目	认定内容	分值	认证依据(材料)及要求
各类竞赛	校外各类各级学科竞赛、技能比赛、挑战杯、创业大赛及文体比赛等	国家级一等奖	6	
		国家级二等奖	5	
		国家级三等奖	4	
		省级一等奖	4	
		省级二等奖	3	
		省级三等奖	2	
		市级	1	
	校/二级学院级专业技能大赛	一等奖	0.8	
		二等奖	0.6	
		三等奖	0.4	
社会实践	好人好事	参加者	1	相关证明
	"三下乡"、学校组织的演出等社会实践活动	校级参加一次	0.5	
	学生干部	校级、二级学院级、班级		注:分值依次为0.6、0.5、0.4,按照每学期计算
	校/二级学院组织的学术报告(含讲座、报告等)	组织单位提供的报告内容(时间、地点、主讲人等)	0.2/次	组织单位(部门)出具学生参加证明材料等 注:最低完成1学分
	创业实践	参加创业教育	1	课程及证明材料
		校内创业团队	2	获得优秀创业团队
		校外创业实践	3	法人登记证书、获奖证书等
参加校园文化	主题教育、文艺演出、学生社团、论坛沙龙等活动	校级以上	0.2	组织单位提供的证明材料,累计不高于2分
		校级及以下	0.1	

续上表

类别	项目	认定内容	分值	认证依据(材料)及要求
岗位技能类	大学英语考试	通过英语三级以上考试	1	成绩单
	职业资格	高、中	2.1	劳动、人事部门颁发证书
参军入伍			3	凭入伍通知书或军人退役证明

三、湖南艺术职业学院学生档案管理办法

第一章　总　则

第一条　为了贯彻落实教育部《普通高等学校学生管理规定》，做好普通高校学生档案管理工作，促使我院学生档案管理工作规范化、制度化，结合我校实际情况，特制定本办法。

第二条　学生档案是学生在校期间形成的，反映学生德、智、体及家庭政治、经济状况的个人档案材料。学生档案是学校考察、录选、培养、教育学生过程中形成的第一手资料，是党和国家选拔录用人才的重要参考依据。学生档案管理工作，是贯彻执行党的教育方针，为社会主义现代化建设培养、选拔、录用人才服务的一项常规性基础工作。

第三条　学生档案工作是高校档案工作的重要组成部分，学生档案管理必须坚持集中统一管理的原则，确保学生档案的完整、准确、系统、安全。

第四条　学校加强对学生档案工作的领导，要将学生档案管理工作纳入重要议事日程，定期研究、检查学生档案工作，为学生档案管理创造良好的工作环境和条件。

第五条　学生档案种类多，流动性强，利用率高，工作量大。为加强管理，学生档案由学生工作部统筹协调，各二级学院要有专门人员负责学生档案工作。

第二章　学生档案管理职责

第六条　新生档案，按来档途径由各班级、各二级学院接收后，各二级学院统一汇总、整理后按专业登记造册(一式两份)，并移交学生档案室，履行严

格的交接手续。学生档案的缺失情况，各二级学院、各班级及时反馈信息到学生本人，催促其尽快查找或回原学校补齐相关档案材料。

第七条　各二级学院要做好学生在校期间的档案材料收集整理工作，由专人负责学生在校期间档案材料的整理，及时将完整的档案材料移交校学工部学生档案室并做好归档工作。毕业生的档案材料应在每年毕业生派遣前半月内向档案室归档完毕。

第八条　学生档案室工作职责：

（一）接收、鉴别和整理学生档案材料；

（二）办理学生档案的查阅、借阅；

（三）办理学生档案的转递，为有关部门提供学生相关资料；

（四）做好学生档案的安全、保密、保管工作；

（五）制定和完善学生档案管理规章制度，做好学生档案分析统计工作；

（六）办理其他有关学生档案事项。

第三章　学生档案归档范围及分类

第九条　归档的学生档案，必须客观地、历史地、全面地反映学生的成长过程及其有关情况，对部门及个人当前和长远具有参考价值和凭证作用。

第十条　学生档案的归档范围及其分类：

第一类　学生入学登记表、毕业生登记表；

第二类　鉴定、考核、考察材料；

第三类　学生成绩表、授予学位决定、学籍异动材料；

第四类　加入中国共产党、中国共产主义青年团或其他党派、团体等组织的材料；

第五类　奖励材料（含三好学生，优秀党团员、奖学金和优秀学生干部等登记表）；

第六类　处分材料（包括个人检查、调查报告、校级处分决定或免于撤销处分的意见等）；

第七类　出国留学材料；

第八类　学生入学及毕业体检表，大学生体质健康标准登记卡片或免予执行体质健康标准申请表；

第九类　有工作经历的个人人事档案材料；

第十类　其他可供学校及社会录用人才时参考的材料。

第四章 学生档案收集与管理

第十一条 学生档案室要重视学生档案的日常收集、积累工作，要将真实反映学生德、智、体、美方面的材料及时收集归档。

第十二条 学生档案管理人员要将收集的材料，认真鉴别，属于归档的材料必须做到真实、完整、齐全、文字清楚，并经组织审查盖章后方能归档。

第十三条 不属于规定归档的材料，经过鉴别，可视情况分别处理。凡不应归档的，退还材料来源单位处理。

第十四条 凡收集的归档材料，要按归档内容分类整理。档案归档前，要使用统一和规范的学生档案袋。

第十五条 学生档案材料，须统一用 A4 办公用纸或学校规范表格，用蓝色或黑色钢笔书写，不能用圆珠笔、铅笔或红色及纯蓝色墨水和复写纸书写。

第十六条 学生档案信息记载要准确、规范。在填写学生履历等表格时，学生姓名书写要准确，不能写同音字，曾用名要书写，个人不能随意改名。要求身份证、毕业证、学位证、毕业生派遣证、学籍卡上的姓名一致，各种表格上的姓名、出生年月一致。反映声像特征的照片要求是近照；反映父母、亲属政治面貌、工作单位、住址、邮编、电话等情况的文字材料要真实清楚。

第十七条 休学学生的档案应作非在校学生档案妥善保存，学生复学后，应及时将其档案按所在班级重新归入在校生档案。

第十八条 留级学生的档案，每学年在接到教务处正式通知后，将其档案转到所留班级并上名册，将原在班级的名字注销并说明原因。

第十九条 退学学生的档案，按有关规定将其档案转给有关的人事部门保管。

第二十条 学生在受刑事处分和劳动教养期间，其档案由学校学生档案室保管，刑满释放、解除劳教或重新就业的，档案即按有关规定转给其所在单位或居住地的人事部门保管。

第二十一条 学生出国不归、失踪、逃亡，经证实，其档案仍由学生档案室保管。

第二十二条 对毕业离校时未落实工作单位的毕业生，本人要求人事档案保留在学校的，由本人提出申请，学校领导签字，方可保留两年。

第五章 学生档案保管与保护

第二十三条 根据安全保密和便于查找的原则，学生档案室对学生档案进行严密、科学地保管。

（一）学生档案设立专门档案室，用铁皮档案柜存放，达到防火、防潮、防高温、防盗、防光、防鼠等要求，并经常检查。

（二）要保持档案室的清洁和室内适宜的温湿度。

（三）学生档案室统一保管学生档案，建立登记和统计制度，及时发现问题并解决第二十四条学生档案室要不断研究和改进学生档案的管理方法和保护技术，逐步实现科学化、标准化和现代化管理。

第六章　学生档案的利用

第二十五条　因工作需要查阅学生档案，须遵守下列规定：

（一）凡来查阅学生档案者，须提出书面申请并经所在部门领导和档案所在二级学院领导签字同意；

（二）学生档案一般不得外借，如必须借出使用时，要说明理由，严格履行借阅手续后，方可借出；

（三）学生个人不能查阅自己的档案材料；

（四）查阅、借用学生档案必须遵守保密制度和阅档规定，严禁拆卸、涂改、圈划、折叠、批注、抽取、撤换档案材料，若出现此类情况按学校有关规定处理；

第二十六条　毕业学生查询档案去留情况，应出具相关证明，办理登记手续后进行查询。

第七章　学生档案的转递

第二十七条　学生毕业后，学生档案室按机要件的交送规定，将毕业生档案及时寄送到毕业生就业报到证上指定的就业报到部门（或单位）。

第二十八条　考取外校研究生的学生档案，按教务处或录取学校发出的正式通知，学生档案室将档案转至相关提档部门或录取院校。

第二十九条　严格执行学生档案转递制度，避免产生"无头档案"，转递学生档案时应遵守下列规定：

（一）学生档案应通过机要投递或派专人送取，不能邮寄，不得由学生本人自带；

（二）转出的档案必须完整、齐全，并按规定经过认真的整理装订，不得扣留材料或分批转出；

（三）转出的学生档案必须按"档案转递通知单"的项目详细填写，严密包封。

第八章 附　则

第三十条　本办法适用于湖南艺术职业学院所有全日制学生。

第三十一条　本办法由学生工作部负责解释。

第三十二条　本办法自发布之日起试行

四、湖南艺术职业学院学生应征入伍学籍管理规定

第一条　为规范我校在校大学生应征入伍，根据《普通高等学校学生管理规定》(教育部令第21号)和《关于进一步做好从全日制高等学校在校学生中征集新兵工作的通知》(〔2001〕参联字1号)等文件精神，结合我校实际情况，特制定本规定。

第二条　本规定适用于我校在籍全日制高职学生，符合入伍条件的中职学生参照本规定执行。

第三条　应征入伍的在校学生，学校可将其学籍保留至退出现役后二年内，但学生须在入伍前按学校规定到学生工作部办理好休学及离校的相关手续，否则不适用于本规定。

第四条　学生入伍前当学期所学课程达到70%以上课时的(不含重修)，尽可能安排参加当学期考试，也可根据其平时的学习情况，对所学课程免试，由任课教师直接确定成绩，并在教务系统予以成绩登录。应征入伍以前学期不及格课程必须在退伍复学后重修。离校前学生应至教务处打印之前在校学习期间的成绩单。

第五条　退役复学学生可申请免修军事理论课及体育课，课程成绩以90分或"优"计(根据课程性质确定)。

第六条　毕业班学生应征入伍服役期间视为参加毕业实习，由服役部队出具学生在部队的服役情况，作为毕业实习小结寄送学校，由所在系评定实习成绩。毕业论文(毕业设计)可在部队服役期间完成，各系应根据入伍服役毕业生的实际情况，指定教师进行辅导和指导，组织对论文(设计)进行评审以及成绩的评定，并在教务系统中予以成绩登录；对符合毕业条件的，学校准予毕业，并颁发毕业证书。

第七条　退役学生在退伍后的两年内凭部队的《退役通知书》和学校的《休学证明》到学生工作部办理复学手续，逾期不办理复学手续者，按照规定取消其学籍。

第八条　对于申请复学的退役学生，学校根据其退出现役通知书及其他相关材料安排其复学，复入原专业学习。如原所学专业撤销的，由学校在政策范围内安排转入其他专业复学。

第九条　在新兵检疫复查期间退回或因身体原因不宜继续在部队服役中途退役的，学校准其复学，但不能享受学校课程免试(免修)等相关规定。

第十条　服现役期间受除名、开除军籍处分或被劳动教养、判刑的，不予复学。

第十一条　毕业班应征入伍学生，退役复学后，毕业资格依据其原就读年级的专业培养方案进行审查。非毕业班应征入伍学生，退役复学后，原就读专业发生变化或编入年级的专业人才培养方案与入伍前原年级有变化的，应进行课程补修或修读课程的成绩与学分的认定，其毕业资格依据复学后所编入年级的专业培养方案进行审查。

第十二条　本规定自2014年9月起实施，由学生工作部负责解释。

五、湖南艺术职业学院学生公寓管理规定

为加强学生公寓的规范化管理，保证正常的教学和生活秩序，建设安静、文明、洁净、有序的学生公寓，根据教育部、省教育厅及学校有关要求，特制定本规定。

第一章　学生公寓床位管理

第一条　学生公寓管理中心根据学校有关规定，按照学校学籍管理部门提供的学生名单统一安排住宿床位。

第二条　学生须遵守公寓床位管理规定，按指定房间和床位住宿，未经学生公寓管理中心批准，不得擅自调换房间和床位，不得强占床位，违者予以批评教育并责令无条件恢复，情节严重者予以警告以上处分。

第三条　学生公寓所有床位归学生公寓管理中心统一调配，其他任何单位和个人无又调整床位，无权使用空床位。学生要求调整床位须提出申请，经所在二级学院签署意见后，由学生公寓管理中心根据实际情况审批。学生要求调整床位原则上不得跨年级。

第四条　学生学年中途休学必须退宿。复学后不得在原宿舍住宿，凭复学通知单由学生公寓管理中心在下一年级重新安排。

第五条　学生退宿必须办理退宿手续，不办退宿手续的，公寓中心有权对

其物品进行处置。

第六条　学生在校期间一般不得自行退宿，确需退宿者需出具书面申请，经所在二级学院和学生工作部审批后方可办理退宿手续。

第七条　寒暑假期间，学生公寓管理中心根据情况，协调统一安排留校学生住宿。

第八条　学生毕业应在学校规定时间内办理退宿手续。退学、休学、被开除学籍学生一般应在通知下达一周内办理退宿手续。

第九条　延期毕业的学生须在向学校递交延期申请的同时，向学生公寓管理中心提出住宿申请，按有关规定办理延期住宿手续。

第二章　学生住宿行为管理

第十条　学生公寓不准留宿他人。严禁私自留宿、转借、转让或转租床位给他人，违者视情节予以警告或者严重警告处分。严禁留宿异性，违者予以留校察看及以上处分。

第十一条　住宿学生不得随便更换门锁或另加门锁，不准私自配备钥匙，不得将钥匙转交他人。违者视作强占、转让床位，按有关规定处理。

第十二条　公寓内严禁酗酒、摔酒瓶、打架斗殴、打麻将、赌博，严禁携带有毒有害和易燃易爆物品、管制刀具进入公寓，严禁观看、传播反动及淫秽书刊、音像制品，严禁进行伪科学活动，严禁张贴大、小字报，违者按有关规定处理，情节严重者移交公安司法部门。

第十三条　严禁学生在公寓内开展商业活动，严禁张贴各类广告，一经发现，没收有关物品。

第十四条　学生公寓内不得举行规模较大的集会。举行聚会必须履行申报手续，10人以上，30人以下聚会须报公寓管理中心批准，30人以上须经学校保卫部门批准。

第十五条　学生公寓室内卫生、秩序实行室长负责制，室长负责安排本室学生轮流卫生值日，室内卫生由学生负责打扫；室长每晚22：00前必须向辅导员(班主任)汇报本寝室同学到寝情况。每寝每周进行一次卫生大扫除，室长切实做好组织工作，认真搞好宿舍卫生。

第十六条　学生应保持室内卫生整洁。每日在早上9：00前将垃圾倒入垃圾筒内，不得在室内堆放垃圾；严禁在宿舍内外墙体乱贴、乱写、乱画；严禁在室内自行安装未经批准的附加设备；严禁在公寓内养小动物(宠物)，严禁在阳台堆放杂物；不准向阳台、楼道及楼下倒水、摔瓶子、扔垃圾；严禁在公寓楼内存放私人家具、自行车、大型电器等物品。自行车等须停放在指定停放点。

第十七条 学生要自觉搞好个人卫生，每日按要求整理好内务，衣服勤洗勤换，床单、被罩按规定时间换洗。普通衣服必须晾晒在室内阳台，不准悬挂在室外，被子类大件须晾晒在指定处，不得晾晒在走道、楼梯或窗户上，违规晾晒经告诫后仍不改正者，公寓中心有权处置。

第十八条 爱护公共卫生，讲究社会公德。严禁随地吐痰、乱扔垃圾，禁止向走廊楼梯及阳台外泼水和扔酒瓶、烟头等杂物，违者处以警告、严重警告处分。

第十九条 学生公寓公共卫生部分(楼梯、走廊、门厅、厕所、电梯轿厢等)每天由学生公寓管理中心组织清洁员清扫。学生要爱惜和尊重工作人员的劳动成果，维护公共卫生，不得在楼道内堆放垃圾。

第二十条 保持良好的学习和生活环境，严禁在公寓内大声喧哗、弹奏乐器或大声播放收录机、电视机、VCD 及大功率音响等，以免影响他人休息。

第二十一条 注意节约用水，用水完毕后应随时关好水龙头。发现用水设备损坏应及时报告工作人员。建立用水监督举报制度，对严重浪费或故意、恶意浪费水的当事人视情节予以批评教育或处罚。

第二十二条 公寓电梯是学生进出公寓的主要通道，学生须按秩序乘梯，不得拥挤超载不得破坏电梯设施，上下课高峰时间不得搬运大件物品出入电梯。

第二十三条 公寓公共区域严禁堆放杂物，物管有权随时处置；严禁拆卸楼道及其他公共区域照明设施，违者从重处罚。

第三章　学生公寓安全管理

第二十四条 学生公寓严禁私接私拉电线、网线，除批准的电器外，严禁学生存放和使用热得快、应急灯、电炉、电热杯、电冰箱、洗衣机、电熨斗、电吹风、电褥子、电饭锅、电热器、大型收录机、大功率音箱等电器和煤油炉、煤气炉、酒精炉等器具。一经发现，除没收器具外，视情节轻重，给予严重警告及以下处分，造成严重后果者，视情节给予记过或留校察看及以上处分。

第二十五条 严禁在学生公寓点蜡烛、焚烧废纸杂物及使用其他明火，严禁在寝室内吸烟，严禁在电线、灯具、开关等设备上挂蚊帐或其他物件；严禁吊、拉高压消防管或在其上悬挂衣物等。由此造成严重后果者，给予留校察看以上处分直至开除。

第二十六条　建议不在寝室内存放超过 50 元以上的现金和贵重物品。贵重物品妥善保管，现金、手机、卡包等贵重物品要随身携带，因个人保管不善等原因造成财物的丢失。

第二十七条　爱护消防安全设施，不得移动、损坏、拆卸消防用应急灯、安全指示灯和灭火器材，不得遮挡烟雾感应器。违者给予严重警告及以上处分。

第二十八条　严禁干扰、破坏高层公寓各类监控装置，违者处以严重警告及以上处分

第二十九条　学生在任何情况下不得以任何理由翻越窗户、阳台，否则后果自负。

第三十条　学生有义务制止危害治安安全的行为，对蓄意隐瞒、包庇、纵容危害治安安全行为者，视情节予以批评教育乃至处分

第四章　学生公寓门卫管理

第三十一条　严格执行作息制度。学生公寓早 6：00 开门，22：00 关大门、23：00 关门禁，23：00 熄灯就寝，早晚和午休时间应保持楼内安静。

第三十二条　学生必须按规定作息时间进入公寓，22：00 之后归寝算迟归，须登记；23：00 后归寝算晚归，须登记，记违纪；通晚未归记夜不归宿，属严重违纪。晚归学生要出示学生证或身份证，经值班人员核实、登记，本人签字认可后方可入内，管理人员有权暂时扣留相关证件。夜不归宿或多次（三次及三次以上）迟归者将予以通报批评，并视情节予以警告、严重警告处分

第三十三条　严格控制外人进出公寓。因工作需要进入学生公寓的有关人员，须出示校内工作证、介绍（证明）信或派工单，经登记后方可入内。校外人员因公入内，须有本校工作人员陪同。女生宿舍楼一般不允许男性入内。特殊情况需要入内，须征得工作人员同意，办理登记手续，存押有效证件后方可入内，并要在规定的时间内退出。

第三十四条　学生携带贵重物品和大件物品进出公寓须进行登记，否则值班人员有权不予放行

第三十五条　学生凭"校园一卡通"进出高层学生公寓，集中上课下课时段（8：40—9：00；12：10—12：30；13：20—13：40；16：50—17：10）开放大门，由安全员现场值守检查。

第三十六条　经各二级学院、各管理部门同意批准的学生未能在规定时间归寝的须由相关责任部门出具证明或凭条，公寓部收取相关证明后予以放行。特殊紧急情况，公寓部须与相关责任部门核实后放行。

第五章　学生公寓资产管理

第三十七条　爱护公物。不得故意损坏公寓内的水、电等设施，不得随意拆卸、挪动室内家具，损坏公物要照价赔偿。宿舍内设施一次性配置好后，实行室长负责制，如有损坏，属个人原因造成的由相关当事人照价或加倍赔偿；如查不到当事人，则由本宿舍或该楼层所住学生负担；如实反映宿舍发生的异常情况、举报损坏公物者，学校给予表扬或适当奖励。

第三十八条　严禁对学生宿舍配备的电源、照明等设施进行改装、拆卸，严禁撬砸公寓配电闸箱、开关、消防门，严禁私自从公共电源接电，违者视情节给予严重警告及以上处分。

第三十九条　学生公寓宿舍内配备公共物资，由住宿学生使用与管理，宿舍管理员每学期普查一次，如有损坏，学生须及时报修。

第六章　学生住宿收费管理

第四十条　学生入住学生公寓应按规定缴纳住宿费用，住宿费用执行湖南省物价行政部门批复标准和学校有关规定。

第四十一条　学生在校学习期间，住宿条件发生变化，按新的收费标准进行收费。

第四十二条　学生在学生公寓住宿以学年为单位收取住宿费。

第七章　公寓水电管理办法

第四十三条　学生寝室用电实行一室一表、定额管理、限时供电、定额内免费、超定额缴费购电的管理办法。

第四十四条　学生寝室每人每月免费用电 5 度，用水 3 吨，超出部分由学生自行承担，寒暑假期间不享受免费用水用电。因学校寝室内未安装单独水表，为便于操作，学校在免除学生免费用水额度外，在收取学杂费时一次性收取住宿学生每人每学年 80 元的水费(含直饮水费)。

第四十五条　根据有关政策，学生寝室超定额购电缴费的标准为 0.588 元/度。如供电部门调价，学校也将相应调整收费价格。

第八章　附　则

第四十六条　本规定未涉及的，按相关文件要求执行。

第四十七条　本规定相应纪律处分由学生工作部负责处理。

第四十八条　本规定适用于在学生公寓住宿的各类学生。以往有关规定如有与本定相抵触的，以本规定为准。

第四十九条　本规定自发文之日起施行，由学生工作部负责解释。

六、湖南艺术职业学院住宿管理规定

第一条　为了进一步加强和规范对我校学生住宿的管理，使学生的人身财产安全有切实的制度保障，根据教育部《普通高等学校学生管理规定》和有关通知精神，特制定本规定。

第二条　本规定适用于我校所有国家计划招收的全日制在籍学生。

第三条　本规定所称学生住宿包括校区内公寓（宿舍）住宿、校外自行住宿；校外自行住宿是指学生个人在学校管理的公寓园区之外自行住宿，包括在家住宿、在亲朋家寄住和在外租房住宿。

第四条　我校是一所国办寄宿制学校，为学生统一提供住宿，按现代化学生公寓标准配备住宿条件，各个住宿点配备有宿管员，24 小时值班，并负责宿舍公共区卫生，有生活辅导员与学生同住。凡我校在籍学生（办理了走读手续的学生除外），除寒暑假和法定节日外，必须在学校安排的学生宿舍中住宿。住宿费按省物价局的标准，根据宿舍的不同条件收取。

1.学生按照学校的作息时间，合理排自己的学习、生活时间、在规定的时间内回宿舍就寝。未经允许，禁止发生住宿晚归和夜不归寝行为。

2.寒暑假期间非特殊原因一律不得留校住宿。

3.法定节日期间不在学校住宿的学生，要向所在二级学院书面报告，在学生工作部备案；家庭所在地在本市或在市周边地区的学生，双休日如不在学校住宿，要向所在二级学院书面报告，在学生工作部备案。

4.参加毕业实习或中期见习的学生，实习或见习期间若留在学校住宿，发生住宿晚归或夜不归宿行为时，也按本办法处理；实习或见习期间在实习或见习单位住宿的学生，由学生所在二级学院与实习或见习单位共同管理。

第五条　在校区内公寓（宿舍）住宿的学生必须遵守《学生公寓（宿舍）管理规定》。

第六条　在校区内公寓（宿舍）住宿的学生超过规定时间归寝，按以下办法处理：

1.没有正当理由，也未向所在二级学院书面请假，在学生宿舍规定归寝时间后返回宿舍的，属于晚归。没有正当理由，也未向所在二级学院书面请假，通宵未回安排的宿舍住宿的或没有正当理由，也未向所在二级学院书面请假，在 24：00 以后回宿舍的，视为夜不归宿。

2.对晚归学生的处理：无故晚归的学生，要写出书面检查，每月晚归五次以上者(含五次)，由学生所在二级学院通知学生家长。并按次数分别给予下列处分：

(1)每月晚归五次以上者(含五次)，给予警告处分或严重警告；

(2)每月晚归十次以上者(含十次)，给予记过处分或留校察看处分；

(3)每月晚归十五次以上者(含十五次)，给予勒令退学或开除学籍处分；

(4)一学期晚归累计达到上述相应次数者，按相应的处分等级处理；

(5)已经受过处分的学生，再有晚归行为，加重一级处罚；

(6)凡是有无故晚归行为的学生，造成不良影响者，按《湖南艺术职业学院学生违纪处分条例》处理；

(7)凡是有无故晚归行为的学生，取消本学年中一切评优、评奖、入团、入党资格；

(8)有晚归学生，各二级学院一律要认真查处晚归原因，有违法、违纪行为的，按有关法规、校纪、校规加重处理。

3.对夜不归宿学生的处理：无故夜不归宿的学生，要写出书面检查，由学生所在二级学院通知学生家长。并按次数分别给予下列处分：

(1)每月夜不归宿一次者，给予通报批评或警告处分；

(2)每月夜不归宿两次者，给予严重警告或记过处分；

(3)每月夜不归宿三次者，给予记过或留校察看处分

(4)每月夜不归宿四次者，给予留校察看处分；

(5)每月夜不归宿五次以上者(含五次)，则劝退或给予开除学籍处分；

(6)一学期夜不归宿累计达到上述相应次数者，按相应的处分等级处理；

(7)已经受过处分的学生，再有夜不归宿行为，加重一级处罚；

(8)凡是有无故夜不归宿行为的学生，造成不良影响者，按《湖南艺术职业学院学生违纪处分条例》处理；

(9)凡是有无故夜不归宿行为的学生，取消其本学年中一切评优、评奖、评助、入团、入党资格。

(10)对所有夜不归宿学生，各二级学院要认真查处夜不归宿原因，有违法、违纪行为的，按有关法规、校纪、校规处理。

4.对住宿晚归的学生,由公寓部进行登记,通报二级学院,并报学工部处理。对夜不归宿情况,由公寓部登记,通报二级学院、辅导员,通告家长,并报学工部处理,情节严重屡教不改者须约谈家长。

　　第七条　如果学生有正当理由坚持长期在校外住宿(一学期以上),学校不强行干预,但从利于保障学生的人身财产安全角度考虑,学生及监护人必须遵守以下规定。

　　1.凡要求在校外自行住宿的学生,必须征得家长的同意,并在学期末或开学初履行以下手续:(1)由本人向所在二级学院提出申请,二级学院在审核学生申请后,对理由充分、合理的学生发放"走读生申请表"或"在外租房住宿申请表";(2)学生认真填写完表上应填内容后,由学生家长到所二级学院在申请表家长意见及承诺栏中填写明确意见,写明"在走读(校外租房)期间,学生所发生的一切事故后果均由学生本人及家长负责"并签字按手印;(3)学工部签署意见并加盖公章;(4)主管校领导批示;(5)将办好审批程序的申请表复印一式二份,学生本人一份,二级学院一份,原件交学工部备案。

　　2 凡要求在校外自行住宿年龄未满18周岁的学生,除履行相关手续外,必须有家长陪住。

　　3.在校外自行住宿的学生,必须遵守国家的法律和法规以及当地和所居住社区的各项管理规定,遵守学校学生行为准则;遵守社会公德,要有社会责任心,对自己的行为负责。

　　4.在校外自行住宿的学生必须参加平时的学校活动,可以不参加晨练、晚点名等时间较早或较晚的活动,有关信息请自行与学校、班级有关人员联系。

　　5.走读学生的校外表现情况由家长或委托人督导;在校外租房住宿的学生每周向所在二级学院汇报一次在校外住宿情况,如有住宿、联系电话变更等特殊情况应随时报告二级学院,二级学院应及时将重要情况报告学工部。

　　6.在办完了所有报到缴费手续后提出校外自行住宿的学生,履行好相关手续后可校外自行住宿,住宿费退额按照财务部门有关规定办理。

　　7.凡校外自行住宿的学生不得无故在校内住宿,校外自行住宿学生要回校住宿须向二级学院递交住读申请,审核后报学工部批准。

　　8.在校外住宿违反校规校纪者,一律按《湖南艺术职业学院学生违纪处分条例》的规定予以严肃处理。

　　9.校外自行住宿的学生本人及家长要承诺加强人身和财产的自我保护,确保安全,在校外住宿期间发生的一切责任事故完全由学生本人及其家长承担。

10. 一年级新生原则上不安排在校外住宿。

第八条 本规定的解释权归学生工作部，自颁布之日起施行。

七、湖南艺术职业学院学生公寓公共财产管理办法

为完善我校学生宿舍财产管理制度，提高财产使用效能，培养学生爱护公物、爱惜国家财产的优良品质，确保宿舍各项设施的正常使用，更好地为教育教学服务，特制定本办法。

一、爱护公物、保护宿舍财产是每一位学生的义务和义不容辞的责任，也是学生思想品德建设的重要内容之一，损坏宿舍公共财产应照价赔偿，按照"谁损坏、谁赔偿""哪个宿舍损坏、哪个宿舍赔偿"的原则。

二、学生寝室外的公共设施由物管公司负责管理，寝室内部设施由宿舍成员共同负责管理。

三、宿舍楼内公共设施即走廊、门窗、消防、公共洗手间等设施设备，如人为非故意破坏，由当事人按价赔偿；人为恶意破坏的，加倍处罚；如责任人无法落实，视情节扣物管责任人员考核分。

四、学生宿舍内的公共设施即门、窗、窗帘、床铺、桌椅、饮水设备、照明设备、空调洗浴设备等，若属人为非故意破坏，由当事人照价赔偿；人为恶意破坏的，由当事人加倍赔偿，并根据具体情况给予纪律处分；若责任人无法落实的，则由该宿舍全体成员平均承担；学生个人所使用的公共财产如有损坏若找不到侵害人，则由使用者负责赔偿。

五、总务处对宿舍公共财产进行不定时检查，物管公司和宿管人员每周至少进行一次公共设施普查，属于自然损坏的要及时维护、维修，人为损坏的填写《学生宿舍人为损坏公物赔偿通知书》交到学工部，由学工部负责联合二级学院进行追缴，并把检查情况在公告栏公布。

六、学生宿舍内所有公共财产由全体宿舍成员共同保管、爱护使用，任何人不得擅自挪用拆卸，不得随意刻画、涂写、张贴；宿舍外墙及走廊如发现乱写乱画或脚印等痕迹，由对应宿舍的住宿生负责墙面维护清理费用。

七、严禁往洗手间排污孔道内倾倒杂物，凡因人为造成管道堵塞的，一切维修费用由当事人负责，找不到责任人的则由该宿舍内学生共同承担。

八、宿舍财产被损坏或出现故障需维修、维护的，由生活辅导老师或班主任(辅导员)填写维修单后送交到总务处，总务处收集并登记后转交到物管公司，物管公司安排人员维修，急修项目须在当时、当天修复，维修后由填报人

现场核对维修结果认可后签字验收,并由生活辅导老师或班主任(辅导员)督导损害公物者到计划财务处缴纳赔偿金。

九、每年新生入校前,由总务处和物管公司对学生宿舍财产进行维修或更新;对空置不用的宿舍,学工部应及时向总务处办理财产移交手续。

十、班主任、辅导员、物管员负责对学生宿舍财产的日常管理工作,应经常深入到每间宿舍进行巡查,并对财产使用情况进行跟踪管理;管理人员对发现损坏财产的不良行为、不良苗头应及时制止,对发现已造成财产损害的人和事,应及时向管理部门报告,同时做好破坏财产行为登记。

十一、责任人对损坏的财产必须在一周内自行购买或维修,如在规定的时间内不自行购买或维修,则由物管公司负责购买或维修,其产生的费用由责任人承担。

十二、未经总务处同意,学生不得将房间内公共财产搬出宿舍外或在宿舍之间调换,不得将学校其他公共财产搬入宿舍楼。

十三、学生宿舍楼配备的公共财产,学生不得改装、拆卸、挪动,学生在布置寝室时,不得使用铁钉、油漆、刀具、涂改液、墨、胶水等致使财产、墙面破坏,应保持门窗、财物、墙壁的整洁。

十四、学生离校或调整宿舍前,由生活辅导老师会同物管公司对其室内设施进行统一检查,若有人为破坏,需按价赔偿;恶意破坏的,加倍赔偿;在未交齐赔偿金前,暂停办理离校或调整手续,直至交齐赔偿金,如有关部门在接到暂停办理通知后依然办理该生离校手续的,要承担相应的财产损失责任。

八、湖南艺术职业学院学生成绩考核管理办法

考核是保证教学质量的重要环节。通过考核,可以评定学生对所学知识的理解,掌握程度和运用能力,督促学生经常、系统地复习、练习和巩固所学课程的基本理论,基本知识和基本技能,检查学习效果。

一、考核管理

学生的教学环节考核与成绩记载等事项,归口教务处管理,学生的思想政治表现、德、智、体综合评分、学期鉴定,由学生所在二级学院负责。学生也可登录湖南艺术职业学院(www. arthn. com)→教学管理→教务处→教务系统网站,输入学号查询成绩。

(一)缓考

严格控制缓考。学生因生病或其他特殊原因不能参加考核，必须事先出具证明等材料向所在二级学院提出申请，填写《缓考申请表》，经二级学院副院长同意后，持有关证明报教务处批准，可以暂缓考核。缓考课程的考核，按教务处统一安排，于下期开学后进行，或随下一年级同专业、同课程的考核进行，其成绩按实登记。缓考不及格者，则须到毕业之前再进行一次补考。不办理缓考手续与无故不参加缓考考核，均作旷考处理。

(二)补考

学生所学课程凡旷考或考核成绩不及格的必须参加补考。补考由教务处统一安排，分应期补考和毕业补考两类。

1. 应期补考

(1)每学期开学后上课周第二周为补考时间。公共文化课补考由教务处组织，专业课补考由二级学院组织，并在规定时间内将确定后的补考安排报教务处，教务处负责组织协调和巡视。

(2)每学期开学第一周由班主任对本班学生成绩有疑问者统一到教务处查询，经二级学院、教务处和任课教师同意后给予更正。

(3)补考卷面成绩合格，录入学生成绩库时一律按60分录入(缓考学生按实际得分记录)。

(4)教务处每学年对补考后4门以上不及格的学生名单汇总，经教务处、学工部讨论，初步确定降级或劝退名单，报校务委员会研究决定。处理决定每年10月执行。

(5)因无故旷考、舞弊、违纪导致期末考核成绩无效者，则须到毕业之前再进行补考补考者必须按时参加补考。无故不参加补考，视情况取消补考资格。补考不及格者，须到毕业之前再进行一次补考。补考仍不及格者，学生结业后一年之内，再给予一次补考机会。

2. 毕业补考

(1)毕业补考课程超过10门以上，当年只允许补考10门，剩余的科目不允许参加当年补考，推后一年再申请补考。第二年毕业补考仍不合格者将不能领取毕业证。

(2)毕业生毕业前补考原则上安排在5月中旬进行，如仍有课程不及格，当年9月份视情况再安排一次补考。

(3)毕业补考成绩合格，录入学生成绩库时一律按60分录入。

(4)毕业成绩全部合格方可领取毕业证。

二、考核形式

学生在校期间所有学习项目均须进行考核并计成绩。考核分考试和考查两种形式。考核一般选用闭卷、开卷、面试、口试、论文、操作等方式。鼓励各二级学院对考核方式进行改革。

（一）所有课程的考核均由教务处管理。

（二）各学期公共基础课、部分专业课，原则上以闭卷考试方式进行。逐步建立和完善试题（卷）库，实行教考分离、流水阅卷。

（三）专业课考试可以以面试方式进行。由各二级学院主管教学的副院长、教研组长、任课老师组成考核小组，进行集体面试并计分。

（四）非考试课与实践环节的考核均由各二级学院安排，在课程结束时进行考查。各二级学院须严格考查制度，教务处对各二级学院考查情况将进行抽查。

三、考务工作

考务工作由教务处与各二级学院分工协作完成。

（一）考试资格

学生参加课程考核前，应当由任课教师进行考核资格审查。凡无故旷课累计超过该门课程教学时数的三分之一者，或缺交作业超过应交作业次数或数量的三分之一者，取消其参加该门课程考核的资格。被取消课程考核资格的学生名单，由任课教师报相关二级学院及部门，于考核前向学生公布并报教务处备案。

（二）教务处负责所有考试的试卷印制、校对、装订、保密、分发、存档等工作；负责考试课程的考试时间、考场和监考安排；审核非考试课程的考查安排；负责向学校和相关部门报送课程考核成绩统计表。

（三）命题和阅卷。安排命题、审核试卷、组织阅卷、审核成绩单等工作，均由各相关二级学院及部门的领导、教研组长负责。任课老师应严格按照教学大纲的要求命题、组卷；遵守保密纪律，不得以任何形式向考生泄露考题；严格按评分标准评卷，如实在青果教务管理系统中登录考核成绩；考核结束后三天内，将成绩单原稿送交相关二级学院及部门和教务处。

四、成绩管理

考核成绩采用百分制或等级制评定。考试课程成绩实行百分制，60分以上（含60分）为及格；考查课程成绩实行等级制，等级制分为优秀、良好、及格、不及格四个等级。考试课程的评分，考试成绩占80%，平时成绩占20%。平时成绩由考勤分和作业分构成，比例由任课老师根据不同课程掌握，任课老师应对学生严格考勤，并按要求如实记载，每周末将考勤情况报送各相关二级学院及部门行政干事，各相关二级学院及部门按月报送学校学工部和教务处。学期结束时，依据考勤记载情况，评定学生考勤分。教务处将适时进行抽查。

考查课成绩由考核成绩和平时成绩构成，比例由任课老师根据不同课程掌握。由教学计划所规定的学生思想品德鉴定、入学教育、毕业教育、军训等成绩的评定，由学生处组织，考核成绩报教务处汇总。

任课老师在学期结束时，应将"学生考勤登记册"、课程考核成绩表以及评阅后的试卷，一起交相关二级学院及部门汇总并录入到青果教务管理系统中。各相关二级学院及部门行政干事应及时将学生成绩单按班级、课程汇总；教务处审核并认定输入的成绩。学生毕业时，由教务处负责整理打印学生在校学习的历年成绩单，交学生处归入学生档案。

五、本办法自2013年9月1日开始执行。

九、湖南艺术职业学院辅导员助理队伍建设管理办法

第一章　总　则

第一条　为更好地贯彻落实党的教育方针，进一步加强学生思想政治教育与管理，增强学生"自我教育、自我管理、自我服务、自我发展"意识，加强辅导员工作力量，促进学生工作全面发展，结合我院实际情况，在全校试行辅导员助理制，特制定本办法。

第二条　试行辅导员助理制是我校在新形势下学生管理工作新的举措，是学生思想政治教育的重要组成部分，是进行学生自我教育、自我管理、自我服务的一支重要力量。

第三条　试行辅导员助理制在全校展开，是学校"三位一体"（辅导员、学生助理、学生干部）学生管理工作的重要组成部分。

第二章　辅导员助理的配备与选聘

第四条　辅导员助理的配备：

（一）原则上每名专职辅导员配备4名辅导员助理，其中男生2人、女生2人，也可根据实际情况进行调整。

（二）特殊情况可酌情增减。

第五条　辅导员助理的申请条件：

（一）具备良好的思想道德素养，自觉遵守宪法和法律，遵守学校各项规章制度，无纪律处分。

（二）具备良好的政治思想素质，具有坚定正确的政治方向和立场，党员、预备党员、入党积极分子优先，必须是校、二级学院、班级学生干部。

（三）学习成绩优良，综合表现突出，具备一定的文化、专业辅导能力。能够起到辅导员和学生的桥梁作用。

（四）品行端正，作风优良，原则性、责任心强，乐于奉献。

（五）工作能力强，有较强的语言文字表达能力、沟通能力、组织协调能力和团队领导能力，能初步掌握和运用现代办公技术。

（六）热爱辅导员助理工作，熟悉学校《湖南艺术职业学院学生教育读本》上的相关内容，熟悉学生管理工作和相关工作程序，自愿为学校服务、为学生服务。

第六条　辅导员助理选聘程序：

辅导员助理选聘由学生工作部统筹，各二级学院具体组织实施。每年6月份由学生工作部向学生公布聘用辅导员助理名额、资格条件和其他有关事项；学生本人提出申请，并按要求填写《湖南艺术职业学院辅导员助理报名表》；各二级学院具体选拔；学生工作部、二级学院组织岗前培训，考核合格后由学生工作部统一聘任并颁发聘书，聘期1年。

第三章　辅导员助理工作职责和要求

第七条　辅导员助理的职责：

（一）协助辅导员做好接待新生入学、入学教育、军训等工作。

（二）协助辅导员做好班级建设，协助辅导员考察、挑选班级学生干部，指导班级学生干部开展工作，帮助学生干部提高工作素养和工作效能。

（三）协助辅导员对学生进行基础文明和道德教育。协助辅导员组织学生学习《湖南艺术职业学院学生教育读本》，帮助学生熟悉学校各类规章制度与行为规范，教育学生遵守法纪校规、推崇社会主义核心价值观、养成文明礼貌的行为习惯，培养学生爱国主义、集体主义和团结友爱的精神，指导学生正确处理各种人际关系。

（四）协助辅导员组织教学类活动，做好指导、组织、检查工作。协助辅导员做好上课考勤、就寝考勤记录及学生的教育工作。

（五）深入班级、学生宿舍和其他学生活动场所，开展调查研究，及时、全面、准确掌握学生信息。重点关注班级学生的学习、经济困难情况和身心健康情况，协助辅导员做好帮困服务工作。

（六）密切关注班级稳定和学生动态，如遇突发事件，速报辅导员并及时到场参与处理。

（七）积极完成学校和二级学院以及辅导员交办的其他工作任务。

第八条 辅导员助理的工作要求：

（一）参加校、二级学院要求的各项会议、培训、值班，做好工作计划、记录、总结，保存相关资料。

（二）平等、公正地对待每一位学生，不得讥笑、讽刺、挖苦、威胁、恫吓和打骂学生。

（三）不得索取或接收学生及其家长赠送的货币、有价证券或贵重物品，不得有其他侵犯学生合法权益的行为。

（四）做好学生信息汇报工作。一般情况下，每周向辅导员口头汇报一次学生的思想动态，学生中出现的异常、重要的信息则必须随时发现随时报告。

（五）不得与所带班级学生谈恋爱。

（六）增强全局观念，服从工作安排，自觉接受辅导员的指导。

（七）如发现有违纪、渎职行为，当月解除其辅导员助理职务。

第四章　辅导员助理的管理、培养与评价

第九条 辅导员助理的管理

（一）辅导员助理接受学生工作部、各二级学院的工作领导，并在辅导员的直接指导下开展工作。

（二）辅导员有责任指导辅导员助理开展工作，安排给助理的工作要有明确的要求，并要检查落实。

（三）辅导员助理的工作安排在课余时间，以不影响自身学业为前提。

（四）辅导员助理不得取代辅导员的工作职责。

第十条　辅导员助理培训

(一)辅导员助理培训由学生工作部、各二级学院负责,定期进行培训。

(二)每年完成新一届辅导员助理聘任工作后,由学生工作部、各二级学院组织进行岗前培训,帮助辅导员助理明确自身的角色定位及工作性质,了解岗位职责及工作内容,辅导员助理经岗前培训考核合格后方可上岗。

第十一条　辅导员助理学期末要对工作进行总结,以述职报告的形式上交,学校选出质量较高的报告汇编成册,作为下期辅导员助理培训材料。

第十二条　辅导员助理的评价

(一)辅导员助理每学期期末考核 1 次,由学生工作部、各二级学院、辅导员进行测评。考核结果分为优秀、良好、合格、不合格四个等级。

(二)工作认真负责,成效显著,且工作时间 1 年以上(含 1 年),每次考核结果均为"优秀"的辅导员助理,学校授予"优秀辅导员助理"荣誉称号,并颁发荣誉证书,在各项评优评先、推优入党工作中予以优先。

(三)辅导员助理任期结束后,由学生工作部对辅导员助理出具工作鉴定,记入本人学籍档案。

第五章　附　则

第十三条　辅导员助理的解聘

(一)聘任期内如出现 3 门以上课程考试不及格,或违反校纪校规,或其他不适合担任辅导员助理工作的情况,工作表现不佳,未能履行规定工作职责或考核为不合格的辅导员助理,辅导员应向二级学院和学生工作部提出建议,解除其辅导员助理职务,并收回聘任书。

(二)因个人原因要求退出辅导员助理岗位,原则上应提前一个月向二级学院提出书面申请,经同意后方可正式离岗,解除聘任,同时收回聘任书。

第十四条　本办法从颁布之日起开始实施,由学生工作部负责解释。

十、湖南艺术职业学院学生请销假管理办法

第一章　总　则

第一条　为进一步规范我校学生请假制度,维护学校正常教学秩序,强化学生日常安全管理工作,营造优良学习和生活环境,促进优良学风建设,依据教育部《普通高等学校学生管理规定》和《湖南艺术职业学院学生管理规定》,结合我校实际情况,特制定本办法。

第二条 本办法适用于在我校就读的所有学生。

第三条 学生在校学习期间，应集中精力努力学习，积极参加各项集体活动，争取做到不请假、不缺课，学生请假必须遵守本办法的相关规定并及时办理手续。

第四条 请假分事假、病假、公假、住宿请假四种。

第二章 请假条件

第五条 学生要按时参加教学计划规定的和学校、二级学院统一安排、组织的一切活动。上课、实习、军训、讲座、早晚自习、劳动等均实行考勤。

第六条 请假类型

1.事假：因私人或家庭直系亲属的重大事件无法按学校规定时间上课而提出的请假(一般情况下不得请事假)；

2.病假：因身体健康原因无法按时上课而提出的请假，病假同时须提供医院的相关证明(特殊情况暂时不能提供医院证明材料的，返校销假时补交医院证明)；

3.公假：因参加学校、二级学院组织的各类活动，并经有关部门、二级学院签字确认无法按时上课而提出的请假；

4.住宿请假：因事、因病晚间不能按时回宿舍就寝而提出的请假。

第三章 请假申请与审批程序

第七条 学生在校学习期间不得随意请假，如确需请假须按一定的程序办理请假手续，经批准后，方能生效。学生请假理由必须真实，辅导员对其请假理由进行核实，对弄虚作假的，要进行批评教育，直至给予纪律处分。批假必须坚持实事求是的原则，严格按审批权限和程序逐级审批。请假必须填写请假条，请假条必须有审批人签字并加盖部门公章(三天以上)，否则，视为无效假条。

学生因事请假应从严控制，特殊情况需请假者要有充足理由，方可酌情准假。学生因事请假外出，需由学生本人提出书面申请，说明请假理由、前往地点、联系人及联系方式、使用交通工具等。

第八条 请假程序

1.学生本人提出请假申请，辅导员对学生请假事由进行核实，必要时联系家长，最终决定是否可以请假。

2.学生符合请假条件，经家长确认、同意，办理请假手续。

3.学生在辅导员处领取并填写学校统一印制的请假审批单,并附上相关证明,按照我院批假权限到辅导员、二级学院、学生工作部、教务处(学籍类)、院领导签署意见。

4.将按照要求签署好意见的请假审批单复印(请假三天以上的,不含三天),二级学院负责具体落实、存档,交一份至学生工作部备案。

5.学生请假期满后,应及时回校销假。

6.学生双休日请假按照日常请假程序办理。

7.学生请假后,各二级学院应及时将学生请假信息反馈给教学管理部门。

第九条 审批权限:请假一天以内的由辅导员审批,报二级学院备案;请假一天以上五天以内的(含五天,包括双休),应先由辅导员审核、签字,再交由二级学院学生工作负责人审批、备案;请假五天以上三十天以下的,二级学院审核、签字后报学生工作部审批;请假三十天以上的,由学工部、教务处审批后报主管学生和教学工作校领导审批。如果要申请续假,则申请续假的时间与原请假时间合并计算,批准权限同上。

第十条 学生因病请假必须提交申请,并附医院诊断证明或学生居住地附近医院急诊证明等材料。学生一学期请假累计超过一个月时,须到教务处备案;学生参军入伍或请假累计超过一学期上课时间三分之一以上的,须到教务处办理休学手续。

第十一条 请假期满因故不能按时返校者,应提前办理续假手续。

第十二条 学生因急病等来不及事先请假者,应通过电话等其他方式告知辅导员或二级学院学生工作负责人,经口头同意后方可准假,并在请假期满2个工作日内持有关证明办理补假手续。

第十三条 清明节、端午节、五一劳动节、中秋节、国庆节、元旦节等法定假日,学生离校必须向辅导员报告假期去向,并由辅导员汇总后报二级学院备案。

第十四条 毕业班学生需要参加面试时,凭面试通知(纸质或短信)提前向辅导员及二级学院学生工作负责人提出事假请假申请。学生就业实习请假按照毕业生就业请假程序办理相关手续,外出实习需遵守国家各项法律法规及工作单位制度。

第十五条 学生参加由学校、二级学院、相关部门等组织的外出教学、实训、演出等活动,由二级学院统一办理请假手续;学生离校参加教学计划内实践环节学习,如:写生、单位实习等期间因事请假的,按照正常请假手续办理;

同时，由于学生统一离校，二级学院要将离校情况汇总报送学生工作部和学生公寓管理中心备案。

第十六条　学生参加第二课堂各类活动，如：学科或技能竞赛、文体竞赛等，由组织者提出书面请假申请和相关证明，按照公假正常办理请假手续。

第十七条　学生学业考查(包括补考)、实习、军训期间、节假日前后，除病假外，其他原则上不予准假，未经批准而擅自不参加考试者，一律按旷考处理。

第四章　销假与考勤制度

第十八条　有下列情况之一者，以旷课论处：

1.不按请假制度履行请假手续者；2.请假未经批准而擅自离校者；3.假满后不销假者；4.假满后续假未经批准者；5.请病假没有指定医院证明而不参加学习活动者；6.擅自离校而委托他人为自己请假者(不得口头请假、不得电话请假、不得辅导员代假)；7.事后补假者(确有特殊情况，经二级学院分管学生工作的副院长同意者例外)；8.请假理由与事实不符者。

第十九条　学生旷课以课时统计，对于实习、社会调研以及规定的会议、讲座和活动，无故不参加者，每天按旷课4课时计。学生旷课按照学校相关规定给予纪律处分。

第二十条　班级和个人出勤情况，将作为班级考核和学生个人综合考核、评奖评优的重要依据。

第二十一条　擅自离校不按时参加学校、二级学院规定的教学活动或节假日、周末离校不请假者，按照《湖南艺术职业学院学生违纪处分条例》进行处理，学生擅自离校期间所造成的一切后果由本人承担。

第五章　附　则

第二十二条　所有学生请假必须以学校统一的正规请假审批单为凭证，其他不合规范的请假条一律无效。对弄虚作假、欺骗组织者，一经发现，从严处理。

第二十三条　学生因事或因病晚间不能按时回宿舍就寝，必须履行正常请假手续，学生返校后到二级学院办理销假手续。

第二十四条　晚间熄灯后，学生因紧急情况(一般为患急病)需要外出，必须经辅导员或二级学院学生工作负责人批准，公寓值班人员方可放行并做好登记，次日视情况补办请假手续。

第二十五条　学生请假、续假手续材料由学生所在二级学院保存备查。

第二十六条 二级学院要经常对学生出勤情况进行检查,特别是在国家规定的节假日前后及时掌握学生离校及按时报到情况,将相关情况报学生工作部备案。

第二十七条 本办法由学生工作部、教务处负责解释和修订。

第二十八条 本办法自颁布之日起施行。

十一、湖南艺术职业学院校企合作学生管理规定

为进一步加强我校校企合作学生管理,完善我校学生管理制度,提升我校学生管理水平,根据我院校企合作实际情况,制定本规定。

一、日常管理

1. 校企合作学生日常管理以学校各相关二级学院辅导员为主,企业派驻的学生管理人员(班主任)为辅,校企共管;

2. 二级学院辅导员按照学校各业务部门的工作对校企合作学生进行管理,包括安全教育、纪律管理、学籍管理、资助管理、党团工作、评优评先等;企业派驻的学生管理人员(班主任)配合辅导员工作,并根据专业特色要求开展相关的职业素养、特色教育管理,企业派驻的学生管理人员纳入辅导员工作考核管理;

3. 按照学校安全管理制度,合作企业如需组织学生开展校内外演出实践或比赛活动的,需履行正常手续,经二级学院、学工部、教务处批准同意、备案,外出期间安全问题,由企业方负责。

二、学籍管理

1. 按国家招生规定录取的校企合作学生,经学校审查合格的办理入学手续予以注册学籍,其各项学籍管理按《湖南艺术职业学院学生管理规定》第三章相关条款进行;

2. 校企合作学生注册后不得更改专业名称;

3. 校企合作学生在学校学习期间,确实不符合合作企业相关岗位要求或因个人兴趣、家庭经济情况等需要转专业的,经与合作企业协商,按照相关程序,办理相关手续,可以转到相关专业就读,合作企业不得以不合理要求阻难学生,甚至导致学生投诉、退学等。

三、请假管理

校企合作学生的请假手续按照有利于学生安全、管理规范、校企共管的原则办理，校企合作学生如因病、事（包括外出面试）请假必须持请假条请假，经企业学管人员（班主任）初审同意后再到二级学院辅导员处审批，一天以上三天以内的假需经二级学院负责人签字同意，三天以上的假需经过学工部审批同意（其他请假情况参照《湖南艺术职业学院学生请假管理办法》）；驻校企业不得擅自批准学生请假。

四、实习管理

校企合作学生实习实训（包括外出面试）按照校企合作协议相关条款进行，凡是由企业负责组织实习实训（包括外出面试）的，相关企业要派专人管理和指导，详细掌握实习学生的工作、生活、面试以及思想状况，对突发情况要及时处理并向二级学院相关负责人汇报，确保学生安全。

五、本制度自颁布之日起生效。其他事宜按照相关校企合作协议执行。

第三节　奖惩与资助

一、湖南艺术职业学院学生奖励条例

第一章　总　则

第一条　为贯彻党的教育方针，促进学生德、智、体、美全面发展，提高学生综合素质，激励学生勤奋学习、全面成才，成为"德艺双馨"的社会主义文化事业建设者和接班人，制定本条例。

第二条　为奖励优秀学生，凡学生德、智、体、美全面发展或在学业成绩、文体活动社会实践以及其他方面表现突出者，依据本条例给予奖励。

第三条　本条例规定所有奖励适用于具有本校学籍的全日制中、高职学生。

第二章　奖励种类和方式

第四条　学校设立以下若干个人奖

1. 奖学金, 包括国家奖学金、国家励志奖学金、院级奖学金;

2. 湖艺杰出青年奖(学校学生院级最高荣誉称号);

3. 创新奖;

4. 社会工作奖;

5. 综合性奖, 如: 三好学生、优秀干部、优秀毕业生等。

第五条 学校设立以下若干集体奖

1. 优秀文明寝室;

2. 优秀班集体(团支部);

3. 优秀学生社团。

第六条 学校对获得上述奖励的个人与集体采用以下方式予以表彰:

1, 授予荣誉称号;

2. 通报表扬;

3. 颁发喜报;

4. 列发奖章、奖牌或证书。

第三章 奖励条件

第七条 奖学金:

国家奖学金具体的申请条件与奖励标准依照《国家奖学金评定与发放办法》《国家励志奖学金评定与发放办法》;校级奖学金具体的申请条件与奖励标准见《湖南艺术职业学院院级奖学金评定与发放办法》。

第八条 创新奖

1. 专著或合著学术著作者;

2. 在公开出版的报刊上发表有较高水平作品者或以第一作者身份在核心期刊发表有较高学术价值论文者;

3. 在官方组织的写作(演讲)以及各专业竞赛中获得市级一等奖、省级二等奖或团体第一名中的主要成员, 或国家级三等奖及以上者或团体前三名中的主要成员, 或在科技发明活动中获得较高科技含量专利者;

4. 原创音乐(戏曲舞蹈、表演、播音)优秀作品创作者和艺术设计优秀作品创作者以及其他在学术领域取得足以获得"创新奖"荣誉称号者;

5. 担任社会工作或组织、策划活动, 为学校做出重大贡献或为学校赢得很好的社会声誉者。

第九条 社会工作奖

1.学习目的明确，认真刻苦，较好地处理学习与工作的关系，本学年度学校考试考查科目全部及格(国、省考成绩作为参考)；

2.有较高的政治修养和良好的思想道德素质，模范遵守学校规章制度；

3.在各项工作和集体活动中积极组织并能起骨干带头作用，人际关系和谐，有较强的团队精神和责任感，在自己负责的工作范围内做出一定成绩。

第十条 综合性奖

学校"三好学生""优秀学生干部""自强不息""先进个人""优秀青年志愿者""优秀社团负责人""优秀共青团员""优秀共青团干部""优秀学生党员""优秀毕业生"等评选条件按照学校相关规定评选。省级、国家级相关荣誉称号须在获得校级相关荣誉称号者中评选产生。

第十一条 湖艺杰出青年奖

1.同时获得"创新奖""社会工作奖"及"综合性奖"；

2.国、省考成绩合格，校考无不及格科目，平均成绩85分以上；

3.没有受过任何违纪处分；

4.通过评审委员会的答辩。

第十二条 优秀文明寝室：

1.内务检查优秀率为100%

2.服从宿舍部管理人员管理，寝室成员无违纪事件；

3.积极参加二级学院团委(总支)、学生会组织的各项活动，并取得好的成绩；

4.有良好的学习氛围，寝室成员学习成绩考试无不及格现象；

5.寝室公物完好无损，无私拉乱接、违规使用电器现象，寝室设计赏心悦目；

6.模范遵守学生日常行为规范，无晚归、夜不归宿现象。

第十三条 优秀班集体(团支部)

1.讲文明、讲卫生，讲政治、讲纪律，模范遵守学校各项规章制度，全班学生无重大违纪事件(记过及以上处分)；

2.无夜不归宿现象；

3.有寝室获院级优秀文明寝室称号；

4.积极参加学校校园文化和竞赛活动，并获得校级奖励；

5.学风良好，到课率高，学业成绩良好。

第十四条 优秀学生社团按照《湖南艺术职业学院学生社团管理办法》进

行评选。

第四章　评审机构和办法

第十五条　学校设立学生奖励评审委员会(以下简称委员会),由分管学生工作的副院长任主任,有关部门负责同志任委员。委员会下设办公室。办公室设在学生工作部,具体负责学生奖励的评审工作。

第十六条　各二级学院成立学生奖励评审小组(以下简称评审小组),由书记任组长,评审小组由学生干部及班主任代表组成。

第十七条　"创新奖"产生办法

1.由学生所在二级学院提名推荐,社会活动类由校团委、学生工作部及校内其他有关部门提名推荐;

2.学生提供相关证书、作品原件;

3."创新奖"候选人由推荐部门将有关材料原件及审批表交学生工作部审查后,提交评审委员会审批。

第十八条　"社会工作奖"产生办法:

1.校级学生干部候选人由其所在部门提名推荐;

2.二级学院学生干部、班团干部候选人由二级学院党支部提名推荐;

3.学生社团负责人由校团委提名推荐;

4.寝室长由宿管部提名推荐;

5."社会工作奖"原则上不超过从事社会工作的学生的20%;

6."社会工作奖"候选人由推荐部门将有关材料原件及审批表交学生工作部审查后提交评审委员会审批。

第十九条　"奖学金""综合性奖"产生办法

"奖学金""综合性奖"候选人根据"条件"自动产生,由学生本人申报,学生所在二级学院向学生工作部提交相关材料审查后,提交评审委员会审批。

第二十条　"湖艺杰出青年奖"产生办法

"湖艺杰出青年"候选人根据"条件"自动产生,由学生本人申报,学生所在二级学院向学生工作部提交相关材料,学校评审委员会组织答辩、审批。

第二十一条　"优秀班集体(团支部)"产生办法

优秀班集体(团支部)的评审,由二级学院奖励评审小组在各班总结申请的基础上,根据奖励条件择优推荐上报,经学生工作部、校团委审查合格后提交学校奖励评审委员会审核批准。

第二十二条 "优秀文明寝室""优秀社团"的产生办法

优秀文明寝室由楼栋提名推荐,"优秀社团"由校团委、学生会提名推荐,经学生工作部审查合格后,提交学校奖励评审委员会审核批准。

第五章 奖励办法

第二十三条 "湖艺杰出青年奖"由学校颁发奖章,其他个人奖和集体奖颁发证书或奖牌。

第二十四条 所有个人奖获得者由学校向其家长发送喜报,并将有关材料进入学生档案。

第二十五条 学生奖励的评选工作一般在每年 4 月、9 月进行,在"五四表彰大会"和"奖学金颁奖大会"上进行表彰,优秀毕业生评选工作在每年 11 月底进行。

第二十六条 省级三好学生在一等奖学金获得者和湖艺杰出青年中产生,省级优秀毕业生在校级优秀毕业生中产生,具体实施办法由学生工作部另行规定。

第六章 附　则

第二十七条 学校以前相关规定有与本条例相抵触的,以本条例为准。

第二十八条 本条例自 2014 年 9 月 1 日起施行,由学生工作部负责解释。

二、湖南艺术职业学院学生违纪处分条例

第一章 总则

第一条 为维护良好的教育教学与生活秩序,优化育人环境,促进学生健康成长,确保学校完成培养合格人才的任务,根据《普通高等学校学生管理规定》(教育部令第 41 号)、《湖南艺术职业学院学生管理规定》,结合学校实际,制定本条例。

第二条 本条例适用于具有湖南艺术职业学院正式学籍的全日制在校学生。在本校学习的其他类型的学生,参照执行。

第三条 违纪处分坚持公平、公开、公正原则;坚持教育与惩戒相结合原则;坚持学生申诉权保障原则。

第四条 学生在校外开展教学、实习、实训、考察、社会实践等社会活动期间有违纪行为的,参照本条例给予纪律处分。

第二章　处分的种类与使用

第五条　学生违反校规校纪，视情节轻重、认错态度、悔改表现，给予下列之一的处分：

（一）警告；

（二）严重警告；

（三）记过；

（四）留校察看；

（五）开除学籍。

第六条　对违纪情节轻微，尚不足以按本条例处分者，进行口头批评教育、通报批评或责令经济赔偿等处理。

第七条　有下列情节之一的，可以从轻、减轻或免予处分：

（一）情节特别轻微，经批评教育改正的；

（二）过失违纪的；

（三）违纪后主动承认错误，主动消除影响或者减轻违纪后果，或者主动提供情况揭发他人违法违纪行为并经查证属实的；

（四）确系他人胁迫的；

（五）有其他可从轻、减轻、免于处分情节的。

第八条　有下列情节之一者，可以从重处分：

（一）违纪后认错态度不好的；

（二）在违纪群体中起到组织、策划、煽动作用的；

（三）纠集校外人员违纪的；

（四）妨碍调查取证的；

（五）教唆、胁迫、诱骗他人违纪的；

（六）违纪后故意隐瞒、包庇他人，无理取闹的；

（七）对检举人、证人或其他有关人员进行威胁或报复的；

（八）曾受过纪律处分的；

（九）因违纪行为造成严重后果或恶劣影响的；

（十）有其他应从重处分情节的。

第九条　经公安机关司法鉴定为限制责任能力者，根据实际情况酌情处理。

第十条　受处分者，自处分生效之日起，附加给予下列限制：

（一）受处分者本学年内不得评定各级各类奖学金及荣誉称号；

（二）取消一年内参加校内勤工助学资格；

（三）学生干部要撤销其职务，一年内不得参与学生干部的竞选；

（四）学生党员（含预备党员）的处分决定须送达学校党政办备案，并由学校党政办按规定决定是否给予相应的党纪处理；

（五）被开除学籍学生，其善后问题按教育部有关规定执行。

第十一条 受处分的学生符合下列条件之一且悔改明显者，经本人书面申请，所在二级学院同意并出具相关证明材料，经学生工作部审核，报学校主管领导批准，可以申请提前解除处分。

（一）有见义勇为行为或有重大立功表现受到表彰；

（二）个人获得或代表学校获得省、部级及以上个人或集体表彰或奖励；

（三）学校认定的其他可以作为解除处分的条件。

第三章 违纪行为和处分

第十二条 违反宪法，反对四项基本原则、破坏安定团结、扰乱社会秩序者，给予开除学籍处分。

第十三条 违反国家法律、法规，受到司法、公安部门处罚者，视不同情况分别给予下列处分：

（一）触犯国家法律，构成刑事犯罪的，给予开除学籍处分；

（二）被逮捕，而又免于起诉的，视情节轻重给予留校察看或开除学籍处分；

（三）受到治安管理处罚，视情节轻重，给予记过以上处分。

第十四条 寻衅滋事，打架斗殴者，视不同情况分别给予下列处分：

（一）肇事者：

不守秩序，不听劝阻，用语言侮辱或其他方式触及他人，引起事端或激化矛盾造成打人、打群架等后果者，给予警告以上处分。

（二）打人者：

1.动手打人未伤他人者，给予警告或严重警告处分；

2.致他人轻伤以下者，给予记过或留校察看处分；

3.致他人轻伤或轻伤以上者，给予留校察看或开除学籍处分。

4.寻衅报复打人者：

（1）未伤他人者，给予记过处分；

（2）致他人轻伤以下者，给予留校察看处分；

（3）致他人轻伤或轻伤以上者，给予开除学籍处分。

5.凡持械打人者，分别按本款所列各项从重处分。

（三）聚众打人或打群架的首要分子或策划者：

1.未造成后果者，给予警告或严重警告处分；

2.造成后果者，给予记过或留校察看处分；

3.造成严重后果者，给予开除学籍处分。

（四）参与聚众打人或打群架者：

1.虽未动手，但使矛盾激化或事态扩大者，给予警告处分；

2.动手打人者，按本条第二款相应项所列处分的较重一级给予处分。

（五）偏袒、作伪证者：

1.以"劝架"为名，偏袒一方，致使事态扩大并造成后果者，给予警告或严重警告处分；

2.偏袒一方，造成严重后果者，给予记过或留校察看处分；

3.故意为他人作伪证，妨碍调查者，给予严重警告或记过处分。

（六）为打架提供凶器者：

1.未造成后果者，给予警告或严重警告处分；

2.造成后果者，给予严重警告、记过或留校察看处分；

3.造成严重后果者，给予开除学籍处分。

（七）私藏、携带公安部门管制的刀具者，给予严重警告处分；造成后果者，按本条第二款相应项所列处分加重一级给予处分。

（八）凡有前述各款中两款或两款以上所列错误者，按相应的处分中较重的一种再加一级或两级（最高为开除学籍）给予处分。

（九）对侮辱、殴打教师者，按本条第二款相应的处分中较重的一种再加一级或两级（最高为开除学籍）给予处分。

（十）由打人或打群架所造成的财物损失及医疗费用，一律由责任人承担。

第十五条　偷窃、诈骗国家、集体或私人财物者，除追回赃款赃物外，分别给予下列处分：

（一）偷窃、诈骗者，作案价值在立案标准以下，视情节给予警告至记过处分；作案价值在立案标准以上或多次作案的给予留校察看或开除学籍处分；

（二）结伙作案的，首要分子作案价值按作案总价值算，按本条（一）款所列处分较重一级处分；其他参与者比照首要分子从轻处罚；

（三）经保卫或公安部门确认的撬窃者，视情节轻重，给予留校察看或开除学籍处分；

（四）偷窃公章、保密材料、档案等物品者，视其情节给予留校察看或开除学籍处分；

（五）为作案者放哨、提供信息、作案工具或进行掩盖、窝赃等比照作案者处理；

（六）参与分赃、销赃者、按照本条（一）、（二）款处理。

第十六条　对他人进行恐吓、敲诈勒索者，分别给予下列处分：

（一）情节轻微者，给予严重警告以上处分；

（二）策划或作为首要分子进行恐吓、敲诈勒索者，给予记过以上处分；

（三）参与恐吓、敲诈勒索者，给予严重警告以上处分；

（四）在恐吓、敲诈勒索过程中持械威胁他人者按本条例相应条款从重处分；

（五）结伙敲诈勒索、在敲诈勒索过程中打人者加重一级或两级处分；

（六）敲诈勒索情节严重者，给予开除学籍处分，并送交公安机关处理。

第十七条　侵犯、损害他人正当权益及人身安全，损害国家、集体利益者，视不同情况分别给予下列处分：

（一）不当占有遗失物品者，视情节和后果，给予警告以上处分；

（二）对涂改证件、私拆、隐匿、毁弃、冒领他人邮件者，给予严重警告以上处分；冒领他人汇款、包裹者，按偷窃条款处理；

（三）恶意骚扰、恐吓、威胁他人者，侮辱、诽谤、陷害、诬告他人者，视情节和后果，给予严重警告以上处分；

（四）伪造、贩卖各类证件、印章和证明文件、材料，或以其他不正当手段、方法来达到个人目的者，视情节给予严重警告以上处分；

（五）利用网络从事有损国家利益、学校利益和他人正当利益的活动，以及散布谣言、辱骂他人者，视情节轻重，给予记过以上处分；

（六）利用计算机技术攻击校内外计算机系统、网络系统者，视情节及危害后果，给予严重警告以上处分；

（七）盗用他人互联网账号上网、使用非法手段通过互联网窃取有价支付凭证或者实施诈骗行为者，按照偷窃和诈骗的规定处分。

第十八条　酗酒、赌博、吸毒者，分别给予下列处分：

（一）酗酒者：

1.在校内饮酒者,给予警告处分;

2.酗酒滋事,影响他人或公共秩序者,给予严重警告或记过处分;

3.酗酒滋事造成严重后果者,给予留校察看或开除学籍处分。

(二)赌博者

1.情节轻微者,给予严重警告或记过处分;

2.情节严重者,给予留校察看或开除学籍处分;

3.自己未参与赌博但给他人提供聚赌条件者,给予警告至记过处分。

(三)因酗酒、赌博而受到公安、司法机关处罚者,按第十三条和本条中相关款项所列处分的较重一级给予处分。

(四)凡吸毒者,均给予开除学籍处分,并送交公安、司法机关处理。

第十九条　有下列扰乱文化、体育、学术报告等大型活动秩序行为之一的,给予严重警告处分;情节较重者,给予记过处分;由此造成人身财产损失者,给予记过或者留校察看处分:

(一)强行进入场内,不听劝阻者;

(二)违反规定,在场内燃放烟花爆竹或者其他物品者;

(三)展示侮辱性标语、条幅等物品者;

(四)故意拥挤、起哄等,造成公共场所秩序混乱者;

(五)向场内投掷杂物,不听制止者。

第二十条　损害校园文明建设,扰乱正常的学习、生活秩序,视情况给予下列处分:

(一)在学生公寓内烧煮食物、焚烧物品、熄灯后点蜡烛者,违章私拉乱接电源、私自使用各种大功率电器者,储藏或使用易燃、易爆、强腐蚀性物品者,扰乱宿舍管理秩序对他人造成影响且不服从管理者,擅自留宿外来人员者,擅自在外租房住宿者,爬窗进出公寓者,视情节给予警告以上处分;造成严重后果者,给予留校察看以上处分;

(二)在学生宿舍内留宿异性或在异性学生宿舍留宿者,视情节轻重,给予记过以上处分;

(三)故意破坏公用设施、消防器材等设备,损坏公私财物,除赔偿损失外,视情节轻重,给予警告至留校察看处分;

(四)破坏绿化、环境卫生,在建筑物、公用设备上乱涂乱画、违章张贴者,给予警告处分;

(五)在公共场所起哄闹事、掷砸物品,视情节轻重,给予严重警告至留校察看处分；为首或组织者，给予记过或留校察看处分；

（六）男女交往不当，严重违反社会公德，视情节轻重，给予警告以上处分；性骚扰者，视情节轻重，给予记过以上处分；

（七）视听、制作、复制、传播淫秽、封建迷信及其他非法、有害音像和文字作品者，除没收传播物品外，视情节轻重，给予记过以上处分；

（八）在学校内进行宗教活动者，视情节轻重，给予严重警告至留校察看处分；为首或组织者，给予记过或留校察看处分；

（九）组织、参与非法传销或进行邪教、封建迷信活动者，视情节轻重，给予记过以上处分；

（十）故意散布谣言，扰乱社会和校园稳定者，给予记过或留校察看处分；严重扰乱校园秩序者，给予开除学籍处分；

（十一）在校内吸烟，不听劝阻者，给予警告以上处分；

（十二）在校园内违章驾驶者，给予严重警告以上处分；

（十三）未经批准，在校园内开展商业性活动，给予警告以上处分；屡教不改或造成严重后果者，给予记过以上处分；

（十四）将宠物带入校内，不听劝阻者，视情节轻重，给予警告或严重警告处分；态度恶劣，屡教不改者，给予记过或留校察看处分；

（十五）违反封闭管理规定，爬墙或通过非正常手续出入校园者，视情节给予警告以上处分；

（十六）将盒饭或食品带进禁入场所不停劝阻者，视情节给予警告以上处分；

（十七）故意传播传染病，造成严重后果者，给予开除学籍处分；拒绝执行卫生防疫机构或学校提出的疫情预防、控制措施，给予严重警告或以上处分，造成严重后果者，给予留校察看以上处分；

（十八）违反体育场馆管理规定不停劝阻者，视情节给予警告以上处分；

（十九）其他有损大学生形象和社会公德，扰乱、破坏教学、科研、工作和生活等公共秩序行为者，视情节给予警告以上处分。

第二十一条 一学期累计旷课达到一定学时者，给予相应处分：

（一）10~19学时，给予警告处分；

（二）20~29学时，给予严重警告处分；

（三）30~39学时，给予记过处分；

（四）40~49学时，给予留校察看处分；

（五）50 学时（含 50 学时）以上，给予开除学籍处理。

（六）计算旷课学时，包括自习、社会实践、实习、实训、劳动等课程；请假逾期未归者，自逾期之日起计算；擅自离校者，自离校当日计算。

第二十二条　违反考试纪律者，根据《湖南艺术职业学院学生考试违规行为认定及处理办法》，给予相应处分。

第二十三条　对本条例未列举的违纪行为，可以根据最相类似的原则参照本条例相关条款给予相应处分，或按学校制定的有关规定给予处分。

第二十四条　处理学生违纪必须有证据证明，下列各项均为有效证据：

（一）与违纪事实有关联的物证、音像、影像资料等；

（二）违纪学生的书面陈述材料、检讨书、申辩材料等；

（三）被侵害人签名的陈述、检举材料等；

（四）证人签名的证言；

（五）学生所在二级学院关于该生违纪事实的综合材料；

（六）司法机关的裁决书、鉴定书、判决书和有关部门的仲裁、决定、复议等。

第四章　处分管理权限和处分程序

第二十五条　学生违纪处分的分级管理及报批程序：

（一）对违纪学生进行处理时，二级学院或负责调查部门须及时将情况调查清楚，掌握确凿证据和旁证材料；对学生做出处理意见前，须告知学生拟处理或处分的事实、理由和依据，并充分听取其本人或者其代理人的陈述或申辩。

（二）记过以下处分：由学生工作部结合二级学院或负责调查部门提出的处理意见，提出处分意见后，报学校分管领导审核批准。

（三）留校察看以上处分：由学生工作部结合二级学院或负责调查部门提出的处理意见，提出处分意见后，报学校分管领导审核，再报校长办公会研究决定。

（四）处分结果由违纪学生所在二级学院送达学生本人，由学生本人在《湖南艺术职业学院学生违纪处理决定送达书》上签字。受开除学籍处分的，由学籍管理部门报湖南省教育厅备案。学生因故不能签字，或拒绝签字的，不影响该处分生效，由其所在二级学院采取留置送达、邮寄送达或由学校采取公告送达方式进行处理。违纪学生所在学院在收到学生的处分决定后要做好相应的教育工作。

（五）留校察看一般以一年为期，毕业班学生察看期自给予处分时始至毕业时止。受留校察看处分的学生，由违纪学生所在学院负责考察，察看期内无违纪违规行为者，按期解除察看；有显著进步表现者，可以提前解除察看（留校察看期执行时间不能少于六个月）；察看期间经教育不改者给予开除学籍处分。

（六）受到开除学籍处分的学生，自处分决定生效之日起，限 7 日内离校，离校工作由学生所在学院负责办理，学生工作部、保卫部协助办理。

（七）处分决定做出后应以正式文件形式下发，视情况及时在全校、二级学院和班级范围内公布，对涉及个人隐私、国家机密等情况的处分决定除外。

（八）除开除学籍处分以外，学生处分期限为 12 个月，从下达处分决定之日算起，到期后学生可申请解除处分，解除处分后，学生获得表彰、奖励及其他权益，不再受原处分的影响。

（九）学生处分及解除处分材料真实完整地归入学校文书档案和学生本人档案。

第二十六条 学生违纪事件调查职责的划分。学生触犯国家法律法规、打架斗殴事态严重或受伤严重或恶性群架或殴打老师的事件，及其他重大违纪，如偷盗、失火、投毒、赌博、性骚扰、颠覆国家、严重破坏校园秩序的事件由保卫部负责调查取证，二级学院配合；学生影响教育教学秩序、违反考试纪律等违纪行为的调查取证由教务处负责，二级学院配合；其他涉及两个以上二级学院学生违纪事件由学生工作部、保卫部、二级学院等相关部门协同调查取证；一般违纪行为（含打架斗殴事态不严重或受伤轻微事件）和二级学院内学生违纪事件由二级学院调查取证。以上形成的调查结果及处分建议材料需及时报送学生工作部，学生工作部应根据调查取证的相关材料按处分权限及时进行处理。

第二十七条 被处分学生的权利救济途径：

（一）处分结果由违纪学生所在学院及时通知学生本人及家长，给予学生申辩、申诉机会；

（二）关于申诉的具体程序及事项，参照《湖南艺术职业学院学生申诉处理办法》的有关规定执行。

第五章　附则

第二十八条 本条例中"以上"或"以下"均包含该本数。

第二十九条 本条例由学生工作部负责解释。

第三十条 本条例自公布之日起执行。

三、湖南艺术职业学院学生考试违规行为认定及处理办法

第一章 总 则

第一条 为维护学校正常的教育教学秩序，促进优良学风建设，严肃考试纪律，规范考试违规行为的认定与处理，根据《普通高等学校学生管理规定》（教育部令第41号）、《国家教育考试违规处理办法》（教育部令第33号）、《湖南艺术职业学院学生违纪处分条例》，结合我校实际情况，制定本办法。

第二条 本办法适用于我校注册在籍学生。

第三条 本办法适用于学校根据人才培养方案组织开展的各类校内考试，包括各类课程考查以及组织认定的各类水平测试。

第四条 学生在考试过程中存在考试违规行为的，由学校相关部门及所在二级学院进行批评教育，并可视情节轻重，给予如下纪律处分：

（一）警告；

（二）严重警告；

（三）记过；

（四）留校察看；

（五）开除学籍。

第二章 考试违纪的认定与处理

第五条 考生在考试期间有下列行为之一者，认定为考试违纪，取消该考生考试资格，该科目考试成绩记为无效，给予警告处分：

（一）携带规定以外的物品进入考场或者未放在指定位置；

（二）未在规定的考场、座位及未获得考试资格参加考试的；

（三）未出示考试相关证件，且拒不回答监考人员查问；

（四）考试开始信号发出前答题；

（五）考试结束信号发出后继续答题。

第六条 考生在考试期间有下列行为之一者，认定为考试违纪，取消该考生考试资格，该科目考试成绩记为无效，给予严重警告处分：

（一）用规定以外的笔或者纸答题，或在试卷规定以外的地方书写姓名、考号，或以其他方式在答卷上标记信息；

（二）在考试过程中旁窥、交头接耳、互打暗号或者手势；

(三)考试期间故意撕毁试卷或答题卡等;

(四)未经监考人员同意在考试过程中擅自离开考场。

第七条　考生在考试期间有下列行为之一者,认定为考试违纪,取消该考生考试资格,该科目考试成绩记为无效,给予记过处分:

(一)将试卷、答卷(含答题卡、答题纸等)、草稿纸等考试用纸带出考场;

(二)在考场或者其他禁止的区域内,喧哗、吸烟或者实施其他影响考场秩序的行为;

(三)威胁、侮辱、诽谤、诬陷监考人员或其他考生。

第八条　其　他违反考场纪律、影响考试正常进行但尚未构成作弊的行为,视其情节轻重,给予警告至留校察看处分。

第三章　考试作弊的认定与处理

第九条　考生在考试期间有下列行为之一者,认定为考试作弊,取消该考生考试资格,该科目考试成绩记为无效,给予记过处分:

(一)通过伪造证件、证明及其他材料获得考试资格和考试成绩;

(二)携带与考试内容相关的文字材料,或存储有与考试内容相关资料的非通信类电子设备参加考试;

(三)抄袭试题答案或相关内容;

(四)协助他人抄袭试题答案或与相关内容;

(五)传、接物品或者交换试卷、答卷、草稿纸;

(六)考试过程中借故离开考场,偷看与考试课程有关的内容;

(七)评卷过程中被认定为答案雷同的。

第十条　考生在考试期间有下列行为之一者,认定为考试作弊,取消该考生考试资格,该科目考试成绩记为无效,给予留校察看处分:

(一)抢夺、窃取他人试卷、答卷或者强迫他人为自己抄袭提供方便;

(二)在答卷上填写与本人身份不符的姓名、考号等信息;

(三)携带手机等具有通信功能的设备参加考试。

第十一条　考生在考试期间有下列行为之一者,认定为考试作弊,取消该考生考试资格,该科目考试成绩记为无效,给予留校察看至开除学籍处分:

(一)由他人冒名代替参加考试;

(二)代替他人参加考试;

(三)组织集体作弊;

（四）贩卖考试答案和工具的；

（五）参与群体舞弊；

（六）其他以不正当手段获得或试图获得试题、试题答案、考试成绩等作弊行为。

第十二条　学生在考试违纪、作弊后有下列情形之一的，应予以从重或加重处分：

（一）隐瞒、歪曲或捏造作弊事实，拒不承认错误，态度恶劣的；

（二）对有关人员（如检举揭发人员、证人及直接处理人员）威胁、恫吓或打击报复的；

（三）同一场考试再次作弊，或在处分期内再次作弊的。

第四章　处理程序

第十三条　考生在考试过程中有违规行为的，监考人员在《考场记录单》和《湖南艺术职业学院学生考试违规事实记录表》中如实填写其违纪或作弊事实，并向其告知记录内容。对于考生用于违规的材料和工具等，经现场确认后予以暂扣，教务处将违规情况通报给二级学院。

第十四条　学生考试违规处理按照以下流程：

（一）由违规学生所在二级学院对违规情况进行核查，告知学生享有陈述和申辩的权利，并在听取学生陈述和申辩后，提出拟处理意见，填写《湖南艺术职业学院学生考试违规行为认定及处分审批表》，教务处将相关材料转交违规学生所在二级学院。

（二）学工部根据违规事实及二级学院意见，做出处理意见，报送分管领导批示后由学校下发正式处分文件。对于拟做出开除学籍处分的，报校长办公会议或者校长授权的专门会议研究决定后，由学校下发正式处分文件。

第十五条　违规学生所在二级学院收到正式处分文件后应及时送交学生本人。

第十六条　若学生对处分决定有异议，可以依照《湖南艺术职业学院学生申诉处理办法》向学校申诉处理委员会提出申诉。

第十七条　受到开除学籍处分的学生，原则上必须在正式文件送达之日起1周内办理离校手续。学生所在二级学院要做好受处分学生的教育和引导工作，尤其对于受开除学籍处分的学生，要及时做好学生本人及家长的思想工作。

第五章 附 则

第十八条 我校在籍全日制学生在校外参加的各类考试中出现的考试违纪、作弊行为，参照本办法予以认定和处理。

第十九条 本办法从公布之日起实行。此前公布的有关学生考试违规处理的规定与本办法冲突的以本办法为准。

第二十条 本办法由学工部、教务处负责解释。

四、共青团湖南艺术职业学院委员会团员违纪处分条例

第一条 中国共产主义青年团是中国共产党领导的先进青年的群众组织，是广大青年在实践中学习中国特色社会主义和共产主义的学院，是中国共产党的助手和后备军。为了加强团纪管理，维护团组织的严肃性保护团员的正当权益，保障共青团工作的顺利进行以及进一步规范对违纪团员的处分，充分发挥处分条例教育团员的目的，根据《中国共产主义青年团章程》和《湖南艺术职业学院学生违纪处分办法》，制定本办法。

第二条 本条例所指团员为已在我校正式注册，团组织关系转入我校，并参加我校各项团组织活动的教职工团员和学生团员。按团章规定，团组织关系由我校代管的团员违纪处分参照本条例执行。

第三条 团纪处分是加强团组织战斗力的重要保证，也是提高团员自觉遵守纪律的重要途径。执行团纪处分应坚持从严治团、严格执行、惩前毖后、治病救人的原则。对于违反团的章程，不执行团的决议，不遵守校纪校规并造成不良影响的团员，根据性质不同、情节轻重及本人认识态度，给予相应的纪律处分。

第四条 对违纪团员的处分：

(一)警告；

(二)严重警告；

(三)撤销团内职务；

(四)留团察看；

(五)开除团籍。

第五条 警告、严重警告的时间为三个月或六个月。受留团察看处分的团员，察看期间，团支部应将其团员证收回。留团察看的时间为六个月或一年。团员在留团察看期间没有选举权、被选举权和表决权，不得作青年入团的介绍

人。留团察看期满，改正了错误的，应当及时恢复其团员的上述权利；坚持错误不改的，应当开除团籍。

第六条 违反校纪校规和团章规定之行为，除受到学校纪律处分外，视情节轻重，给予下列相应的团纪处分：

（一）违反宪法、反对党的基本路线，有明显违反四项基本原则的言论和行为者，给予开除团籍处分。通过网络、广播、电视、报刊、传单、书籍等传播媒介，或者利用讲座、论坛、报告会、座谈会等方式，有下列行为之一，情节较轻的，给予警告或者严重警告处分；情节较重的，给予撤销团内职务或者留团察看处分；情节严重的，给予开除团籍处分：

1. 公开发表违背四项基本原则，违背、歪曲党的改革开放决策，或者其他有严重政治问题的文章、演说、宣言、声明等的；

2. 妄议党中央大政方针，破坏党的集中统一的；

3. 丑化党和国家形象，或者诋毁、诬蔑党和国家领导人、英雄模范，或者歪曲党的历史、中华人民共和国历史、人民军队历史的；

4. 从事、参与挑拨破坏民族关系制造事端或者参加民族分裂活动的；

5. 参加迷信活动的。

6. 发布、播出、刊登、出版前款所列内容或者为上述行为提供方便条件的，对直接责任者和领导责任者，给予严重警告或者撤销团内职务处分；情节严重的，给予留团察看或者开除团籍处分。

（二）违反国家法律、法令、法规，受到司法部门处罚者，给予留团察看或开除团籍处分。

（三）未经学校、二级学院有关部门批准登记，擅自成立政治性的团体或跨校、跨地区、跨行业的社团者，给予留团察看处分；情节严重，造成恶劣影响者，给予开除团籍处分。

（四）扰乱学校正常教学秩序、工作秩序、生活秩序，鼓动组织罢课罢考，聚众起哄闹事，组织或参与非法示威游行，乱贴大小字报，破坏安定团结者，视其情节轻重和认错态度，给予留团察看或以上处分。

（五）团员无故不做团组织合理分配的工作，一学期累计2次，给予批评；3次给予警告或严重警告处分；5次以上给予留团察看处分。

（六）团员无正当理由，连续六个月不过团组织生活或连续六个月不做团组织分配的工作者，均视为自行脱团。应由支部大会决定除名，报二级学院团总支审核，院团委批准，其团员证即为失效。

（七）破坏团组织的团结，对团干部和团员的批评采取报复行为，并造成一定的后果，视其情节严重，给予严重警告以上（含严重警告）处分。

（八）擅自涂改、转借、遗失团证，造成一定后果者视情节轻重，给予警告、严重警告、留团察看处分。

（九）团员因违反校纪校规受《湖南艺术职业学院学生违纪处分条例》处分的，视其认错态度做出相应（或从严）的团内纪律处分。

1. 受到学校警告、严重警告处分者，团内给予警告、严重警告的处分；

2. 受到学校记过、留校察看处分者，团内给予严重警告或留团察看的处分；

3. 受到学校开除学籍的处分者，团内给予开除团籍的处分；

4. 团、学干部受到学校记过以上（含记过）处分者，团内及学生组织内应给予撤销相应职务的处分。

（十）团员同时违反两种以上的纪律规定，应取较重的一级处分。

（十一）受到纪律处分的团员再次违反团的纪律，视其错误情节和本人态度在原处分的基础上加重处

（十二）受团内处分的团员，一年内不得参加团组织评优评先、推优入党。优秀团员、优秀团干部、优秀学生干部在一学年内违反团纪而受到处分者，则取消该荣誉称号。

（十三）受各级团纪处分者，按审批权限在校、二级学院范围内公布。

（十四）凡受到团纪处分，处分决定及有关材料，存入团员本人组织档案。

第七条　团员纪律处分权限

（一）给予开除团籍以外的团纪处分，除特别情况外由支部大会决定，团总支审核批准下文，报校团委备案。给予开除团籍处分的，由支部大会决定，团总支审核，报院团委批准并下文。

（二）在特别情况下，校团委有权直接调查团员违纪事件，处理违纪团员。

第八条　团员违纪的处分程序

（一）在处分团员之前，必须严肃慎重，认真调查，实事求是，要根据其犯的错误的性质、情节和后果的轻重，结合分析本人的一贯表现，犯错误的主、客观原因和对犯错误的认识态度，提出相应的处理意见。

（二）对团员的纪律处分，必须在团总支的指导下召开支部大会，且应通知处分者本人到会，支部大会应听取受处分者本人的申辩，对违纪团员进行批评，讨论并通过处分评定。报院团委批准。团支部做出处分决定后，应如实填

写《共青团湖南艺术职业学院学院委员会违纪团员处分审批表》，并在 7 天内报院团委进行审批。

（三）团员违纪事实清楚，证据确凿，但团支部迟迟不上报处理意见，校团委有权责成二级学院团总支做出处理决定。

（四）校团委对团员处分报告应及时批复，一般不得超过半个月。审批决定要经过团委会讨论、批准。必要时，校团委有权修改或否决团支部或团总支的决定（意见），但应做出说明。

（六）处分决定一经批准，要及时通知受处分者本人，受理开除团籍处分的团组织一般应在审批之前，指派专人同受处分者本人谈话，直接了解有关情况。被开除团籍的团员，其团员证应随之注销，不得继续使用。对团员的处分材料须进本人档案。

第九条　团员申诉

（一）在团纪处理中要切实保护被处分团员的民主权利，给他们作证、申辩和申述的机会，团组织要做出的处分决定必须同本人见面，并由本人签署意见。但被处分团员是否签署意见，不作为处分决定能否生效的一个条件。

（二）对团员的处分决定做出后，如对其所受的处分不服，本人可保留意见，在接到处分决定之日起 5 日内向校团委提出申诉，校团委将进行复查审核。如处分确属不当，则实事求是地予以改变或撤销，如团员申诉不正确，应进行耐心的说服教育，坚持错误无理取闹者，应予以加重处理。校团委有权直接改正或取消对团员的处分。

第十条　对受处分团员所在团总支，要有专人找其本人谈话，帮助其认识和改正错误，对受到警告、严重警告、撤销团内职务处分的团员，要尊重他们在团内的民主权利，不得剥夺他们的发言权、表决权、选举权和被选举权。

第十一条　处分鉴定

（一）受团纪处分者，在受处分期间对所犯错误有深刻认识并有进步表现的，经本人书面申请，由团支部填写《共青团湖南艺术职业学院委员会违纪团员撤销处分鉴定表》，并报校团委批准，可按期撤销处分。

（二）有显著进步表现者，根据具体情况可提前撤销处分。

第十二条　附　则

（一）团员被执行团纪处分的时间，从校团委批准之日算起。

（二）对受到各级团纪处分的团员，所在团支部应加强对其管理和教育，对处分后的表现应客观给予审查和鉴定，并根据本人的申请，及时给出结论。

第十三条　本条例由校团委负责解释。

五、学生文明寝室评比办法

学生寝室是学生学习生活的重要场所，也是学生德育教育的重要阵地。寝室文明建设是文明高校创建的窗口，为引导学生修身养德，培养学生良好的生活习惯，提高学生的自我约束和自我管理能力，倡导健康、积极向上的生活态度，促进学生健康成长，特制定文明寝室评比办法。

一、学生文明寝室的评比时间

1.学校每月组织进行一次文明寝室的评选，由各二级学院按照参评的条件和评分标准进行初评。

2.每月8日前，推荐各二级学院的学生文明寝室参加学校文明寝室评选（各二级学院推荐文明寝室名额为本二级学院寝室总数的5%~10%）。

二、学生文明寝室评比原则

1.公平、公开和公正。

2.日常检查与复查、抽查相结合。

3.班级、二级学院推荐，学校组织评选。

三、学生文明寝室评比内容

学生文明寝室评优内容主要包括寝室安全、寝室纪律、寝室文明、寝室卫生、寝室成员的和谐程度、整体素质、学习氛围。具体内容见《湖南艺术职业学院文明寝室检查评分标准》。每月文明寝室评比按全校寝室总数5%~10%的比例评选，具体评比方法如下

1.每月的"文明寝室"由二级学院推荐，并附交"文明寝室"的申请表，申请表需附推荐理由、二级学院日常检查详细情况等。

2.学校将组织学工部老师、物业宿管、相关学生干部对推荐寝室进行复查和抽查，凡经复查和抽查有一次卫生不合格或抽查结果低于80分标准的寝室将取消文明寝室的评比资格。

3.每学年获得五次以上的文明寝室，参评学校"文明示范寝室"，文明示范寝室参评需附加文明寝室的个性特色照片、视频，寝室照片、视频作品内容能真实反映寝室成员认真学习的成果，充分表现寝室成员积极参加学校各项实践

活动,积极上进、和谐进步的氛围。

4. "文明寝室"和"文明示范寝室"评选结果,将按《湖南艺术职业学院学生综合素质考核办法》给予相应加分,并进行全校宣传公示,并予以适当物质奖励。

四、注意事项

1. 各二级学院高度重视,认真组织实施并进行广泛动员,以培养学生养成良好的卫生习惯和纪律意识。

2. 检查和抽查须本着公平、公开、公正的原则,客观评出安全意识强、文明纪律好学习氛围浓、积极配合,改进效果明显的文明寝室。

3. 以学工部公寓部、各二级学院辅导员、物业宿管人员、学生干部的常规检查为主,学生处组织抽查为辅的方式进行。

附:学生文明寝室评比标准

(一)寝室安全(每项5分共25分)

1. 不得违规使用电饭煲、电磁炉、热得快等大功率电器;

2. 不用的电器及时拔下电源插头,安全用电;

3. 不得私自乱接乱搭电线、网线;

4. 不得在寝室内吸烟、喝酒

5. 不高空抛物,不擅自留宿外人。

(二)寝室文明(每项5分共25分)

1. 宿舍成员团结向上,举止文明,礼貌待人

2. 服从宿舍管理,严格遵守作息制度;

3. 寝室内无乱贴乱挂现象

4. 保持室内安静,不喧哗、不打闹、不高声播放音乐;

5. 不在走廊、宿舍拍球、不抽烟、不酗酒。

(三)寝室纪律(每项5分共25分)

1. 宿舍成员无旷课、上课迟到早退现象

2. 寝室成员无晚归和夜不归宿现象;

3. 积极参加学校组织的各项课外活动

4. 寝室学习氛围浓厚、积极参加各类学习实践活动;

5. 寝室成员整体素质好,学生综合素质考核在良好等级以上。

(四)寝室卫生(每项 2.5 分共 25 分)

1. 地面整洁干净，无泥土、痰迹、果壳、纸屑等垃圾物；

2. 墙面及天花板保持干净整洁，无张贴物；

3. 门窗的玻璃清洁、明亮，门框窗框保持干净，窗台上无灰尘；

4. 桌椅干净整洁，无杂物，书籍等物品摆放有序

5. 床单、被子、枕头、蚊帐等床上用品干净整齐；

6. 生活用品摆放整齐、干净，毛巾衣物晾挂整齐

7. 垃圾及时倾倒；

8. 阳台干净，无灰尘，衣物晾晒整齐；

9. 卫生间的便池整洁，地面干爽无积水，空气清新没异味；

10. 经常开窗换气，空气清新，整体感觉舒适。

六、文明班级评比办法

为进一步提升学校的精神文明建设，强化学生常规管理，充分发挥班级的战斗堡垒作用，提升班级学生自我管理、自我教育、自我服务、自我完善的能力，促进班级和个人为进一步提升学校的精神文明建设，强化学生常规管理，充分发挥班级的战斗堡全作用，提升班级学生自我管理、自我教育、自我服务、自我完善的能力，促进班级和个人共同进步，特制定"文明班级"评比实施方案。

一、文明班级评比时间

1. 学校组织每学期进行一次"文明班级"的评选，由各二级学院按照参评条件和评比标准进行初评。

2. 每学期期末推荐本二级学院初评的"文明班级"参加学校"文明班级"评选(各二级学院推荐文明班级名额为本二级学院班级总数的 30%)。

二、文明班级的评比原则

1. 客观、公平、公开、公正的原则。

2. 日常检查和不定期抽查的原则。

3. 班级自荐、二级学院初评、学校组织评选原则。

三、文明班级的评比内容和办法

1. 文明班级评比内容主要包括思想政治教育、学风建设、日常管理工作、心理健康教育、学生公寓管理工作、校园文化建设等方面。

2. 每月的"文明班级"由二级学院推荐,并附文明班级评比申请表。申请表需附文明班级评选申请事迹、日常管理等情况。

3. 申请文明班级需班级全体学生《学生综合素质考核》等级良好以上,且50%以上成员考核等级为优秀

4. 班级日常管理到位,班级学生无重大违纪现象,所在班级学生无因旷课受到严重警告以上等级的纪律处分。

5. 学生有打架斗殴、违反消防规定引起火灾等严重违纪者,取消其所在班级的"文明班级"的评选资格。

6. 学生积极参加志愿者服务活动班级学生完成志愿者服务活动占全班人数的70%以上。

四、文明班级评选检查内容

1. 班级每月召开有记录、有照片、有方案、有总结的德育教育主题班会、常规班会两次以上,并取得良好效果。

2. 班级所管辖教室卫生整洁,打扫及时,教室卫生合格率100%,且优秀率在85%以上。

3. 班级学生的《学生综合素质考核》成绩在良好等级以上,且50%以上成员考核等级为优秀。

4. 班级的党、团工作、奖、助、贷、班级日常管理资料整理规范、报送及时。

5. 班级学生学风优良,无迟到、早退现象,月到课率98%以上,学习成绩优异,专业考核、文化考试成绩不及格率在10%以下。

6. 班级每月开展一次有益身心健康的文娱活动,班级参加人数90%以上,学生完成志愿者服务活动人数在70%以上。

7. 班级学生所在寝室一学期30%以上被评为"文明寝室"。

8. 班级辅导员(班主任)恪守职业道德和职业操守,开展学生思政工作、学管工作扎实有方、成效突出,《辅导员工作手册》填写认真、记录完整。

七、湖南艺术职业学院学生资助工作条例

第一章　总　则

第一条　为帮助我校家庭经济困难学生顺利完成学业，体现党和政府以及学校对家庭经济困难学生的关怀，落实立德树人根本任务，促进学生德、智、体、美全面发展，助推学生成长成才，特制定本条例。

第二条　学校按国家政策和文件严格执行财政拨款的学生资助项目，如：国家奖学金、国家励志奖学金、国家助学金、中职减免学费、中职助学金、国家助学贷款、长沙户籍免学费等。

第三条　学校每年从当年事业收入中足额提取不低于4%的经费用于资助家庭经济困难学生，使用范围包括学校发放的校级助学金、校级奖学金、校级助困奖学金、勤工助学补助、特殊困难助学补助以及其他经省有关部门批准的资助经济困难学生支出项目等。

第四条　本条例称家庭经济困难学生(简称困难学生)是指学生家庭年人均收入低于学生家庭所在地居民的平均最低生活保障线的学生，具体认定按既定办法办理。

第五条　本条例所称家庭经济特别困难学生(简称特困生)是指困难学生家庭遇到意外突发事故，造成经济更加困难的学生。

第二章　申请经济资助的条件

第六条　学生申请经济资助，应具备以下条件：

1. 学校全日制正式在籍学生(休学、保留入学资格或学籍的学生除外)；

2. 家庭经济困难；

3. 无违法违纪违规现象；

4. 单科成绩无不及格现象(经批准的缓考成绩计有效成绩)。

第三章　院级助学金

第七条　学校设立院级助学金，总额不低于当年"学校经济困难学生专项资助经费"的50%。一等助学金标准为3000元，二等助学金为2000元，三等助学金为1000元。学校助学金可与国家助学金同时享受。

第八条　校级助学金的评定、发放按《湖南艺术职业学院困难学生助学金评定管理办法》执行。

第四章 院级奖学金、助困奖学金(励志奖学金)

第九条 学校设立院级奖学金、助困奖学金(励志奖学金),总额不低于当年"学校经济困难学生资助专项费"的25%。一等奖学金标准为3000元,二等奖学金为2000元,三等奖学金为1000元。学校奖学金、助困奖学金(励志奖学金)可与国家奖学金和励志奖学金同时享受。

第十条 校级奖学金、助困奖学金的评定、发放按《湖南艺术职业学院院级奖学金评定管理办法》执行。

第五章 勤工助学补助

第十一条 学校设立经济困难学生勤工助学补助专项经费,总额不低于当年"学校经济困难学生专项资助经费"的20%。勤工助学岗位每学年公布两次(即春季、秋季)。临时性岗位根据工作任务需要临时招聘。学生在勤工助学岗位考核合格,学校发放勤工助学津贴,表现优异另行奖励。

第十二条 学生申请勤工助学及相关考核、津贴发放按《湖南艺术职业学院勤工助学管理办法》执行。

第六章 特殊困难助学补助(爱心助学)

第十三条 学校对在籍学生因重大意外突发事故造成家庭经济特别困难的按一定标准进行一次性家庭慰问,总额不低于当年"学校经济困难学生专项资助经费"的5%。具体操作由学校学生资助管理中心进行。

第十四条 家庭经济特别困难的学生在入学报到时可申请学费、住宿费缓交。办理缓交手续时须持有家庭经济困难认定表,所在二级学院初审,并报学工部批准备案。

第十五条 办理学费、住宿费缓交手续的新生,在入学第二学期开学后一个月内补缴所欠费用或办理生源地助学贷款手续。如不办理或申请未被批准,须交纳学费和住宿费。

第七章 其 他

第十六条 学校欢迎并争取社会各界为困难学生提供经济资助和其他帮助,提倡广大教职工和学生为困难学生提供资助、捐助或其他帮助。

第八章 附 则

第十七条 本条例自发布之日起执行。

第十八条 本条例由学生工作部和计划财务处负责解释。

八、湖南艺术职业学院家庭经济困难学生认定工作实施办法

第一章 总 则

第一条 为进一步做好我校家庭经济困难学生认定工作，全面推进精准资助工作，根据《教育部等六部门关于做好家庭经济困难学生认定工作的指导意见》(教财〔2018〕16号)、《湖南艺术职业学院学生资助工作条例》等文件精神，特制定本办法。

第二条 本办法所称的家庭经济困难学生，是指我校全日制普通专科、中职在校学生中本人及其家庭的经济能力难以负担在校期间学习和生活基本支出的学生。

第三条 家庭经济困难学生认定坚持实事求是、客观公正的原则；坚持定量评价与定性评价相结合的原则；坚持公开透明与保护隐私相结合的原则；坚持积极引导与自愿申请相结合的原则。

第二章 认定机构

第四条 学校成立学生资助管理工作领导小组，全面领导、监督家庭经济困难学生认定工作。主管学生工作的副校长担任组长，成员包括学生工作部、纪检委(监审处)处、计划财务处的负责人及二级学院的党支部书记。

学生工作部学生资助管理中心(以下简称"学生资助中心")具体负责组织和管理全校家庭经济困难学生的认定工作。

各二级学院成立以支部书记为组长，资助工作人员、辅导员等相关人员参加的认定工作组，负责具体的组织和初级审核工作。

各班级成立以辅导员为组长、以班团干部等为成员的认定评议小组，开展民主认定评议工作。

第三章 认定标准与等级

第五条 申请认定为家庭经济困难学生，应具备以下基本条件。

(一)热爱社会主义祖国，拥护中国共产党领导；

(二)遵守我国法律法规，遵守学校规章制度；

(三)诚实守信，道德品质优良；

(四)学习勤奋，积极上进；

(五)家庭经济条件困难，生活俭朴；

虽有学籍但已辍学或休学的学生，在辍学或休学期间暂停申请资格。

第六条 认定等级设为特别困难、困难、一般困难三个。

第七条 具备下列情形之一者，认定为特别困难等级：

(一)相关部门认定的原建档立卡贫困家庭学生；

(二)民政部门认定的最低生活保障家庭学生、特困供养学生、孤儿、事实无人抚养儿童；

(三)退役军人事务部门认定的烈士子女；

(四)残联部门认定的家庭经济条件困难的残疾学生或残疾人子女；

(五)工会部门认定的原建档立卡困难职工子女；

(六)家庭经济条件因遭受重大自然灾害、重大突发意外事件而特别困难的；

(七)家庭经济条件因学生本人或其家庭成员患重大疾病，需要承担巨额医疗费用，而特别困难的；

(八)家庭经济条件因其他原因而特别困难的。

第八条 具备下列情形之一者，认定为困难等级。

(一)学生消费水平明显低于本地或本校学生平均水平，难以满足学习和生活基本需要的；

(二)家庭经济收入水平低于当地平均水平，且家庭成员有残疾人或因患病而需要负担大额医疗费用的；

(三)单亲家庭且与学生共同生活的父亲(母亲)的经济收入水平低于当地平均收入水平的；

(四)家庭经济条件因遭受自然灾害、突发意外事件而比较困难的；

(五)家庭经济条件因其他原因而困难的。

第九条 不具备本办法第七条、第八条所列情形，但家庭经济收入水平偏低或者家庭负担较重，不能负担学生在校期间的学习和基本生活支出的，认定为一般困难等级。

第十条 具备下列情形之一者，不得纳入家庭经济困难学生认定范围，已经通过认定的，应取消其资助资格。

(一)思想政治素质低劣或道德品质败坏，且屡教不改；

(二)严重违反法律法规和学校规章制度，且屡教不改；

(三)学生或监护人提供虚假信息，隐瞒本人或其家庭资产或收入；

(四)学生的日常消费明显高出本校学生的整体水平，经常使用高档产品或者进行高消费；

(五)其他不适宜认定为家庭经济困难学生的情形。

第四章　认定程序

第十一条　家庭经济困难学生认定工作每学年组织一次，一般在9月份进行。每学期根据实际情况，对家庭经济困难学生的认定结果进行动态调整。

第十二条　家庭经济困难学生认定工作，一般包括提前告知、个人申请、学校认定、结果公示、建档备案等环节。

1. 提前告知。学校在向新生寄送录取通知书时，同时寄送"湖南省家庭经济困难学生认定申请表"(以下简称"申请表"，见附件)，学生也可自行从学校学生工作部网站上下载。

2. 个人申请。学生本人或监护人自愿提出申请，如实填报"申请表"，并提供能够真实反映其家庭经济状况的支撑材料。

3. 学校认定。班级评议小组负责对学生填报的"申请表"及相关材料进行核实，综合考虑学生日常的消费情况以及影响家庭经济状况的有关因素，在进行民主评议后，初步提出家庭经济困难学生名单和认定等级。各二级学院的认定工作组负责对评议小组提出的家庭经济困难学生名单及认定等级进行审核，学生资助中心汇总复核后，报学校资助工作领导小组批准。在认定过程中，学校除查阅相关材料、开展民主评议之外，还可采取家访、个别谈话等方式进行核实。

4. 结果公示。各二级学院认定工作组要将家庭经济困难学生名单及认定等级以适当方式、在适当范围内公示5个工作日。

5. 建档备案。公示及无异议后，学校将家庭经济困难学生名单汇总造册，连同学生的申请材料一同建档，并按要求录入全国学生资助管理信息系统。

第五章　监督与管理

第十三条　各二级学院在认定工作中要注意保护受助学生的尊严及隐私，严禁让学生当众诉苦、互相比困。

第十四条　学生资助中心和各二级学院认定工作小组接受对认定工作的投诉，应认真核实情况，及时回复处理情况。学生工作部每学年随机抽取一定比例的家庭经济困难学生，通过函询、走访等方式核实其家庭经济状况，如发现不符合认定条件的，一经查实，取消该学生的认定资格，并追回其已获得的相关资助资金。

第十五条　学校和各二级学院应加强对学生的诚信教育，要求申请认定的学生或监护人如实提供其家庭经济状况及变动情况，并组织申请人签订诚信承诺书。

第十六条 已被认定为家庭经济困难的学生，其家庭经济状况发生显著变化时，应及时告知学校，学校应重新评估学生的家庭经济状况，重新确定其是否为家庭经济困难学生或调整其困难等级。

未被认定为家庭经济困难的学生，其家庭经济状况发生显著变化时，应及时告知学校并提出申请，学校应评估学生的家庭经济状况，确定其是否为家庭经济困难学生并确定困难等级。

第六章 附 则

第十七条 本办法由学生工作部负责解释。

第十八条 本办法自发布之日起实施。

附件：湖南省家庭经济困难学生认定申请表

湖南省家庭经济困难学生认定申请表

学校：_____ 院系：_____ 专业：_____

年级：_____ 班级：_____

学生基本信息						
姓名		性别		民族		出生年月		健康状况	
身份证号				籍贯		家庭人口(含共同生活并履行赡养义务的祖辈)	
户口所在地		省 市 县(市、区) 镇(街道) 村(号)				户口性质	
本人联系电话				家长联系电话			
农村建档立卡	□是□否	农村低保学生	□是□否	城市低保学生		□是□否	
残疾学生	□是□否	孤儿	□是□否	事实无人抚养儿童		□是□否	
残疾人子女	□是□否	烈士子女	□是□否	建档立卡困难职工子女		□是□否	
农村特困救助供养学生		□是□否	城市特困供养学生			□是□否	

续表

家庭基本信息

家庭常驻通信地址及邮编						
姓名	年龄	称谓	工作(学习)单位	职业	年收入 (万元)	健康状况

影响家庭经济状况有关信息

家庭人均年收入情况			家庭人均年收入_____元。	
家庭资产情况	住房		□无　□有	
		住房一	地址：	
		住房二	地址：	
		住房三及以上	地址：	
	小轿车		□无　□有	
		品牌型号		购买时间
	其他投资 情况	持有股票	□无　□有	情况描述：
		持有债券	□无　□有	情况描述：
		购买商业门面	□无　□有	情况描述：
		开办企业等 经济实体	□无　□有	情况描述：
家庭遭受自然灾害情况			□是□否，情况描述：	
家庭遭受突发意外情况			□是□否，情况描述：	
家庭欠债情况			□是□否，情况描述：	
家庭成员因残疾、年迈而劳动力弱情况			□是□否，情况描述：	
家庭成员患病及治疗情况			□是□否，情况描述：	

上一学段获取学生资助情况

资助项目	资助金额	获取资助时间(年月)

续表

诚信承诺	本人承诺上述所填写信息以及提供的相关材料真实有效，并向学校申请家庭经济困难学生认定。如有虚假，愿承担相应责任。 　　学生签字：　　　　　　监护人签字：　　　　　　年　　月　　日
民主评议意见	经评议， 该生确属家庭经济困难学生，拟认定等级为： □特别困难　　　□困难　　　□一般困难 □该生不予认定为家庭经济困难学生。 公示时间：_____年___月___日至_____年___月___日（共___个工作日） 同意推荐该生作为_____学年度以下资助项目的资助对象： □中职国家助学金　　　　　□中职免学费 □高职国家助学金　　　　　□_____ □该生不纳入本次资助范围。 　　　　　　民主评议小组负责人签字：　　　　　　年　　月　　日
学校认定意见	经审核，同意认定该生为家庭经济困难学生。 　　　　　　　　　单位公章：　　　　　　年　　月　　日

注：1. 本表用于家庭经济困难学生认定，可复印；

　　2. 本表双面打印；

　　3. 个人承诺须学生本人和监护人手写签字。

九、湖南艺术职业学院学生勤工助学管理办法

第一章　总　则

第一条　为规范我校学生勤工助学管理工作，促进勤工助学活动健康、有序开展，保障学生的合法权益，培养学生的自立自强精神，增强学生的社会实践能力，帮助家庭经济困难学生顺利完成学业，发挥勤工助学育人功能，根据教育部、财政部关于印发《高等学校勤工助学管理办法》（2018年修订）的通知（教财〔2018〕12号）及有关文件精神，结合我校实际情况，特修订本办法。

第二条　勤工助学是学生资助工作的重要组成部分，是提高学生综合素质和资助家庭经济困难学生的有效途径，是实现全程育人、全方位育人的有效平台。勤工助学活动是指学生在学生工作部资助中心的组织下利用课余时间，通过劳动取得合法报酬，用于改善学习、生活条件的实践活动。学生私自在校外兼职的行为，不在本办法规定之列。勤工助学岗位指在学校各部门设置的勤工助学岗位，由资助中心统筹发布。

第三条　学生勤工助学活动坚持学有余力、自愿申请、信息公开、扶困优先、竞争上岗、遵纪守法以及不影响学校正常教学秩序的情况下有组织地开展。

第四条　本办法适用于学校全日制正式注册的全体学生。

第二章　组织机构

第五条　学校学生资助工作领导小组全面领导勤工助学工作，负责协调学校宣传、学工、财务、人事、教务、科研、后勤、团委等部门配合学生资助管理机构开展工作。

第六条　勤工助学活动由学工部资助中心统一管理，专人负责学生勤工助学的日常管理工作制定有关管理细则，指导学生参加勤工助学活动，为学生勤工助学提供必要的服务。

第七条　计划财务处负责校内勤工助学经费的管理、统计与发放。纪检委（监审处）负责对勤工助学经费的管理和使用进行监督。

第八条　资助中心的相关工作职责

一、组织和协调全校学生的勤工助学活动；

二、对校内各部门的勤工助学岗位设定、用工要求、报酬标准等进行审核，对学生勤工助学活动和酬金发放等实施规范管理和服务；

三、依法保护学生参加勤工助学活动的合法权益，及时帮助学生解决勤工助学活动中出现的问题。

第三章　申请条件与要求

第九条　我校全日制在校学生均可到学工部资助中心自愿申请参加勤工助学活动，按要求填写《勤工助学申请表》进行备案。

第十条　学生申请参加勤工助学活动的条件

一、遵守校纪校规，道德品德良好；

二、学习成绩合格，身体健康；

三、家庭经济困难者优先；

四、有岗位专长者优先。

第十一条　学生申请参加勤工助学活动的要求

一、必须诚实守信，遵守用工作部门的劳动纪律，按要求学生参加勤工助学活动的要求，完成工作任务；若与用工部门发生争议或者纠纷，须及时报资助中心并配合协调解决。

二、用工部门和资助中心共同负责对参加勤工助学活动的学生进行考核。凡在工作中表现突出，受到用人部门好评者，在下一次勤工助学岗位招聘时优先考虑；凡在勤工助学活动中，有下列情况之一者，予以退岗甚至取消申请资格：

（一）未经批准，擅自不到用工部门报到的；

（二）无正当理由，拒不服从用工部门工作安排的；

（三）在勤工助学岗位上不履行岗位责任、不遵守劳动纪律或者考核不合格的；

（四）违反学校规章制度受到严重警告及以上处分的。

第四章　岗位申报与设置

第十二条　学工部学生资助管理中心是学校勤工助学唯一管理机构，为了确保不影响正常的教学和生活秩序，任何学生个人、团体或用人单位未经学生资助管理中心许可，不得在校园范围内招录学生参加勤工助学活动或经营性活动。

第十三条　校内用人单位只能提出用人申请，勤工助学人员由学生资助管理中心统一安排。对于不经过学生资助管理中心许可擅自安排的勤工助学人员，学校不负责津贴发放。

第十四条　凡能给本单位带来经济收入的岗位，不安排勤工助学人员。

第十五条　所有参加校内勤工助学人员的津贴按有关程序确定，由计划财务处统一发放。用人单位擅自为勤工助学人员开出不符标准报酬的承诺，学生资助管理中心概不承认。

第十六条　校外用人单位必须携带法人资格证书副本、营业执照复印件和相关的证明文件到学生资助管理中心办理登记手续，经中心同意后方可招录，并与录用学生签订《湖南艺术职业学院学生校外勤工助学协议书》。

第十七条　校内外用人单位或个人应保障学生人身安全，不得损害或变相损害学生在劳动保护方面的合法权益。

第十八条　在勤工助学活动中表现出色的集体和个人，学生资助管理中心每年组织评奖评优活动，并给予一定奖励。对在勤工助学过程中消极怠工者视情节轻重，给予扣除津贴或解聘处理；对违反纪律、不履行合约、弄虚作假、违反协议者，学生资助管理中心将视情节轻重，对其进行口头警告、一定范围内的通报批评、停止其勤工助学活动；对造成严重后果者，将按学生管理的有关规定给予纪律处分；构成犯罪者，依法追究其相应民事或者刑事责任。

第十九条　用工部门应指派思想素质好、业务能力强的同志指导学生进行勤工助学活动。

第二十条　寒暑假需要用工的校内部门，应在放假前两周向资助中心提出用工计划，经资助中心审核并报学校审批后，由用工部门自主招聘。用工部门在放假前一周将应聘上岗学生名单交资助中心。

第二十一条　勤工助学岗位设立原则

一、工作任务可以由勤工助学学生承担的；

二、岗位职责明确且相对固定的；

三、工作任务专业性不强或专业性质较强但与学生所学专业联系紧密的；

四、劳动强度适度，在时间、精力上基本上不影响学生学习的；

五、工作内容不含有毒、有害和危险的生产作业以及有碍学生身心健康的劳动；

六、工作内容不能替代教职工的本职工作。

第五章　薪酬审核与发放

第二十二条　学校勤工助学资金来源于学校年度经费预算，专款专用。

第二十三条　学生勤工助学活动薪酬分按工作小时计酬和按岗按月计酬两种方式。按小时计酬的薪酬标准暂定为 12 元/小时左右，每周工作时间原则上不超过 8 小时，每月不超过 40 小时，寒暑假可根据学校的具体情况适当延长；按岗按月计酬标准暂定为 500 元/月左右，特殊岗位突破标准须报校长批准。

第二十四条　校内用人单位应本着培养、提高学生的综合能力及素质的目标，负责对勤工助学学生进行管理与考核，考核不合格的，只发放津贴的 60%，如一学期内两次月考核不合格，则取消该学生上岗资格。

第二十五条　校内用人单位每月按时报送《湖南艺术职业学院校内勤工助学岗位考核情况表》，作为核定发放勤工助学津贴的依据。

第二十六条　学生资助管理中心根据用人单位提供的勤工助学岗位考核结

果，制定津贴发放表，并提交计划财务处。由计划财务处统一将勤工助学津贴发放到学生银行卡。

第二十七条　学生参加校外勤工助学，其劳动报酬由校外用人单位按协议支付。校外勤工助学津贴标准应不低于当地政府或有关部门规定的最低工资标准，由用人单位、学校与学生协商确定，并写入聘用协议。

第二十八条　在勤工助学活动中，若出现协议纠纷或学生意外伤害事故，协议各方应按照签订的协议协商解决。如不能达成一致意见，按照有关法律法规规定的程序办理。

第二十九条　勤工助学资金的发放应遵守国家财经法规和学校财务制度，设岗部门在造工资表时，应按实际情况如实填写，不得虚报、假报，一经发现报学校严肃处理。

第六章　其　他

第三十条　未经批准，严禁任何单位、部门以及个人以勤工助学名义在校园内、宿舍内进行推销商品，张贴商业广告及开展招聘勤工助学岗位等活动。

第二十一条　自行招聘学生进行勤工助学活动的学校内商业经营单位（含食堂），须严格遵守国家法律规，遵守学校相关制度，保护学生合法权益。

第七章　附　则

第三十二条　本管理办法由学生工作部负责解释。

第三十三条　本办法自发布之日起实施。原《湖南艺术职业学院勤工助学管理办法（试行）》同时废止。

十、高等学校学生应征入伍服义务兵役国家资助办法

第一章　总　则

第一条　为推进国防和军队现代化建设，鼓励高等学校学生积极应征入伍服义务兵役，提高兵员征集质量，对应征入伍服义务兵役及退役后自愿回校复学的高等学校学生，国家给予资助。现根据有关规定，制定本办法。

第二条　高等学校学生应征入伍服义务兵役国家资助，是指国家对应征入伍服义务兵役的高校学生，在入伍时对其在校期间缴纳的学费实行一次性补偿或获得的国家助学贷款（国家助学贷款包括校园地国家助学贷款和生源地信用助学贷款，下同）实行代偿；应征入伍服义务兵役前正在高等学校就读的学生（含按国家招生规定录取的高等学校新生），服役期间按国家有关规定保留学籍

或入学资格、退役后自愿复学或入学的，国家实行学费减免。

第三条 本办法所称高等学校是指根据国家有关规定批准设立、实施高等学历教育的全日制公办普通高等学校、民办普通高等学校和独立学院（以下简称"高校"）。

第四条 本办法所称高校学生是指高校全日制普通本专科（含高职）、研究生、第二学士学位的应（往）届毕业生、在校生和入学新生，以及成人高校招收的普通本专科（高职）应（往）届毕业生、在校生和入学新生（以下简称"高校学生"）。

下列高校学生应征入伍服义务兵役不享受国家资助：

（一）在校期间已免除全部学费的学生；

（二）定向生、委培生和国防生；

（三）其他不属于服义务兵役到部队参军的学生。

第五条 高校学生应征入伍服义务兵役国家资助资金，全部由中央财政安排。

第二章 标准及年限

第六条 学费补偿、国家助学贷款代偿及学费减免标准，本专科生每人每年最高不超过 6000 元，硕士研究生每人每年最高不超过 8000 元，博士研究生每人每年最高不超过 10000 元。

学费补偿或国家助学贷款代偿金额，按学生实际缴纳的学费或获得的国家助学贷款（国家助学贷款包括本金及其全部偿还之前产生的利息，下同）两者金额较高者执行，据实补偿或者代偿。退役复学后学费减免金额，按学校实际收取学费金额执行。超出标准部分不予补偿、代偿或减免。

获学费补偿学生在校期间获得国家助学贷款的，补偿资金必须首先用于偿还国家助学贷款。如补偿金额高于国家助学贷款金额，高出部分退还学生。

第七条 获得国家助学贷款的高校在校生应征入伍后，国家助学贷款停止发放。

第八条 学费补偿、国家助学贷款代偿和学费减免的年限，按照国家对本科、专科（高职）、研究生和第二学士学位规定的相应修业年限据实计算。以入伍时间为准，入伍前已达到的修业规定年限，即为学费补偿或国家助学贷款代偿的年限；退役复学后应完成的国家规定的修业年限的剩余期限，即为学费减免的年限；复学后攻读更高层次学历不在减免学费范围之内。

专升本、本硕连读、中职高职连读、第二学士学位毕业生补偿学费或代偿国家助学贷款的年限,分别按照完成本科、硕士、高职和第二学士学位阶段学习任务规定的学习时间计算。

专升本、本硕连读学制在校生,在专科或本科学习阶段应征入伍的,以实际学习时间实行学费补偿或国家助学贷款代偿;在本科或硕士学习阶段应征入伍的,以本科已学习时间或硕士已学习时间计算,实行学费补偿或国家助学贷款代偿,其以前专科学习时间或本科学习时间不计入学费补偿或国家助学贷款代偿。中职高职连读学生学费补偿或国家助学贷款代偿的年限,按照高职阶段实际学习时间计算。

第三章　申请与审批

第九条　高校学生申请应征入伍服义务兵役国家资助应遵循以下程序:

(一)应征报名的高校学生登录大学生征兵报名系统,按要求在线填写、打印《高校学生应征入伍学费补偿国家助学贷款代偿申请表》(一式两份,以下简称《申请表》)并提交学校学生资助管理部门。在校期间获得国家助学贷款的学生,需同时提供《国家助学贷款借款合同》复印件和本人签字的一次性偿还贷款计划书。

(二)学校相关部门对《申请表》中学生的资助资格、标准、金额(如有生源地信用助学贷款,学校应联系贷款经办银行或贷款经办地县级学生资助管理机构确认贷款金额)等相关信息审核无误后,对《申请表》加盖公章,一份留存,一份返还学生。

(三)学生在征兵报名时将《申请表》交至入伍所在地县级人民政府征兵办公室(以下简称县级征兵办)。学生通过征兵体检被批准入伍后,县级征兵办对《申请表》加盖公章并返还学生。

(四)学生将《申请表》原件和入伍通知书复印件,寄送至原就读高校学生资助管理部门。

第十条　高校学生资助管理部门在收到学生寄送的《申请表》和《入伍通知书》复印件后,对各项内容进行复核,符合条件的,应及时向学生进行学费补偿或国家助学贷款代偿。

对于办理校园地国家助学贷款的学生,由学校按照还款计划,一次性向银行偿还学生校园地国家助学贷款本息,并将银行开具的偿还贷款票据交寄学生本人或其家长。偿还全部贷款后如有剩余资金,汇至学生指定的地址或账户。

对于入学前在户籍所在县(市、区)办理了生源地信用助学贷款的学生,由学校根据学生签字的还款计划，一次性向银行偿还学生生源地信用助学贷款本息，或由学校将代偿资金汇入学生贷款经办地县级学生资助管理机构账户，由县级学生资助管理机构向银行偿还；学校或县级学生资助管理机构将银行开具的偿还贷款票据交寄学生本人或其家长，县级学生资助管理机构还应同时将偿还贷款票据复印件寄送学生就读高校。偿还全部贷款后如有剩余资金，汇至学生指定的地址或账户。

第十一条　退役后自愿回校复学的学生，到学校报到后向学校提出学费减免申请，填写并提交《高校学生退役复学学费减免申请表》和退出现役证书复印件。学校学生资助管理部门在收到申请材料后，及时对学生申请资格进行审核认定。符合条件的，及时办理学费减免手续。

第十二条　资助资金不足以偿还国家助学贷款的，学生应与经办银行重新签订还款计划，偿还剩余部分国家助学贷款。

第十三条　应征入伍服义务兵役的往届毕业生，如申请国家助学贷款代偿的，应由学生本人继续按原还款协议自行偿还贷款，学生本人凭贷款合同和已偿还的贷款本息银行凭证向学校申请全部代偿资金。

第四章　资金拨付和管理

第十四条　中央部门所属高校（以下简称中央高校）国家资助资金由中央财政拨付全国学生资助管理中心，地方所属高校（以下简称地方高校）国家资助资金由中央财政拨付各省级财政部门。

第十五条　地方高校学生应征入伍服义务兵役国家资助资金采取"当年先行预拨，次年据实结算"的办法。中央财政于每年5月底前，对各省份上一年度实际所需资助经费进行清算，并以上一年度实际支出金额为基数提前下达各省份当年资金预算。

第十六条　中央有关部门、各省级财政和教育部门应及时将资金拨付至所属高校。各有关高校应采取有效措施，及时支付资助经费，确保国家资助政策及时落实到位。

第十七条　每年10月31日前，中央高校应将本年度高校学生应征入伍服义务兵役国家资助的经费使用等情况，报全国学生资助管理中心审核。地方高校应将本年度高校学生应征入伍服义务兵役国家资助的经费使用等情况，报各省（区、市）学生资助管理中心；各省（区、市）学生资助管理中心审核无误后，于每年11月15日前，报全国学生资助管理中心备案。

第十八条　各地财政、教育部门和高校要严格执行国家相关财经法规和本办法的规定，对高校学生应征入伍服义务兵役国家资助资金实行分账核算，专款专用，并接受财政、审计、纪检监察、主管机关等部门的检查和监督。对弄虚作假、套取财政资金或截留、挤占、挪用财政资金的行为，将按照有关规定严肃处理。情节严重的，将依法追究有关责任人的法律责任。

第五章　管理与监督

第十九条　因本人思想原因、故意隐瞒病史或弄虚作假、违法犯罪等行为造成退兵的学生，学校取消其受助资格，并不得申请学费减免。各省(区、市)人民政府征兵办公室应在接收退兵后及时将被退回学生的姓名、就读高校、退兵原因等情况逐级上报至国防部征兵办公室，并按照学生原就读高校的隶属关系，通报同级教育行政部门。

被部队退回并被取消资助资格的学生，如学生返回其原户籍所在地，已补偿的学费或代偿的国家助学贷款资金由学生户籍所在地县级教育行政部门会同同级人民政府征兵办公室收回；如学生返回其原就读高校，已补偿的学费或代偿的国家助学贷款由学生原就读高校会同退役安置地县级人民政府征兵办公室收回。各县级教育行政部门和各高校应在收回资金后十日内，逐级汇总上缴全国学生资助管理中心。收回资金按规定作为下一年度学费补偿或国家助学贷款代偿经费。

第二十条　因部队编制员额缩减、国家建设需要、因战因公负伤致残、因病不适宜在部队继续服役、家庭发生重大变故需要退出现役等原因，经组织批准提前退役的学生，仍具备受助资格。其他原因非正常退役学生的资助资格认定，由学校所在地省(区、市)人民政府征兵办公室会同同级教育行政部门确定。

第二十一条　各地教育行政部门、人民政府征兵办公室和高校要认真履行职责，按照规定要求，对应征入伍高校学生的入伍资格、资助资格等进行认真审核，不得弄虚作假。对符合要求的高校应征入伍学生，学校应及时办理资助手续。

第六章　附　则

第二十二条　本办法由财政部、教育部、中国人民解放军中央军事委员会联合参谋部负责解释。

第二十三条　本办法自公布之日起实施。2009年4月20日，财政部、教育部、原总参谋部印发的《应征入伍服义务兵役高等学校毕业生学费补偿国家助学贷款代偿暂行办法》(财教〔2009〕35号)和2011年10月19日财政部、教育部、原总参谋部印发的《应征入伍服义务兵役高等学校在校生学费补偿国家助学贷款代偿及退役复学后学费资助暂行办法》(财教〔2011〕510号)同时废止。

十一、湖南艺术职业学院关爱基金管理办法

第一章　总则

第一条　为弘扬中华民族扶危济困、助人为乐的传统美德，贯彻以人为本的办学理念，传承中华民族守望相助、扶贫济困的传统美德，创新社会帮扶方式，推进和谐校园建设，关心帮助遇有危急和经济上有特别困难的在校学生，特设立湖南艺术职业学院关爱基金(以下简称"关爱基金")。

第二条　关爱基金是在学校支持、广大师生和社会各界的捐助下，建立的公益性、互助性、临时性无偿资助资金；关爱基金的筹集、管理、审批遵循"公平、公开、公正"原则，关爱基金的各项工作接受全校师生的监督。

第三条　为广泛筹集关爱基金，规范关爱基金的管理、使用，强化监督，做好困难学生的救助工作，依照《中华人民共和国公益事业捐赠法》等法律法规，制定本办法。

第二章　关爱基金的募集

第四条　关爱基金采取多种渠道、多种形式募集。

(一)企事业单位、社会团体和个人的捐款；

(二)学校师生的爱心捐款；

(三)学校事业收入提取的4%的奖助资金；

(四)其他合法来源。

接受捐助事宜由基金管理委员会授权，由学生工作部负责具体工作。

第五条　除接受捐赠现金款项外，不接受直接捐赠的图书、期刊、学习用品等实物。

第三章　关爱基金的管理

第六条　学校成立以主管学生和财务工作校领导为主任委员，学生工作部、计划财务处等有关部门负责人为委员的关爱基金管理委员会；关爱基金管理委员会根据本办法的规定募集、管理、使用关爱基金；关爱基金管理委员会下设办公室，设在学生工作部学生资助管理中心，负责关爱基金管理委员会的日常工作，办公室主任由学生工作部部长兼任。

第七条　关爱基金由计划财务处实行专户储存、专款专用，并建立健全关

爱基金财务管理制度，严格使用审批手续，不得截留或改变用途。

第八条 关爱基金财务收支情况由计划财务处派专人管理，每学期末将关爱基金资助情况向学校院长办公会报告，接受纪检监察处的监督。

第四章 关爱基金的使用

第九条 关爱基金的资助对象：学校在校学习的全日制学生。

第十条 关爱基金申报条件

申请关爱基金资助的学生应当道德品质优良、学习勤奋刻苦、能完成正常的学习任务，并符合下列条件之一：

（一）家庭突然遭受重大灾害，造成经济严重困难；

（二）本人患严重疾病或受到严重意外伤害而无力医治；

（三）基金管理办公室认定的其他情况。

原则上已获得国家助学金或学校其他资助的学生，无特殊情况，原则上不再获得关爱基金资助。

第十一条 关爱基金的救助程序

（一）申请。需要关爱基金救助的学生，本人向学校提出书面申请，填写"湖南艺术职业学院关爱基金申请审批表"，并附相关证明材料，相关二级学院初审并签署意见，报送学校关爱基金管理委员会办公室，原则上每个学期集中申请一次。

（二）审核。关爱基金管理委员会办公室对申请材料进行复核，复核属实后提出资助方案。

（三）审批。关爱基金管理委员会研究审批资助方案。

（四）拨付。关爱基金管理委员会办公室按照审批意见，将相关材料报计划财务处，计划财务处将关爱基金拨付到受资助学生的个人银行账户，有特殊情况的也可直接发放现金。

第十二条 关爱基金的救助等级和金额

资助类型为一次性资助。资助等级分为一级资助（5000元/次）、二级资助（3000元/次）和三级资助（2000元/次）；每人资助金额原则上不超过5000元；在校生在读期间申请关爱基金的次数原则上不超过2次。

第十三条 关爱基金的使用坚持量入为出、留有余地的原则。

第十四条 出现以下情形之一者，关爱基金管理委员会将收回资助金：

（一）经查实，在申报过程中弄虚作假；

（二）因特殊原因，暂时休学或不能继续学业；

（三）家庭经济状况明显改善或通过其他途径能继续支付学习费用；

（四）存在高消费现象，如生活奢侈，购买非必需品，购买高档手机、电脑或其他高档消费品；

（五）违反校纪、校规及法律受到处罚。

第五章 附 则

第十五条 本办法由关爱基金管理委员会办公室负责解释。

第十六条 本办法自发布之日起施行。

第四节 权益和保障

一、学生伤害事故处理办法（2002 年 6 月 25 日教育部令第 12 号）

第一章 总 则

第一条 为积极预防、妥善处理在校学生伤害事故，保护学生、学校的合法权益，根据《中华人民共和国教育法》《中华人民共和国未成年人保护法》和其他相关法律、行政法规及有关规定，制定本办法。

第二条 在学校实施的教育教学活动或者学校组织的校外活动中，以及在学校负有管理责任的校舍、场地、其他教育教学设施、生活设施内发生的，造成在校学生人身损害后果的事故的处理，适用本办法。

第三条 学生伤害事故应当遵循依法、客观公正、合理适当的原则，及时、妥善地处理。

第四条 学校的举办者应当提供符合安全标准的校舍、场地、其他教育教学设施和生活设施。

教育行政部门应当加强学校安全工作，指导学校落实预防学生伤害事故的措施，指教育行政部门应当加强学校安全工作，指导学校落实预防学生伤害事故的措施，指导、协助学校妥善处理学生伤害事故，维护学校正常的教育教学秩序。

第五条 学校应当对在校学生进行必要的安全教育和自护自救教育；应当按照规定，建立健全安全制度，采取相应的管理措施，预防和消除教育教学环境中存在的安全隐患；当发生伤害事故时，应当及时采取措施救助受伤害学生。

学校对学生进行安全教育、管理和保护,应当针对学生年龄、认知能力和法律行为能力的不同,采用相应的内容和预防措施。

第六条　学生应当遵守学校的规章制度和纪律;在不同的受教育阶段,应当根据自身的年龄、认知能力和法律行为能力,避免和消除相应的危险。

第七条　未成年学生的父母或者其他监护人(以下称为监护人)应当依法履行监护职责,配合学校对学生进行安全教育、管理和保护工作。

学校对未成年学生不承担监护职责,但法律有规定的或者学校依法接受委托承担相应监护职责的情形除外。

第二章　事故与责任

第八条　学生伤害事故的责任,应当根据相关当事人的行为与损害后果之间的因果关系依法确定。

因学校、学生或者其他相关当事人的过错造成的学生伤害事故,相关当事人应当根据其行为过错程度的比例及其与损害后果之间的因果关系承担相应的责任。当事人的为是损害后果发生的主要原因,应当承担主要责任;当事人的行为是损害后果发生的非主要原因,承担相应的责任。

第九条　因下列情形之一造成的学生伤害事故,学校应当依法承担相应的责任:

(一)学校的校舍、场地、其他公设施,以及学校提供给学生使用的学具、教育教学和生活设施、设备不符合国家规定的标准,或者有明显不安全因素的;

(二)学校的安全保卫、消防、设施设备管理等安全管理制度有明显疏漏,或者管理混乱,存在重大安全隐患,而未及时采取措施的;

(三)学校向学生提供的药品、食品、饮用水等不符合国家或者行业的有关标准、要求的;

(四)学校组织学生参加教育教学活动或者校外活动,未对学生进行相应的安全教育,并未在可预见的范围内采取必要的安全措施的;

(五)学校知道教师或者其他工作人员患有不适宜担任教育教学工作的疾病,但未采取必要措施的;

(六)学校违反有关规定,组织或者安排未成年学生从事不宜未成年人参加的劳动、体育运动或者其他活动的;

（七）学生有特异体质或者特定疾病，不宜参加某种教育教学活动，学校知道或者应当知道，但未予以必要的注意的；

（八）学生在校期间突发疾病或者受到伤害，学校发现，但未根据实际情况及时采取相应措施，导致不良后果加重的；

（九）学校教师或者其他工作人员体罚或者变相体罚学生，或者在履行职责过程中违反工作要求、操作规程、职业道德或者其他有关规定的；

（十）学校教师或者其他工作人员在负有组织、管理未成年学生的职责期间，发现学生行为具有危险性，但未进行必要的管理或者制止的；

（十一）对未成年学生擅自离校等与学生人身安全直接相关的信息，学校发现或者知道，但未及时告知未成年学生的监护人，导致未成年学生因脱离监护人的保护而发生伤害的；

（十二）学校有未依法履行职责的其他情形的。

第十条 学生或者未成年学生监护人由于过错，有下列情形之一，造成学生伤害事故，应当依法承担相应的责任：

（一）学生违反法律法规的规定，违反社会公共行为准则、学校的规章制度或者纪律，实施按其年龄和认知能力应当知道具有危险或者可能危及他人的行为的；

（二）学生行为具有危险性，学校、教师已经告诫、纠正，但学生不听劝阻、拒不改正的；

（三）学生或者其监护人知道学生有特异体质，或者患有特定疾病，但未告知学校的；

（四）未成年学生的身体状况、行为、情绪等有异常情况，监护人知道或者已被学校告知，但未履行相应监护职责的；

（五）学生或者未成年学生监护人有其他过错的。

第十一条 学校安排学生参加活动，因提供场地、设备、交通工具、食品及其他消费与服务的经营者，或者学校以外的活动组织者的过错造成的学生伤害事故，有过错的当事人应当依法承担相应的责任。

第十二条 因下列情形之一造成的学生伤害事故，学校已履行了相应职责，行为并无不当的，无法律责任：

（一）地震、雷击、台风、洪水等不可抗的自然因素造成的；

（二）来自学校外部的突发性、偶发性侵害造成的；

（三）学生有特异体质特定疾病或者异常心理状态，学校不知道或者难于知道的；

（四）学生自杀、自伤的；

（五）在对抗性或者具有风险性的体育竞赛活动中发生意外伤害的；

（六）其他意外因素造成的。

第十三条　下列情形下发生的造成学生人身损害后果的事故，学校行为并无不当的，不承担事故责任；事故责任应当按有关法律法规或者其他有关规定认定：

（一）在学生自行上学、放学、返校、离校途中发生的；

（二）在学生自行外出或者擅自离校期间发生的；

（三）在放学后、节假日或者假期等学校工作时间以外，学生自行滞留学校或者自行到校发生的；

（四）其他在学校管理职责范围外发生的。

第十四条　因学校教师或者其他工作人员与其职务无关的个人行为，或者因学生、教师及其他个人故意实施的违法犯罪行为，造成学生人身损害的，由致害人依法承担相应的责任。

第三章　事故处理程序

第十五条　发生学生伤害事故，学校应当及时救助受伤害学生，并应当及时告知未成年学生的监护人；有条件的，应当采取紧急救援等方式救助。

第十六条　发生学生伤害事故，情形严重的，学校应当及时向主管教育行政部门及有关部门报告；属于重大伤亡事故的，教育行政部门应当按照有关规定及时向同级人民政府和上一级教育行政部门报告。

第十七条　学校的主管教育行政部门应学校要求或者认为必要，可以指导、协助学校进行事故的处理工作，尽快恢复学校正常的教育教学秩序。

第十八条　发生学生伤害事故，学校与受伤害学生或者学生家长可以通过协商方式解决；双方自愿，可以书面请求主管教育行政部门进行调解。成年学生或者未成年学生的监护人也可以依法直接提起诉讼。

第十九条　教育行政部门收到调解申请，认为必要的，可以指定专门人员进行调解，并应当在受理申请之日起 60 日内完成调解。

第二十条　经教育行政部门调解，双方就事故处理达成一致意见的，应当在调解人员的见证下签订调解协议，结束调解；在调解期限内，双方不能达成一致意见，或者调解过程中一方提起诉讼，人民法院已经受理的，应当终止调解。调解结束或者终止，教育行政部门应当书面通知当事人。

第二十一条 对经调解达成的协议，一方当事人不履行或者反悔的，双方可以依法提起诉讼。

第二十二条 事故处理结束，学校应当将事故处理结果书面报告主管的教育行政部门；重大伤亡事故的处理结果，学校主管的教育行政部门应当向同级人民政府和上一级教育行政部门报告。

第四章 事故损害的赔偿

第二十三条 对发生学生伤害事故负有责任的组织或者个人，应当按照法律法规的有关规定，承担相应的损害赔偿责任。

第二十四条 学生伤害事故赔偿的范围与标准，按照有关行政法规、地方性法规或者最高人民法院司法解释中的有关规定确定。

教育行政部门进行调解时，认为学校有责任的，可以依照有关法律法规及国家有关规定，提出相应的调解方案。

第二十五条 对受伤害学生的伤残程度存在争议的，可以委托当地具有相应鉴定资格的医院或者有关机构，依据国家规定的人体伤残标准进行鉴定。

第二十六条 学校对学生伤害事故负有责任的，根据责任大小，适当予以经济赔偿，但不承担解决户口、住房、就业等与救助受伤害学生、赔偿相应经济损失无直接关系的其他事项。

学校无责任的，如果有条件，可以根据实际情况，本着自愿和可能的原则，对受伤害学生给予适当的帮助。

第二十七条 因学校教师或者其他工作人员在履行职务中的故意或者重大过失造成的学生伤害事故，学校予以赔偿后，可以向有关责任人员追偿。

第二十八条 未成年学生对学生伤害事故负有责任的，由其监护人依法承担相应的赔偿责任。

学生的行为侵害学校教师及其他工作人员以及其他组织、个人的合法权益，造成损失的，成年学生或者未成年学生的监护人应当依法予以赔偿。

第二十九条 根据双方达成的协议、经调解形成的协议或者人民法院的生效判决，应当由学校负担的赔偿金，学校应当负责筹措；学校无力完全筹措的，由学校的主管部门或者举办者协助筹措。

第三十条 县级以上人民政府教育行政部门或者学校举办者有条件的，可以通过设立学生伤害赔偿准备金等多种形式，依法筹措伤害赔偿金。

第三十一条　学校有条件的，应当依据保险法的有关规定，参加学校责任保险。教育行政部门可以根据实际情况，鼓励中小学参加学校责任保险。提倡学生自愿参加意外伤害保险。在尊重学生意愿的前提下，学校可以为学生参加意外伤害保险创造便利条件，但不得从中收取任何费用。

第五章　事故责任者的处理

第三十二条　发生学生伤害事故，学校负有责任且情节严重的，教育行政部门应当根据有关规定，对学校的直接负责的主管人员和其他直接责任人员，分别给予相应的行政处分；有关责任人的行为触犯刑律的，应当移送司法机关依法追究刑事责任。

第三十二条　发生学生伤害事故，学校负有责任且情节严重的，教育行政部门应当据有关规定，对学校的直接负责的主管人员和其他直接责任人员，分别给予相应的行政处分；有关责任人的行为触犯刑律的，应当移送司法机关依法追究刑事责任。

第三十三条　学校管理混乱，存在重大安全隐患的，主管的教育行政部门或者其他有关部门应当责令其限期整顿；对情节严重或者拒不改正的，应当依据法律法规的有关规定，给予相应的行政处罚。

第三十四条　教育行政部门未履行相应职责，对学生伤害事故的发生负有责任的，由有关部门对直接负责的主管人员和其他直接责任人员分别给予相应的行政处分；有关责任人的行为触犯刑律的，应当移送司法机关依法追究刑事责任。

第三十五条　违反学校纪律，对造成学生伤害事故负有责任的学生，学校可以给予相应的处分；触犯刑律的，由司法机关依法追究刑事责任。

第三十六条　受伤害学生的监护人、亲属或者其他有关人员，在事故处理过程中无理取闹，扰乱学校正常教育教学秩序，或者侵犯学校、学校教师或者其他工作人员的合法权益的，学校应当报告公安机关依法处理；造成损失的，可以依法要求赔偿。

第六章　附　则

第三十七条　本办法所称学校，是指国家或者社会力量举办的全日制的中小学（含特殊教育学校）、各类中等职业学校、高等学校。本办法所称学生是指在上述学校中全日制就读的受教育者。

第三十八条　幼儿园发生的幼儿伤害事故，应当根据幼儿为完全无行为能力人的特点，参照本办法处理。

第三十九条 其他教育机构发生的学生伤害事故，参照本办法处理。

在学校注册的其他受教育者在学校管理范围内发生的伤害事故，参照本办法处理。

第四十条 本办法自 2002 年 9 月 1 日起实施，原国家教委、教育部颁布的与学生人身安全事故处理有关的规定，与本办法不符的，以本办法为准。在本办法实施之前已处理完毕的学生伤害事故不再重新处理。

二、湖南艺术职业学院学生申诉处理办法(2020 年修订)

第一章 总 则

第一条 为推进依法治校，保证学校实施学生管理行为合法合规，维护学生合法权益，维护学校正常教学、工作秩序，根据《中华人民共和国教育法》《普通高等学校学生管理规定》(中华人民共和国教育部令第 41 号)、《湖南省普通高等学校学生申诉处理办法》(湘教发〔2019〕50 号)、《湖南艺术职业学院章程》等规定，结合学校实际，制定本办法。

第二条 在本校接受普通高等学历教育的高职学生(以下称学生)对学校做出的取消入学资格、取消学籍、退学的学籍处理，警告、严重警告、记过、留校察看、开除学籍的纪律处分，或者法律法规规章规定可以申诉的其他具体处理(以下简称处理或者处分)决定有异议而提出申诉要求学校复查，学校对申诉进行处理，适用本办法。

第三条 学生提出申诉，应当遵规有据、理性文明。

处理学生申诉，应当坚持合法合规、公平正义、规范及时的原则，做到事实清楚、依据明确、定性准确、程序正当、结论适当。

校内任何单位和个人不得干预、阻碍学生依规提出申诉，不得干预、妨碍学校依规处理学生的申诉。

第二章 学生申诉处理委员会

第四条 学校成立学生申诉处理委员会(以下简称申诉处理委员会)，按照本办法规定处理学生的申诉。学生申诉委设主任 1 名，设委员 12~17 名。

申诉处理委员会委员(以下简称委员)由校领导、相关职能部门负责人以及教师代表、学生代表担任。委员每届任期三年，可以连任，可以中途调整。职务变动时人员自动变更，不再另行文。

第五条　申诉处理委员会下设办公室，具体负责申诉材料的接收、申诉过程的组织、相关各方的联络、处理决定的送达等申诉处理的日常事务。

第六条　申诉处理委员会根据工作需要不定期召开全体会议，研究有关学生申诉处理工作的重要政策和制度规范问题，讨论学生申诉处理办法的修订，向有关单位发出工作建议书等。

第七条　委员认为自己与本申诉有利害关系或者有其他关系，应当主动回避，不得参加处理该申诉事项。

第八条　委员在处理申诉工作中有下列行为之一的，予以解聘，并视情节依规给予处分：

（一）徇私舞弊的；

（二）索取、收受贿赂的；

（三）泄露当事人隐私的；

（四）有其他影响申诉工作公正性、合规性的行为。

第三章　申诉的提出和受理

第九条　学校做出的处理或者处分存在下列问题之一的，学生方可依照本办法提出申诉：

（一）认定的事实不存在，或者认定事实不清、证据不足；

（二）认定事实清楚，但认定情节有误、定性不准确；

（三）适用的规章制度依据有错误；

（四）违反上位法以及学校规章制度规定的程序或者权限做出决定；

（五）法律法规规章规定的其他理由。

第十条　学生提出申诉，应当在接到学校的处理或者处分决定书之日起10日内，向申诉处理委员会提出。

学生在上述申诉期内未提出申诉的视为放弃申诉，学校不再受理其提出的申诉。处理、处分决定书未告知学生申诉期限的，申诉期限自学生知道或者应当知道处理或者处分决定之日起计算，但最长不得超过6个月。

第十一条　学生提出申诉，应当向申诉处理委员会办公室递交下列文字材料：

（一）申诉书（申诉书应当写明申诉人、被申诉人的基本情况，陈述申诉的请求、事实和理由，提出申诉的日期，并由申诉人亲笔签名）；

（二）申诉人的身份证复印件。委托代理人参加申诉的，还应当提交申诉人

的委托书和代理人的身份证复印件(需当场查验原件);

（三）处理或者处分决定书、送达通知书的复印件(同时查看原件);

（四）申诉人认为需要提供的证据等其他材料。

第十二条 申诉书应当载明下列内容，并由本人签名:

（一）申诉人姓名、所在二级学院、专业、班级、学号、住宿地、通信联系方式;

（二）明确的申诉请求;

（三）申诉的事实与理由。

第十三条 对申诉书内容欠缺、申诉材料不齐全或者有其他错误的，申诉处理委员会办公室应当给予指导和释明，并一次性告知申诉人需要补正的内容，不得未经指导和释明即以申诉材料不符合规定为由不接收申诉材料。

申诉材料需要补正的，申诉人应当于剩余的申诉期限内补正并递交至申诉处理委员会办公室，逾期则视为放弃申诉，学校不再受理其提出的申诉。

第十四条 申诉处理委员会办公室接到符合规定的申诉材料后，应当按照本办法的规定进行审查，并于当日或者次日做出是否受理的决定，并告知申诉人。

第十五条 下列情形之一的申诉，不予受理:

（一）超过申诉期限的;

（二）申诉人、申诉事项不符合本办法第二条规定的;

（三）申诉理由不符合本办法第九条规定的;

（四）申诉材料不齐全或者不符合规定，又未在本办法规定的期限内补正并递交的;

（五）已经撤回申诉，或者已经做出复查结论，又就同一事项再次提出申诉的;

（六）人民法院或者国家行政机关已经受理或者做出结论的事项;

（七）法律法规规章规定的其他情形。

第四章 对申诉的处理

第十六条 受理申诉后，申诉处理委员会办公室应当及时向相关单位送达申诉材料副本，并通知其在接到申诉材料副本之日起3个工作日内提交学校做出原决定的依据材料，并可以提交答辩书。相关单位不提交答辩书的，不影响申诉处理。

第十七条　申诉处理人员应当听取各方当事人的意见，根据需要开展必要的调查。当事人、相关单位或者个人有义务配合申诉处理人员开展询问，查阅、复制书面材料或者以其他适当方式调取、收集证据。

申诉处理人员根据调查结果形成书面处理意见，报请申诉处理委员会审议。

第十八条　申诉处理委员会会议由主任召集并主持；主任因故不能召集和主持的，由副主任召集和主持。会议应当有三分之二以上委员到会方能召开，按照少数服从多数的原则做出复查结论，委员发表的不同意见，应当如实记载。

委员因回避、出差或者患病等情况导致会议出席人数不能达到规定人数，而会议又必须限时召开时，从缺席委员所在单位选定临时委员。临时委员仅参加本次申诉的处理。

第十九条　申诉处理委员会应当自申诉受理之日起 15 日内做出复查结论并告知申诉人。情况复杂不能在规定限期内做出结论的，经申诉处理委员会主任批准，可延长 15 日。申诉处理委员会认为必要的，可以建议学校暂执行有关决定。

第二十条　申诉处理委员会根据审议结果，针对原处理或者处分决定的不同情况，分别做出下列复查结论：

（1）原决定事实清楚、依据明确、定性准确、程序正当、处理适当的，维持原决定；

（2）原决定认定的事实不存在，或者学校超越职权、违反上位法规定做出决定的，建议学校撤销原决定；

（三）原决定认定事实清楚，但认定情节有误、定性不准确，或者适用依据有错误的，建议学校变更或者重新做出决定；

（四）原决定认定事实不清、证据不足，或者违反本规定以及学校规定的程序和权限的，建议学校重新做出决定。

第二十一条　申诉处理委员会做出复查结论后，应当立即告知申诉人，并及时制作申诉结果通知书。申诉结果通知书应当载明下列内容：

（一）申诉人的基本信息；

（二）申诉的请求和理由；

（三）原决定认定的事实、理由，适用的依据；

（四）申诉处理委员会认定的事实、理由，适用的依据；

（五）复查结论；

（六）对维持原决定的复查结论、学校变更或者重新做出的决定有异议，向湖南省教育厅申诉的期限。

申诉结果通知书由申诉处理委员会主任签发。

第二十二条 申诉处理委员会做出的复查结论属于本办法第二十条第二至四项的，申诉结果通知书同时送达相关单位。相关单位应当及时研究提出意见，重新提交校务会议或者有权限的专门会议做出复查决定复查决定不得加重对申诉人的处理。

复查决定做出后，应当及时制作复查决定书。复查决定书应当载明申诉人对复查决定有异议，向湖南省教育厅申诉的期限。

第二十三条 申诉结果通知书、复查决定书由申诉人所在二级学院负责直接送达其本人。

申诉人应当在送达通知书回执上签字；

拒绝签收的，可以以留置方式送达；

已离校的，可以采取邮寄方式送达；

难于联系的，以通过学校网站公告送达，公告期为60日。

第二十四条 申诉处理委员会尚未做出复查结论之前，申诉人可以以书面形式撤回申诉。申诉处理委员会办公室接到撤回申诉的书面材料后，申诉处理程序终止。

申诉人提出申诉被受理后，又向人民法院提起诉讼并被受理的，学校申诉处理程序终止。

第五章 附 则

第二十五条 同一申诉事项，学校只处理一次。申诉人对申诉处理委员会做出的维持原决定的复查结论不服，自接到申诉结果通知书之日起15日内，或者对学校变更或者重新做出的决定有异议的，自接到复查决定书之日起15日内，可以向湖南省教育厅提出书面申诉。

第二十六条 除申诉处理委员会提出暂缓执行有关决定的建议，申诉期间不停止原决定的执行。因取消学籍、退学或者开除学籍而提出申诉的学生，学校可以允许其暂缓办理离校手续。

第二十七条 学生递交的申诉书等材料，有关证据材料，申诉处理委员会会议纪要、申诉结果通知书，复查决定书，送达回执等申诉工作材料，由申诉处理委员会办公室负责归档，相关单位应当按要求移送材料。

第二十八条　处理学生申诉不收取任何费用，所需经费列入学校预算。

第二十九条　本办法自公布之日起施行，原《湖南艺术职业学院学生校内申诉制度》(2005年颁布)同时废止。

三、大学生参加城镇居民基本医疗保险门诊统筹实施办法

根据《国务院办公厅关于将在校大学生纳入城镇居民基本医疗保险试点范围的指导意见》(国办发〔2008〕119号)、《湖南省人民政府办公厅关于将在校大学生纳入城镇居民基本医疗保险试点范围的实施意见》(湘政办发〔2009〕157号)、《长沙市人民政府办公厅关于驻长高校大学生参加长沙市城镇居民基本医疗保险有关事项的通知》(长政办发〔2009〕22号)精神，结合我院的具体情况，特制定如下办法。

一、大学生参加城镇居民基本医疗保险是党和政府的一项惠民政策，为确保大学生的身体健康，严格落实国家政策，在校大学生每年必须参加城镇居民基本医疗保险。

二、大学生住院和门诊医疗按长沙市城镇居民基本医疗保险的有关规定执行。大学生普通门诊仅限就医治疗，其医疗费用实行"统筹共济、限额报销、专款专用、学校管理"。

三、大学生基本医疗保险费按照入学时居民医保缴费标准，将毕业前所有学年医保费一次性缴纳，毕业之前不再调整个人缴费标准；大学生自缴纳参保费用次月起在结算年度内享受基本医疗保险待遇。

四、大学生的普通门诊定点为学校医务室，学校医务室按学生实际医疗费用收取现金，出具票据。大学生所患疾病在学校医务室不能确诊或确诊后无条件治疗需要转往其他医院的，由学校医务室主任签字办理转诊手续，到指定的定点医院就诊。大学生经转诊到指定的定点医院就诊所发生的门诊医疗费用，可按规定到学生工作部医保部报销。未经学校医务室办理转诊手续的医疗费用，由学生个人负担。

五、大学生门诊不符合规定的不予报销，符合报销规定的费用不设起付线，每次在学校医务室就医后所发生的门诊医疗费用由学生工作部医保部委托学校医务室负责报销70%，自负30%，全年个人实际报销金额上不封顶。

学校对经济困难、多病、残疾等参保大学生实行政策倾斜，从大学生门诊基金中对这一部分学生进行帮困扶持，具体规定如下：

除可享受第一条规定补助外，提高一定金额的门诊医疗报销费用，即超过 50 元报销额度后，由医保办按各负 50% 的比例，继续报销该生门诊医疗费，全年个人实际报销金额上不封顶。

六、大学生因病需住院的，持本人医保证、身份证、住院证明等到长沙市定点医院的医保部门办理入院手续，并预缴个人自负费用。医疗终结办理出院手续时，应由个人自负的医疗费用由参保大学生与住院医院结算。

大学生异地实习期间、寒暑假及法定假回家探亲期间，因疾病门诊就医所发生的医疗费用原则上不予报销，需在当地住院就医治疗的，须在 2 日内报学校学生工作部医保部，再由学校学生工作部医保部报长沙市医疗保险经办机构备案。住院费用由个人先行垫付，出院后持医保卡、身份证复印件、病历复印件、住院收据、费用明细、出院小结等资料交学校学生工作部医保部，由医保部统一报送市医疗保险经办机构办理报销手续。如住院大学生不在规定的时间内向长沙市医疗保险经办机构申报备案，则住院费用不予报销。

大学生因意外伤害门诊所发生的医疗费用原则上不予报销，住院发生的符合城镇居民基本医疗保险支付范围的医疗费用由城镇居民基本医疗保险统筹基金予以支付。意外伤害的住院医疗和就医管理及统筹基金支付范围、统筹基金起付标准、基金支付比例与普通疾病住院相同。

七、帮困医保基金使用对象为学校真正困难的在校大学生以及大病患者在出院以后发生的门诊费用。原则上，住院期间的费用不在统筹基金和帮困医保基金中列支，特殊情况除外。

八、本办法自 2015 年 9 月 1 日起执行。

第五节　活动与拓展

一、湖南艺术职业学院学生社团管理办法

第一章　总　则

第一条　为了进一步规范我校学生社团的管理，更好地发挥学生社团的作用，强化学生社团育人功能，丰富校园文化，活跃学习气氛，促进素质教育，推进校园精神文明建设，依照有关规定，特制定本办法。

第二条　学生社团是本校学生为丰富课余生活，提高自身技能和素质，开

辟第二课堂根据自己的兴趣爱好和发展需要自愿组织的校内群众性团体。学生社团须在校团委登记并定期完成注册。

第三条　学生社团须遵守宪法、法律、法规和党的路线方针政策，以及各级教育部门、共青团组织、学联组织和所属高校的有关规定，学生社团的成立和开展活动不得违反国家法律、法规和学校制度的规定。

第四条　学生社团的基本任务

遵循和贯彻党的教育方针，坚持立德树人的基本导向，团结和凝聚广大学生，按照自愿、自主、自发原则，通过开展主题鲜明、健康有益、丰富多彩的线上和线下课外活动，积极践行和弘扬社会主义核心价值观，培养同学的独立思考能力、社会责任感、创新精神和实践能力。全面提升学生综合素质，促进学生成长成才。

第二章　管理机构

第五条　校团委会同有关部门负责学生社团的统筹、协调、考核和服务工作。业务指导部门具体负责所属学生社团的组织建设、日常管理和活动审批等工作，校团委和业务指导部门共同促进学生社团的良性发展。

第六条　校团委设立湖南艺术职业学院学生社团联合会（以下简称"学社联"），负责具体联系和引导学生社团开展自我管理、自我服务、自我教育、自我监督。

第七条　学社联履行下列监督管理职责：

（一）负责社团的成立审查、变更、注册、注销的登记、备案及审查；

（二）监督、指导社团遵守宪法、法律、法规和国家政策，依据其章程开展活动；

（三）对社团实施年度注册、检查、考核和评比；

（四）对学生违反社团管理规定的问题进行监督检查和处理；

（五）维护学生社团成员的合法权益；

第三章　社团的成立与年审

第八条　学生群众性组织（含团队运营的网络新媒体社团）须按社团登记注册。社团分为文娱艺术、体育竞技、学术研究、公益实践、创新创业类、自律互助类及其他类。一个社团只能进行一类登记申请。

第九条　成立学生社团应当具备下列条件：

（一）遵守本办法，接受院团委（业务指导部门）的领导和管理；

（二）有5名(含)及以上我校在籍学生发起，发起人必须具有开展该社团活动所必备的基本素质，且未受过校规校纪处分；

（三）有规范的名称、相应的组织机构，社团的名称应当符合国家法律、法规规定，与其社团性质相符，能准确反映其特征，不得以校外机构、企业或个人冠名；新成立社团的名称不应与现有社团重名或命名过于相近，社团全称须冠以"湖南艺术职业学院"，社团组织正式活动或公开发放宣传品须使用全称；

（四）有社团主管部门(业务指导部门)；

（五）有至少1名湖南艺术职业学院在职教职工(党员)担任社团指导教师(可邀请政策水平较高、学术造诣较深或在某些方面有专长，关心社团发展的学校各级行政管理干部或专业教师担任)；

（六）必须以本办法为依据，结合实际情况制定社团的章程，章程送交学社联报经校团委审批后生效。社团章程应当包括下列事项：名称、类别、宗旨、活动范围和活动方式，社团成员资格、权利及义务，组织管理制度、财务制度，执行机构的产生程序及权限，负责人的条件、权限和产生、罢免的程序，章程的修改程序，社团终止的程序及应当由章程规定的其他事项。

（七）未经学校主管部门批准，校外社会团体不得在校内成立面向学生的分支机构，同时，学生社团也不能擅自成为校外社会团体的会员单位或分支机构。

第十条 申请筹备成立学生社团，发起人应当提交下列申报材料：

（一）领取并填写《湖南艺术职业学院学生社团成立申请表》(以下简称《申请表》)

（二）章程草案；

（三）发起人和拟任负责人的基本情况介绍、身份证明；

（四）指导教师基本情况、身份证明

（五）业务指导部门(二级学院、学校职能部门)确认书；

（六）社团承诺书。

第十一条 社团成立流程

（一）申请成立新社团必须应当经学社联初审、院团委批准，被认为具备成立新社团的必要性和可行性后，方可进行成立新社团的具体筹备工作；

（二）通过初步审查的新社团，在批准筹备后30日内召开社团会员大会，审议并通过社团章程、产生机构和负责人。在此期间，不得开展除筹备外的其他活动；

(三)社团成立大会后,由校团委审核并批复是否同意成立该社团。

第十二条　凡属下列之一的,不得成立社团:

(一)危害国家和社会安全;

(二)妨碍学校秩序;

(三)有碍校园的治安管理;

(四)不利于师生员工团结;

(五)宗教或同乡会性质;

(六)不遵守本办法和社联有关规定;

(七)社团活动不利于学生成长成才,甚至危及学生生命健康财产安全;

(八)其他特别规定的情况。

第十三条　有下列情形之一的,成立社团初审不予通过:

(一)有根据证明申请筹备的社团的宗旨、活动范围不符合本办法第四条规定的;

(二)校内已经有性质相同或相近的学生社团,院团委认为没有必要成立的;

(三)发起人不符合相关要求的;

(四)在申请筹备成立时弄虚作假的;

(五)其他初审不予通过的情形。

第十四条　学校支持各二级学院团总支建立专业型、学术型的学生社团,不断壮大学生社团的力量,促进社团向专业化方向发展。专业型较强的学术性社团原则上建立在二级学院里,由院团委直接管理。

第十五条　担任社团负责人,任期一般应该满一学年。社团负责人由各社团主管部门聘任,受主管部门和院团委双重领导。

第十六条　筹备期间的学生社团应当以"社团(筹)"的形式开展活动。筹备期间的学生社团可以招收会员,不得收取费用。筹备期间的社团必须接受学社联的管理,并严格执行学社联的各项规定。

第十七条　筹备期满及筹备工作符合要求的学生社团,应当向校团委提交正式登记申请。对不批准登记的,应当将不予登记的决定书形式面通知申请人,并向申请人说明理由。

第十八条　学校对社团实行年审制度

(一)年审内容包括社团规模、社团成员及构成、年度活动清单、指导教师情况、业务指导单位意见、财务状况及有无违规违纪情况等;

(二)对于年审不合格的社团,须在限期内整改。

第四章　社团变更与注销登记

第十九条　学生社团的登记事项、备案事项需要变更的,应当向学社联申请变更登记、变更备案。社团修改章程,应当上报院团委核准。

第二十条　学生社团有下列情形之一的,校团委指导学社联对其进行注销:

(一)违背宪法、法律、法规和党的路线方针政策的,违反各级教育部门、共青团组织、学联组织和所属高校相关规定的;

(二)未完成学生社团章程规定的使命宗旨的;

(三)会员大会决议解散的;

(四)分立、合并的;

(五)社团活动范围、内容与社团宗旨、章程不符的;

(六)在校以社团名义开展宗教活动的;

(七)年审不合格且整改无效的;

(八)其他原因终止的。

第二十一条　社团注销流程

(一)召开社团会员(代表)大会对学生社团注销做出决议,经出席会议的会员(代表)三分之二以上通过。有效的社团会员大会出席人数必须占全体会员数的三分之二以上。是否召开会员大会视具体情况可有所调整;暂不具备条件召开会员大会的,可以召开会员代表大会。

(二)填写《湖南艺术职业学院生社团注销登记表》并经社团指导教师、业务指导单位(二级学院、学校职能部门)和院团委审批后方可注销。

第二十二条　学生社团在提出注销申请登记后,校团委学社联应当组织对其财务等相关情况进行清算。清算期间,学生社团不得从事与清算无关的活动;

第二十三条　学生社团成立、注销或者变更名称、社团负责人,由院团委予以全院公告。

第五章　组织建设

第二十四条　学生社团的成员应当是具有湖南艺术职业学院正式学籍的学生。学生社团内部管理运行遵循规范、透明的原则,一切信息应及时向社团成员公开,接受社团成员监督。社团成员有权了解所在社团的章程、组织机构和财务制度，有权对社团的管理和活动提出建议和质询，有权按照章程自由加入或退出该社团；社团成员应当定期注册，按章程缴纳会费，积极参加社团的各项活动。

第二十五条　学生社团会员大会由会员组成，会员大会是学生社团的最高权力机构，依照社团章程的规定行使职权。暂不具备条件召开会员大会的，可以召开会员代表大会。

第二十六条　社团会员大会行使下列职权：

(一)选举和更换社团负责人；

(二)审议批准负责人的工作报告；

(三)对社团变更、注销等事项做出决定；

(四)修改社团章程；

(五)监督社团财务活动。

(六)对于社团变更、注销登记和修改章程等重大事项，只能由会员大会决定。

第二十七条　社团会员(代表)大会应当每年召开一次，并将大会形成的决议报院团委批准和备案。

第二十八条　社团会员(代表)大会的决议，必须经出席会议的会员(代表)半数以上通过；对社团变更、注销和修改章程的决议，必须经出席会议的会员(代表)三分之二以上通过。

第二十九条　学生社团实行民主管理，组织机构一经产生就开始接受全体社团成员监督，社团的重大事项须经会员大会讨论决定并接受社联的监督指导。

第三十条　指导老师的选定坚持自愿申报和学校总体协调相结合的原则，尽量安排本校教工担任，部分特殊专业可聘请校外人员，指导老师应该熟悉该社团的活动内容并能胜任对其工作的指导。

学生社团可以聘请校内外专家、学者、教师、企业家等担任社团的名誉职务，但聘请校外人员的必须事先征得院团委同意，支付报酬的还须院领导审核批准。

第六章　社团干部

第三十一条　学生社团干部的产生应坚持民主和公平的原则。学生社团干部应具备良好的政治素质和思想品德，学习成绩优良，忠于职守、认真负责，热心组织社团活动，有较强的组织协调能力。

第三十二条 社团主要负责人是指社团会长、副会长，由本社团成员经会员大会选举通过，经学社联审查后产生。社团的会长及副会长不得兼任财务负责人。会长要求品学兼优，无任何不良记录，并由二级学院出具个人鉴定。会长任期一年，期满后按规定程序改选。副会长人选由会长提名，会员大会通过，并呈报学社联审核。

第三十三条 有下列情况之一的，不得担任或继续担任学生社团主要负责人：

(一)在校期间曾经受到校纪校规处分；

(二)曾因违反有关规定被撤职；

(三)社团被宣布解散或注销，应当承担主要责任的社团负责人；

(四)最近一学年有两门以上成绩不及格者；

(五)其他不宜担任社团负责人的有关事项。

第三十四条 社团干部的权利和义务：

(一)社团干部有参与优秀学生干部评选的权利。

(二)社团干部对学校的社团工作方面有意见，有直接向学社联反映的权利。

(三)社团干部有章程所规定的其他权利。

(四)社团干部有为会员服务的义务。

(五)社团干部有配合管理机构开展社团工作的义务。

(六)社团干部需履行章程所规定的其他义务。

第七章 社团成员

第三十五条 本校学生有自由参加和退出校内任何社团的权利。

第三十六条 在社团内部，各成员一律平等，并按所在社团的章程享受权利，承担义务。

第三十七条 社团成员有权了解所在社团的管理机制和财务状况，并有权向社团负责人就有关社团事宜提出意见和建议。

第三十八条 社团成员有权向社联反映社团内部情况，并应积极配合社联对其所在社团的调查和审核工作。

第三十九条 社团成员有选举权和被选举权，有按照社团章程担任社团管理职务的权利，并应据此承担相应义务。

第四十条 社团成员要接受社团的定期注册，积极参加社团的各项活动，并向社团建设提出批评和建议，促进社团的健康发展。

第四十一条　学生社团如违反有关规定和校纪校规，损害成员利益的，社团成员有权向社团部检举或反映问题和情况。

第八章　日常及活动管理

第四十二条　学生社团实行"谁主管，谁负责"的管理原则。校级社团由校团委及学社联直接主管和指导，面向全校招收会员；二级学院社团由各二级学院团总支及团总支社团部直接主管和指导，主要面向本二级学院招收会员，经校团委同意或根据该社团章程规定，也可面向全校招收会员。

第四十三条　社团举办活动须遵守国家、高校相关规章制度，并按照相应的审批程序进行，不得在学生中散布违背宪法、法律、法规和国家的路线方针政策的错误观点和言论，不得开展与其宗旨不符的活动，不得开展纯商业性活动。

第四十四条　各社团每学年开学后，需向学社联提交《湖南艺术职业学院学生社团登记表》，经审批后方承认资格。

第四十五条　每学期开学后两周后，要向学社联递交学期工作计划（一式两份）、人员和机构变动的情况以及财务收支的情况。社团工作计划经审批后方能实行。组织计划以外的活动，要提前申报，经批准后才能开展。每项活动结束后要完成活动小结，交学社联。学期末要完成书面总结，上交学社联。

第四十六条　社团负责人在活动举办两周之前，必须上报书面申请材料（包括活动详细计划书、经费来源、经费预算和安全预案等）。

第四十七条　校级学生社团开展活动，必须报学社联初审，并由校团委批准。各专业部学生社团开展活动，必须报各二级学院社团部初审，经各专业部团总支同意，并由校团委对活动的时间、地点、内容、经费、师资等情况进行审核、协调、列入学校社团活动的整体计划进行统一安排。涉及费用及其他院团委无权审批的事项，还需报主管院领导批准。

活动结束后，社团负责人必须向指导教师、指导单位和学社联以书面形式进行总结汇报，并由学社联备案。未经批准，不得开展任何形式的社团活动。

第四十八条　社团活动涉及校内公共区域场地使用、展板展架摆放等，须报校团委审批。

第四十九条　开展在校外举办的活动，或邀请除本校教职工及学校学生以外人员的活动，或参与人数较多的社团活动，社团主管部门（业务指导部门）应重点指导，对活动的流程方案、经费管理、安全预案等要严格把关，必要时会同学校保卫部、学生工作部等部门一同对安全预案进行审核，须由社团指导教师带队，确保活动安全、有序地进行。

第五十条 社团活动中，如涉及校外公众人士参与及外籍人士或有涉外行为，需上报院团委审批。

第五十一条 社团主管部门(业务指导部门)负责对社团运营网站、新媒体平台、印发刊物进行管理和指导。要加强学生社团网络化建设管理工作，注重培养社团成员的网络文明意识，践行社会主义核心价值观，传播向上向善正能量。社团运营网站、新媒体平台、印发刊物内容须健康积极，不得刊载、发布违反国家法律法规、学校管理规定以及可能在校内外造成不良影响的内容；网络信息不得违反政府有关互联网站管理的有关规定；刊物的发行不能超出本校范围。

第五十二条 凡组织跨校的社团活动，必须经校团委同意批准后方可开展。

第五十三条 社团不得与校外任何单位或组织自行签订任何形式的合同或协议。

第九章 经费管理

第五十四条 社团财务管理

(一)经费来源：学生社团主要活动经费应来自学校拨款、会员会费等合法渠道。

(二)使用原则：学生社团经费必须用于社团集体活动，任何单位和个人严禁侵占、私分或挪用。

(三)监管程序：学生社团如收取会费，须根据实际情况明确收费标准，经社团内部民主决策，报业务指导部门、校团委审核后进行公示，并应写入社团章程；学生社团应制定严格的经费管理制度，每学期向全体成员公布经费使用情况；业务指导部门、校团委应做好社团经费来源、经费使用情况的监督指导工作。

(四)有下列情形之一者，由校团委给予预警，责令限期整改；情节严重者，可依学生社团相关管理规定，撤销社团主要负责人的职务，注销学生社团：

1.不编制财务预算和决算；

2.隐匿会员数量，私自截留会费收入；

3.隐匿其他各项收入；

4.对各项收入不出具统一收据；

5.虚列支出，冒领、多领社团活动经费；

6.不按规定设置财务管理部门；

7.侵占、私分或挪用社团的财产；

8.由于保管不善使社团资产严重流失；

9.其他严重违反社团财经纪律的行为；

(五)具体实施方式由院团委确定。

第五十五条　学生社团接受捐赠、资助，必须符合章程规定的宗旨和业务范围，必须根据与捐赠人、资助人约定的期限、方式和合法用途使用。

第五十六条　社团的固定资产，如由社团自筹经费购置，其所有权、使用权归社团；如由学校经费购置，其所有权归学校，管理权归学社联，使用权归社团。所有固定资产都要做好管理和移交。

第十章　奖惩制度

第五十七条　校团委每年度对各社团工作进行评议，评选出该年度"优秀社团""优秀社团指导老师""优秀社团干部"统一发给荣誉证书或奖状，成绩特别突出的，可由校团委报请学校批准给予一定的物质奖励。

第五十八条　学生社团由下列情形之一者，给予警告、责令改正处理，可以限期停止活动进行整顿，并可以责令撤销直接负责的社团负责人职务；情节严重的，予以撤销登记：

(一)活动范围和内容与社团宗旨、章程不符的；

(二)拒不接受或者不按照规定接受监督检查的；

(三)不按照规定办理注册登记、变更登记的；

(四)违反社团部的规定收取费用、筹集资金；

(五)不按规定定期报送学期计划和组织相关活动的；

(六)社团执行机构有严重违纪行为的；

(七)社团成员盗用社团名义进行活动的；

(八)其他违反社团章程和本办法的行为。

第五十九条　学生社团活动违反法律、法规的，由学校配合相关机关依法处理，并由社团部撤销登记，并根据规定给予责任人相应处理。

第六十条　未经批准，擅自开展学生社团的筹备活动，或者未经登记，擅自以学生社团名义进行活动,以及被撤销登记的学生社团继续以学生社团的名义进行活动的,由社团部门予以取缔。并按照学校相关违纪处分给予纪律处分。

第十一章 附 则

第六十一条 《湖南艺术职业学院社团登记表》《湖南艺术职业学院生社团注销登记表》的式样由校团委社团部制定。

第六十二条 学校原有规定与本办法规定不同的,适用本办法。

第六十三条 校团委对本办法的有关规定进行修改和解释。

第六十四条 本办法自公布之日起实施。

二、湖南艺术职业学院学生志愿服务工作条例

第一章 总则

第一条 为保障我校学生志愿者、志愿服务组织、志愿服务对象的合法权益,规范志愿服务活动,发展志愿服务事业,培育和践行社会主义核心价值观,支持学生尽己所能、不计报酬、帮助他人、服务社会,促进校园文明进步,根据国家《志愿服务条例》,制定本条例。

第二条 本条例适用于我校在校学生开展的志愿服务以及与志愿服务有关的活动。本条例所称志愿服务,是指学生志愿者、志愿服务组织和其他组织自愿、无偿向学校或者社会、他人提供的公益服务。

第三条 开展志愿服务,应当遵循自愿、无偿、平等、诚信、合法的原则,不得违背校纪校规、社会公德、损害社会公共利益和他人合法权益,不得危害国家安全、不得做有损学校形象的事情。

第四条 志愿服务活动是学校学生综合素质考核重要组成部分,将学生志愿服务活动纳入学生综合素质考核,促进广覆盖、多层次、宽领域开展。

第五条 学校志愿服务工作协调指导机构设学生工作部(团委),负责全校学生志愿服务管理工作,加强对全校志愿服务工作的统筹规划、协调指导、督促检查和经验推广。

第二章 志愿者和志愿服务组织

第六条 本条例所称志愿者,是指以自己的时间、知识、技能、体力等从事志愿服务的学生,学生干部职务工作、勤工助学、辅导员助理工作范畴不属于志愿服务工作。

第七条　志愿服务组织可以采取校级组织、院部团体、班级组织、个人组织、个人等组织形式。志愿服务组织的登记管理按照相关规定执行。

第八条　学校成立大学生志愿服务管理办公室，办公室常设团委，为志愿者提供注册、注销、评定、申诉等工作，以促进学校志愿服务事业发展。

第九条　志愿者提供身份信息、服务技能、服务时间、联系方式等个人基本信息进行注册。志愿者提供的个人基本信息应当真实、准确、完整。

第十条　在志愿服务组织中，根据学校章程的规定，志愿服务组织应当为党、团、学校组织的活动提供必要条件。

第三章　志愿服务活动

第十一条　志愿者可以参与学校志愿服务组织开展的志愿服务活动，也可以自行依法开展各项校内外志愿服务活动。

第十二条　志愿服务组织可以在学校招募志愿者开展志愿服务活动。招募前，应当向学工部(团委)说明与志愿服务有关的真实、准确、完整的信息以及在志愿服务过程中可能发生的风险。学工部(团委)有权依照实际情况决定此活动是否开展。

第十三条　需要志愿服务的组织或者个人可以向志愿服务组织提出申请，并提供与志愿服务有关的真实、准确、完整的信息。志愿服务组织应当对有关信息进行核实，并及时予以答复，并需向志愿者说明在志愿服务过程中可能发生的风险。

第十四条　志愿者、志愿服务组织、志愿服务对象可以根据需要签订协议，明确当事人的权利和义务，约定志愿服务的内容、方式、时间、地点、工作条件和安全保障措施等。

第十五条　志愿服务组织安排志愿者参与志愿服务活动，应当与志愿者的年龄、知识、技能和身体状况相适应，不得要求志愿者提供超出其能力的志愿服务。

第十六条　志愿服务组织安排志愿者参与的志愿服务活动需要专门知识、技能的，应当对志愿者开展相关培训。开展专业志愿服务活动，应当执行学校或者行业组织制定的标准和规程。对开展志愿服务活动有工作要求的，志愿者必须提前接受培训。

第十七条　学工部(团委)为志愿者参与志愿服务活动提供必要条件，解决志愿者在志愿服务过程中遇到的困难，维护志愿者的合法权益。

第十八条　志愿服务组织开展志愿服务活动，可以使用志愿服务标志。

第十九条　志愿服务组织安排志愿者参与志愿服务活动，应当如实记录志愿者个人基本信息、志愿服务情况、培训情况、表彰奖励情况、评价情况等信息，按照统一的信息数据标准及时报送学校学生工作部(团委)。志愿者需要志愿服务记录证明的，志愿服务对象应当依据志愿服务记录无偿、如实出具并签字。

第二十条　志愿服务组织、志愿服务对象应当尊重志愿者人格尊严，未经志愿者本人同意，不得公开或者泄露其有关信息。

第二十一条　志愿服务组织、志愿者应当尊重志愿服务对象人格尊严，不得侵害志愿服务对象个人隐私，不得向志愿服务对象收取或者变相收取报酬。

第二十二条　志愿者接受志愿服务组织安排参与志愿服务活动的，应当服从管理，接受必要的培训。志愿者应当按照约定提供志愿服务。志愿者因故不能按照约定提供志愿服务的，应当及时告知志愿服务组织或者志愿服务对象。

第二十三条　学校鼓励和支持二级学院、班级、学生团体、学生组织等成立志愿服务队伍开展专业志愿服务活动，鼓励和支持具备专业知识、技能的志愿者提供专业志愿服务。学校鼓励和支持学生服务机构招募志愿者提供志愿服务。

第二十四条　发生重大自然灾害、事故灾难和公共卫生事件等突发事件，需要迅速开展救助的，学校建立协调机制，提供需求信息，引导志愿服务组织和志愿者及时有序开展志愿服务活动。志愿服务组织、志愿者开展应对突发事件的志愿服务活动，应当接受有关人民政府设立的应急指挥机构的统一指挥、协调。

第二十五条　任何组织和个人不得强行指派志愿者、志愿服务组织提供服务，不得以志愿服务名义进行营利性活动。

第二十六条　任何组织和个人发现志愿服务组织有违法行为，可以向学校主管部门或政府民政部门、其他有关部门、志愿服务行业组织投诉、举报。

第二十七条　志愿者在进行志愿活动时要统一着装，做到"事前出示、事中记录、事后签字"等流程，同时还要做到"事前策划、事中留影、事后新闻"等工作方法。

第四章　促进措施

第二十八条　学校鼓励各二级机构和其他组织为开展志愿服务提供场所和

其他便利条件。

第二十九条 学校应当培养大学生的志愿服务意识和能力。学校将学生参与志愿服务活动纳入学生素质拓展学分认定管理办法。学生素质拓展学分不合格者，不予正常毕业，必须在一年内按规定修满"志愿服务"学分方可申请正常毕业。

第三十条 国家规定自然人、法人和其他组织捐赠财产用于志愿服务的，依法享受税收优惠。

第三十一条 对在志愿服务工作发展中做出突出贡献的志愿者、志愿服务组织，学校有关部门按照法律、法规和国家有关规定予以表彰、奖励。鼓励二级学院和其他组织在同等条件下优先推选有良好志愿服务记录的志愿者参与奖助评优、荣誉称号的评定。

第三十二条 二级学院及以上部门可以根据实际情况采取措施，鼓励在大学生志愿活动中有良好志愿服务记录的志愿者给予相关优待。

第三十三条 志愿者团体应当建立健全志愿服务统计和发布制度。

第三十四条 学校新媒体平台、广播、网络等媒体要积极开展志愿服务宣传活动，传播志愿服务文化，弘扬志愿服务精神。

第五章 法律责任

第三十五条 志愿服务组织泄露志愿者有关信息、侵害志愿服务对象个人隐私的，由学校行政予以警告，责令限期改正；逾期不改正的，责令限期停止活动并进行整改；情节严重的，吊销登记证书并予以公告。

第三十六条 志愿服务组织、志愿者向志愿服务对象收取或者变相收取报酬的，由学工部予以警告，责令退还收取的报酬；情节严重的，将根据学校相关规定进行处分。

第三十七条 学校开展志愿服务组织不依法记录志愿服务信息或者出具志愿服务记录证明的，由学校行政予以警告，责令限期改正；逾期不改正的，责令限期停止活动，并可以向全校通报。

第三十八条 对以志愿服务名义进行营利性活动的组织和个人，由学校纪律监察等部门依法查处。

第三十九条 学校各二级机构及工作人员有下列情形之一的，学校责令改正，情节严重者，按相关规定追究相关责任人责任。

（一）强行指派志愿者、志愿服务组织提供服务；

(二)未依法履行监督管理职责；

(三)其他滥用职权、玩忽职守、徇私舞弊的行为；

(四)未积极响应学校志愿服务工作的行为。

第六章 附 则

第四十条 学校各部门，需要志愿者提供志愿服务的，可以与志愿服务组织合作，由学校志愿服务组织招募志愿者，也可以自行招募志愿者。自行招募志愿者提供志愿服务的，参照本条例关于志愿服务组织开展志愿服务活动的规定执行。

第四十一条 志愿服务组织以外的其他组织可以开展力所能及的志愿服务活动。学生会、学社联、广播站或者学校同意成立的学生干部团体，可以在学校内部开展志愿服务活动。

三、湖南艺术职业学院学生志愿服务活动管理办法

第一章 总 则

第一条 为进一步规范我校学生志愿服务工作，加强对学生志愿者的管理，推进学校学生志愿服务工作科学化、规范化、制度化建设，推进立德树人，提高学生社会实践能力，增强社会责任感，根据《志愿服务条例》《学生志愿服务管理暂行办法》《中国志愿者注册管理办法》的有关规定，并结合我校实际，特制定本办法。

第二条 大学生志愿服务是指不以获得报酬为目的，自愿奉献时间和智力、体力、技能等，帮助他人、服务社会的公益行为。

第三条 大学生志愿服务要遵循自愿、公益原则。服务内容主要包括普及文明风尚、送温暖献爱心、公共秩序和赛会保障、应急救援以及面向特殊群体的志愿服务等。志愿者在志愿服务过程中要弘扬"奉献、友爱、互助、进步"的志愿精神。

第四条 学生志愿者是指按照本办法规定的程序，在共青团湖南艺术职业学院委员会及其授权的学生志愿者组织注册登记、参加服务活动的志愿者。

第五条 学生志愿者组织必须接受学校的管理和指导，其归口指导单位是共青团湖南艺术职业学院委员会(以下简称院团委)，各二级学院及相关组织要对青年志愿者组织和志愿服务类社团进行必要的管理和指导。

第六条 本办法适用于湖南艺术职业学院所有学生志愿者、各级学生志愿

者组织和各级各类志愿服务活动。

第二章 工作机构

第七条 学校成立大学生志愿服务工作领导小组,由学校党委统一领导,负责学生志愿服务的领导、统筹、协调。领导小组下设办公室,设在团委,具体负责我校学生志愿服务的组织、实施、考核评估等工作。

第八条 校团委下设青年志愿者协会,为学校及社会提供志愿服务,为推动校园精神文明建设和提高学生的总体素质做贡献。青年志愿者协会,负责规划、管理、组织、协调全校学生志愿服务活动。其组织开展的活动应符合国家法律法规的规定,符合时代主旋律,不得违背社会公共道德和校园文明风尚。

第九条 各二级学院成立青年志愿协会分会,并在团委的领导下,在各二级学院团总支和青年志愿者协会的指导下开展相关的志愿服务工作。

第三章 注册、权利和义务

第十条 志愿者注册条件

(一)热爱党,热爱祖国,热爱人民,拥护党的基本路线、方针、政策,遵守国家法律法规和学校各项规定;

(二)我校在籍在校学生;

(三)政治面貌端正,愿意参加各种形式的志愿服务,对志愿精神有着较高追求,能够长期坚持志愿服务;

(四)具备参加志愿服务活动的基本能力和身体素质;

(五)服从所在志愿服务组织的管理。

第十一条 注册机构

湖南艺术职业学院青年志愿者协会作为校团委授权的学校学生志愿者唯一指定注册机构,负责全校学生志愿者注册管理工作。

第十二条 志愿者的权利

(一)自愿、平等地参加志愿服务活动,有加入或退出的自由;

(二)接受与志愿服务相关的基础知识和专业技能培训;

(三)获得从事志愿服务活动的必要支持和保障;

(四)对志愿服务工作有知情权、建议权和质询权;

(五)向有关机构反映志愿服务组织或个人的违规违纪行为,对志愿活动及其组织进行监督;

(六)相关法律、法规、政策所赋予的权利。

第十三条　志愿者的义务

(一)遵守国家和地方法律法规及志愿服务组织的相关规定；

(二)积极参与志愿服务活动，认真完成志愿服务工作；

(三)自觉学习志愿服务相关的专业知识和技能；

(四)自觉抵制任何以志愿者身份进行的商业活动，不得从事违反相关法律法规和违背社会文明风尚的行为；

(五)自觉维护湖南艺术职业学院学生志愿者组织和学生志愿者的形象。

(六)在志愿者职责范围内，自觉维护服务对象的合法权益。

(七)应当承担相关法律法规和学校规定的其他义务。

第四章　组织实施

第十四条　除学校青年志愿者协会及青年志愿者协会分会以外，学校鼓励、支持学生自行开展志愿服务活动。

第十五条　学校给予自行开展志愿服务的学生全面支持，扶持志愿服务类学生社团建设，并将志愿服务纳入学生评优评先、入党推荐及实践学分考评依据。

第十六条　湖南艺术职业学院学生志愿者组织应充分尊重学生的自主意愿；加强志愿者安全教育、管理和保护；维护志愿者和志愿服务对象合法权益；积极开展志愿者培训；建立并完善志愿者保障机制、志愿者评审机制；必要时应当接受有关人民政府设立的应急指挥机构的统一指挥、协调。

第十七条　学生志愿者完成志愿服务活动后，由学生志愿组织或活动组织方提供服务证明，注册机构予以认定。

第十八条　如学生志愿者在志愿服务组织安排的活动过程中对服务对象造成损害，由学生志愿者组织承担责任；学生志愿者组织承担责任后，有权向有故意行为或者重大过失的注册志愿者追偿。

第十九条　志愿服务程序

(一)志愿服务活动负责人向志愿服务管理办公室(校团委)提交志愿服务计划等材料；

(二)志愿服务管理办公室(校团委)进行登记备案，包括进行风险评估、提供物质保障、技能培训等；

(三)志愿者按计划开展志愿服务活动；

(四)志愿服务管理办公室(校团委)按照规定对学生志愿服务进行认定

记录；

（五）后期对于活动成果以及总结进行汇总、上报，做好各个平台的推送工作。

第二十条　团委由专人负责大学生志愿服务的组织、记录、保障工作。

第二十一条　在开展志愿服务活动时，学校、志愿者、志愿服务对象应签订服务协议书，明确服务内容、时间和有关权利、义务。

第二十二条　学校组织开展志愿服务时，应切实做好风险防控，加强学生安全教育、管理和保护，必要时要为学生购买或者要求服务对象购买相关保险。学生自行开展志愿服务，要做好风险防控，必要时购买保险。

第五章　认定记录

第二十三条　志愿服务管理办公室（校团委）负责做好大学生志愿服务的认定记录，建立大学生志愿服务记录档案。

（一）学校组织开展的志愿服务，由活动负责人和服务对象共同提供服务时间、服务内容等证明，志愿服务管理办公室（校团委）予以认定记录；

（二）学生自行开展的志愿服务，由学生本人、服务对象提供服务时间、服务内容等证明，志愿服务管理办公室（校团委）经过审核予以认定记录；

（三）志愿服务管理办公室（校团委）负责制定志愿服务档案记录办法，完善记录程序，严格过程监督，确保学生志愿服务档案记录清晰，准确无误。

第二十四条　志愿服务记录档案，应记载志愿者的个人基本信息、服务活动信息、培训信息、表彰奖励信息等内容。

（一）个人基本信息应包括姓名、性别、出生年月、身份证号、服务技能、联系方式等；

（二）服务信息应包括志愿者参加志愿服务活动的日期、地点、服务对象、服务内容、时间与次数、活动负责人等；

（三）培训信息应包括志愿者参加志愿服务有关知识和技能培训的内容、组织者、日期、地点、学时等；

（四）志愿者因志愿服务表现突出、获得表彰奖励的，院团委及时予以记录。

第二十五条　学生在志愿服务认定记录中弄虚作假的，给予相应处理，并予通报。

第六章　奖惩措施

第二十六条　大学生志愿服务实行志愿者星级认证制度：根据志愿者在校

期间参加志愿服务的累积时长，认定其为一至五星级志愿者。由团委负责星级认证工作。

一星级志愿者，志愿服务时间累积达 30 小时；

二星级志愿者，志愿服务时间累积达 60 小时；

三星级志愿者，志愿服务时间累积达 180 小时；

四星级志愿者，志愿服务时间累积达 360 小时；

五星级志愿者，志愿服务时间累积达 720 小时。

第二十七条　依据大学生志愿者的服务累积时长、服务工作表现、服务工作成效等，校团委定期组织开展评优表彰活动。

第二十八条　在校内各项入党、评优评先时，在同等条件下对有志愿服务经历者优先评任。

第二十九条　惩罚制度

(一)凡在志愿服务活动的审核、开展、认证和评比过程中出现违规行为的学生志愿者，注册机构应将相应的情况录入志愿服务记录档案。

(二)志愿者的志愿服务记录档案若出现以上任意违规记录一次，注册机构将对其发出警告通知，并取消其参与"星级志愿者"评定及共青团系统的评优资格；若出现两次，注册机构将对其发出严重警告，并取消其此后一年内参与湖南艺术职业学院学生志愿者组织任意志愿服务活动的资格；若出现三次及以上，院团委应进行批评教育并注销其志愿者资格。

(三)凡在志愿服务活动中未履行本办法所规定相关义务的团队，院团委应予以警告；对造成严重损害的团队，应取消其评优资格。

(四)凡违反学校其他有关规定及有关国家法律法规的团队或个人，应按有关规定处理。

第七章　教育培训

第二十九条　校团委定期开展志愿理念、志愿精神、志愿服务基本要求和知识技能、志愿者权利和义务、志愿者服务安全等知识的培训教育。

第三十条　培训方式

(一)对长期的、明确的服务任务应在安排服务任务之前进行集中的、统一的培训。

(二)对突击性的、紧急的服务任务，可由组织者根据服务需要决定培训内容、时间和方式。

第三十一条　学校支持和鼓励青年志愿者服务部与兄弟学校的志愿服务组织间的交流活动。

第八章　附　则

第三十二条　本办法由共青团湖南艺术职业学院委员会负责解释，自颁布之日起施行。

第十一章　未来篇

茅盾曾说："过去的，让它过去，永远不要回顾；未来的，等来了时再说，不要空想；我只抓住了现在，用我们现在的理想，做我们应该做的。"对于大学生来说，未来是美好而充满希望的，大学毕业后的人生之路应该怎样走，是大学新生必须考虑的大事。

第一节　就业——条条道路通罗马

当今社会就业压力大，对大学新生来说，在大学期间做好职业规划非常必要。如何在三年后的就业中赢得先机，抢占一席之地，大学新生应尽早规划，以便在完成大学学业的同时，走好职业生涯的第一步。

一、就业认识误区

求职择业是大学生人生道路上的一次重大选择，因此，大学生在求职择业过程中，应该树立良好的就业心态，正确地认识自我、认识社会，做好择业前的心理准备，排除心理干扰，以积极健康的心态主动迎接社会的挑战与竞争，促进顺利就业。

【案例直播】

> 小胡是某高职院校大三学生，在校成绩一直不错，个人能力也较为突出。临近毕业，小胡参加了几个学校组织的招会，可是一走下来，他一个中意的工作也没有找到：要么是薪水太低，要么是待遇不好。看着周围的同学一个个签约就业，小胡有些迷茫：是应该严格选择？还是随便找家公司就业呢？

【温馨提示】

当前严峻的就业形势对大学生的能力和素质，尤其是心理素质是一个严峻的挑战。有相当一部分毕业生在就业过程中出现了种种心理误区，有的甚至产生了严重的就业心理障碍。下面列举几个常见的大学生求职心理误区，以便让大家引以为戒。

1. 盲目乐观、期望过高的自负心理

盲目乐观包括两个方面：一是对就业市场的估计过于乐观；二是对个人能力判断过高。虽有的专业就业市场需求旺，但是现有的专业很少具有唯一性，如果毕业生自己求职不积极不主动，就会把机会拱手让人，延误就业的最好时机。有些同学认为个人条件比较好，在择业中具备种种优势，因而在求职时盲目自信甚至过分挑剔，对岗位的期望过高，如要求收入高、工作轻松自在等，目标定位偏高，导致高不成低不就，迟迟不能确定就业单位。

2. 缺乏自信、依赖他人的自卑畏怯心理

有的同学在大学期间尽管具备了一定的实力和优势，但面对激烈的竞争却因为胆怯而退却逃避。明明是自己理想的工作，可一看到求职者众多，就打起退堂鼓来，连试一下的勇气都没有，结果在竞争中不是因为能力而是因为心理而败下阵来。还有的毕业生一到招聘者面前，就面红耳赤、手足无措，回答招聘者的询问会惊慌失措、语无伦次。凡此种种，都是缺乏自信，不能够正确、全面地认识自己所致。自卑的人一旦受挫，便觉得自己确实不行，从而加重了自卑心理。还有的毕业生完全依赖家长，依赖亲朋好友替自己找工作，把自己的命运完全交给他人。

3. 攀比从众、缺乏规划的急功近利心理

每个人的性格、能力和机遇都不尽相同，因而在择业目标、职业选择上不具有可比性。但有的大学生虚荣心较强，进而引发攀比心理。在求职过程中，他们忽视自身特长盲目攀比，特别是看到不如自己的同学找到了理想的工作，便觉得自己的工作一定不能比他们的差，因而挑来选去，造成迟迟不愿签约，甚至到毕业离校时工作单位还没能落实的结局。另一方面，不少同学缺少明晰的职业规划，受社会环境和所谓潮流影响，一味追捧热门，存在急功近利心理。这一心理在求职过程中表现为盲目地向经济发达地区和一线大城市涌进，以致在得到眼前利益和短暂满意的同时，忽视了长远的职业发展。

4.犹豫观望、徘徊不前的患得患失心理

成功的职业选择往往取决于对机遇的把握，错过机遇，将会与成功失之交臂。面对用人单位，有一些同学总认为前面的是"虾米"，后面才有"大鱼"。因此，在求职择业过程中这山望着那山高，该拍板的不敢拍板，患得患失，结果是到走出校门时，工作还没着落。

5.怯于竞争、听天由命的低就保守心理

还有部分同学缺乏竞争意识，存在"等、靠、要"的思想，不敢积极主动地迎接挑战。有的坐在家里，等待机会"找"上门来。有的同学总觉得自己技不如人，甘拜下风，"不战而退"，到了快毕业离校时草草找个"婆家"把自己"嫁"出去，结果往往有上当受骗之感，后悔莫及。

二、准确定位自己

"大学生就业难"一直是社会关注的问题，究其原因，很大一部分是因为很多大学生对自我的认识和定位不准确，对就业的期望值过高。

【案例直播】

> 莉莉是湖南某高职院校的大三学生，成绩优秀的她连续三年获得学院奖学金，同时注重社会实践的她还是某社团的副社长。可是，马上要毕业的她仍旧没有找到工作，原因就是她总看不上招聘单位提供的职位，因为大公司不自由，小公司工资又低。她觉得自己这么优秀，必须要做一份轻松又高薪的工作，可是面试了很多次的她没有一次愿意签约。

【温馨提示】

大学生应该从以下几点做起，准确定位自身的位置。

1.明确自身优势

首先是明确自己的能力大小，给自己打分，看看自己的优势和劣势，这就需要进行自我分析。通过对自己的分析，深入了解自身，根据过去的经验选择、推断未来可能的工作方向与机会，从而彻底解决"我能干什么"的问题。只有从自身实际出发，有的放矢，才能马到成功。

要知道个体是有差异的，要找出自己与众不同的方面并发扬光大。定位，就是给自己亮出一个独特的招牌，让自己的才华更好地被招聘单位所赏识。对自己的认识分析定要全面、客观、深刻，绝不回避缺点和短处，了解自己的优势，即自己所拥有的能力与潜力所在。

2. 发现自己的不足

(1)性格的弱点。人无法避免与生俱来的弱点，必须正视，并尽量减少其对自己的影响。如：一个独立性强的人会很难与他人默契合作，而一个优柔寡断的人绝对难以担当组织管理者的重任。

卡耐基曾说："人性的弱点并不可怕，关键是要有正确的认识，认真对待，尽量寻找弥补、克服的方法，使自我趋于完善。"因此要注意安下心来，多跟别人好好聊聊，尤其是与自己的父母、同学、朋友等交谈。看看别人眼中的自己是什么样子，与自己的预想是否一致，找出其中的偏差，这将有助于自我提高。

(2)经验与经历中所欠缺的方面。"人无完人，金无足赤"，由于自我的经历、环境的局限，每个人都无法避免经验上的欠缺，特别是面对招聘单位提出的数年工作经验条件的时候。有欠缺并不可怕，怕的是自己还没有认识到或认识到还一味地不懂装懂。正确的态度是认真对待，善于发现并努力提高。

3. 明确选择方向

通过以上自我分析，明确自己该选择什么职业方向，即解决"我选择干什么"的问题，这是个人职业生涯规划的核心。职业方向直接决定着一个人的职业发展，职业方向的选择应遵循四个基本原则，即择己所爱、择己所长、择世所需和择己所利。

4. 用长处来经营自己

有的毕业生存在过分的自卑心理，总认为自己技不如人，拿自己的短处与别人的长处去比，因而不敢主动地推销自己。其实每个人都有自己的长处与短处，所谓"尺有所短，寸有所长"，成功人生的诀窍就是经营自己的长处。

因此，在人生之旅上，一个人如果用自己的短处不是长处来谋生的话，那结果肯定不会理想，他可能在长久的自卑和失意中沉沦，在选择职业时要注意展示自己的一技之长。

三、就业必备的素质

如今，就业形势愈加严峻，许多大学生面临着"毕业就失业"的窘境。在每年近百万的大学毕业生中，如何才能够脱颖而出呢？关键是要提升自身的素质。

【案例直播】

21 岁的高明是湖南某高职院校 2014 届铁道机车车辆专业的专科毕业生，1.62 米的身高、普通的长相、内向的性格让他在用人单位的面试环节被拒了多次。众多应届毕业生在应聘中频频遭遇被拒难题，这其中固然有一些招聘单位设置形象、性格、酒量等另类招聘标准的因素，而诸如性格缺陷、语言沟通能力差等问题，也是求职毕业生主观上需要突破的瓶颈。

【温馨提示】

想要在如今严峻的就业形势下获得理想的工作，大学生必须要有以下基本素质和能力：

(1)较高的思想政治素质和高尚的品德。从历年大学生就业情况看，用人单位普遍欢迎政治思想素质好、品德高尚的毕业生。例如，优秀毕业生、优秀学生干部、三好学生等毕业生在就业市场上大受用人单位的青睐。

(2)强烈的事业心和责任感。用人单位特别欢迎事业心强、眼光远大、心胸开阔、具有强烈使命感和社会责任感的人；对那些最大的追求是实现个人价值，或刚到就业单位稍不顺心就"跳槽"者表示出了极大的不满。

(3)吃苦耐劳的创业精神。缺乏吃苦精神，"骄""娇"习气十足，想坐享其成的人是不受欢迎的。

(4)扎实的基础知识和宽广的知识面。学习成绩优良，知识面宽，综合能力较强的毕业生普遍受到欢迎。英语三级、计算机一级及其以上等级证书已是许多用人单位和一些城市接收毕业生的基本要求。更多的用人单位还要求学生的英语达四、六级以上水平。

(5)较强的动手能力和创业意识。许多用人单位在招聘毕业生时，总希望毕业生动手能力强，并具有一定的工作能力和经历。例如，当过学生干部的毕业生受欢迎就是因为他们大多适应能力强，一上岗就能独当一面。在校期间有发明创造、优秀论文、文章发表的学生之所以很"抢手"也是因为他们用自己的"成果"证明了实际能力和创新意识。

(6)团结协作的团队精神。现代社会越来越需要依靠集体智慧和力量，越来越需要发挥团队协作精神。用人单位在招聘毕业生的过程中，十分注意考察毕业生是否具有团队协作精神。那些集体观念淡漠、自以为是、很难与他人合作的人是不受欢迎的。

（7）身心健康。身心健康是现代企业对人才基本素质的要求。如果一个毕业生其他方面的条件都不错，但有严重的心理障碍，或者体弱多病，甚至未工作先要治病，用人单位也是很难接收的。现在，一些用人单位在招聘过程中，会对毕业生进行心理测试、身体健康检查等，这就是对身心素质要求的体现。

四、求职面试的技巧

面试是一个非常重要的过程，有人在面试中成功，有人失败，其实这不完全是能力的问题。面试时需要有一定的语言技巧。很好地利用语言技巧，能够帮助求职者在面试时达到事半功倍的效果。

【案例直播】

> 某高职院校应届毕业生小吴应聘某房地产公司。面试采用无领导小组讨论的形式。
>
> 优秀的论辩能力使小吴在讨论中显露优势，但在即将结束的时候，面试官让他们这组推荐一个人出来，提出一个他们想问的问题。小吴没有想到还有"最后一问"，之前他没有做相关准备，结果拱手把机会让给了别人。

【温馨提示】

1. 应试者的语言技巧

对求职应试者来说，掌握语言表达的技巧无疑是重要的。那么，面试中应该怎样运用谈话的技巧呢？

（1）口齿清晰，语言流畅。交谈时要注意发音准确，吐字清晰。还要注意控制说话的速度，以免磕磕绊绊，影响语言的流畅。为了增添语言的魅力，应注意修辞美妙，忌用口头禅，更不能有不文明的语言。

（2）语气平和，语调恰当，音量适中。面试时要注意语言、语调、语气的正确运用。打招呼时可以用上语调，加重语气并带拖音，以引起对方的注意；自我介绍时，最好多用平缓的陈述语气，不宜使用感叹语气或祈使句；两人面谈且距离较近时声音不宜过大，群体面试而且场地开阔时声音不宜过小，以每个人都能听清你的讲话为标准。

（3）语言要含蓄、机智、幽默。说话时除了表达清晰以外，适当的时候可以插进幽默的语言，使谈话增加轻松愉快的气氛，同时展示自己的优秀气质和从容风度。尤其是当遇到难以回答的问题时，机智幽默的语言会显示自己的聪明智慧，有助于化险为夷，给人以良好的印象。

（4）注意听者的反应。求职面试不同于演讲，更接近于一般的交谈。交谈中，应随时注意听者的反应。比如，听者心不在焉，可能表示他对这段话没有兴趣，得设法转移话题；侧耳倾听，可能说明自己音量过小使对方难于听清；皱眉、摆头可能表示言语有不当之处。要根据对方的反应，适时地调整自己的语调、语气、音量、修辞以及陈述内容，这样才能取得良好的面试效果。

2. 应试者回答问题的技巧

（1）把握重点，简单明了，条理清楚，有理有据。一般情况下，回答问题要结论在先，议论在后，先将自己的主要意思表达清晰，再做叙述和论证。

（2）讲清原委，避免抽象。用人单位总是想了解应试者的一些具体情况，切不可简单地以"是"和"否"作答。应针对所提问题的不同，解释原因，说明度。不讲原委、过于抽象的回答，不会给主考官留下具体的印象。

（3）确认提问内容，切忌答非所问。面试中，如果对用人单位提出的问题，不知从何答起或难以理解时，可将问题复述一遍，并先谈自己对这一问题的理解，请教对方以确认问题。对不太明确的问题，一定要搞清楚，这样才能有的放矢，不会答非所问。

（4）有个人独到的见解。用人单位有时会接待若干名应试者，相同的问题问过若干遍，类似的回答也听过若干遍。因此，用人单位会有乏味、枯燥之感。只有具有独到的个人见解的回答，才会引起对方的兴趣和注意。

（5）知之为知之，不知为不知。面试时遇到自己不知、不懂、不会的问题，回避躲闪、默不作声、牵强附会、不懂装懂的做法均不可取，诚恳坦率地承认自己的不足之处，反倒会赢得主考官的信任和好感。

第二节　专升本——梦想的延伸

除了就业，专升本也是众多专科学生毕业后的选择之一。继续深造，不仅能够满足有志于专业研究的学生，而且可以"战略性"地规避目前严峻的就业形势。

一、什么是"专升本"

"专升本"即从高等学校普通专科应届毕业生中选拔优秀学生进入普通本科三年级学习，在普通本科高校修满两年，成绩合格后毕业，可获得本科文凭。

【案例直播】

陈馨是湖南某高职院校机电一体化专业的大三学生，临近毕业一直都没有参加任何单位或人才市场招聘会，她的目标就是参加"专升本"，继续到高等院校学习深造。可是她不清楚参加"专升本"考试必须要通过"高等学校英语应用能力考试"（A级），大学三年期间英语应用能力考试一直未拿到证书，这样不仅耽误了她的"专升本"考试，又耽误了地最佳的就业时间。

【温馨提示】

1. "专升本"选找范围与比例

"专升本"的选找范围为全省高等学校三年制普通专科应届毕业生，各高校推荐参加"专升本"选拔考试的人数为选找范围内各专业学生数的20%，选拔注册比例分校、分专业（按开入的本科专业分别计算）控制在参加选技考试学生总数的50%以内。

2. "专升本"推荐条件

（1）德智体全面发展；

（2）各科成绩平均分进入本专业当年毕业学生的前20%；

（3）非英语专业（音、体、美专业除外）学生必须获得高等学校英语应用能力考试（A级）证书或英语四级考试成绩达到426分以上；

推荐参加"专升本"选拔考试的学生需同时满足以上条件。

（4）应征入伍的在籍专科生在部队荣获三等功，退役后办理了复学手续并完成了专科阶段学习，取得高等学校英语应用能力考试（A级）证书或英语四级考试成绩达到426分以上的应届毕业生，可免试进入本科阶段学习。

二、专升本的目的

在专升本考试初期就不乏主动放弃的人，经过调查与分析得出，很多人放弃考试的原因在于目的不明确、信心不够坚定。当然，还有其他原因，如一部分学生已经就业。但是只要坚持不懈地努力，能够坚持到底的同学，最后大部分都取得了胜利。

【案例直播】

> 湖南某高职院校大三学生小何学的是机械设计与制造，他在大二之前从来没有考专升本的念头，可是临近毕业时，小何发现想找一个合适的工作不是一般的难。在无数次碰壁之后，他也打起了专升本的"主意"。抱着碰运气的心态，当年小何报了名，结果可想而知，当年小何不仅专升本没成功，工作也没有找到。

【温馨提示】

专升本的目的无外乎发现自己现在掌握的知识还不够，还想要掌握更多的知识，获得更高的学历，通过专升本来实现自己更多的愿望。部分高职院校学生踏上专升本这条路，有的就是看着身边的好朋友同学去考专升本，心痒痒的，自己也就跟风，想和他们一起去考，同时放弃自己的追求与人生规划。

考专升本最初的意义在于能够拓宽学生本身的视野，增大对社会的贡献等，仅仅从找好工作的角度出发，使得专升本失去了它原本的意义。总结起来，目前高职院校学生考专升本的动机主要包括以下几点：为了亲朋好友的期望和自己的荣誉；为了就业有保障；为了经历专升本的过程。

三、考专升本的准备过程

考专升本需要一个较长时间的准备过程，一旦决定考专升本，就要制定学习计划，每天坚持学习，直到考试的结束。

1. 时间准备

一般情况下，考生会报考自己学习的本专业，所以准备复习的时间可以短些，大致一个学期。

2. 定位准备

假如决定考专升本，就要考虑报考哪个学校的本科。在做出这个判断时，一方面要考虑自己的兴趣爱好和专业特长，另一方面要考虑就业的形势，因此要上网查阅相关资料。

3. 课程准备

目前，一般情况，下专升本试卷都是由所升入的本科院校出题，其中英语是公共课，属于必考科目。因此，在具体学校和专业没有确定之前，可先复习英语。

第三节　自主创业——彼岸的追求

又是一个绚烂的夏季，校园中迎来了莘莘学子的毕业季。走出校门时，大学生们应该如何走好自己今后的人生之路呢？如今，除了就业、专升本之外，自主创业逐渐成为毕业生的热门选择之一。

一、自主创业动因分析

近年来，随着自主创业热潮的不断升温，越来越多的学生加入了自主创业的队伍。每年的 9 月，一群群年轻懵懂又充满激情的孩子怀揣着缤纷的梦想，带着家人的期待和牵挂，整装出发。

【案例直播】

"选择创业的原因很现实——财务自由。"湖南某高职院校的毕业生小丽认为："创业的投入产出比最合算。"小丽喜欢算账，她会计算一个大学毕业生毕业后的月薪为 3500 元，需要多久才能在长沙买得起房子。她的答案是靠普通工薪几乎是不可能完成的任务。"没有伞的孩子必须努力奔跑"。她于是选择用创业这种奔跑方式获得"自由的天空"。

【温馨提示】

1. 工作时间自由

对于很多大学生来说，时间上的自由可以说是自主创业的最大动力。朝九晚五的工作时间并不是每一个人都可以适应的，老板说周末或者下班之后加班是经常有的事情，作为上班一族的你必须听从领导的安排。如果自己创业，时间上就相当自由了。

2. "创业"本身就是一种职业

很多大学生认为创业本身就是一种职业。自主创业可以给大学生一片更加广阔的天空，因此自主创业的大学生越来越多。另外，经济收入也是一个重要的因素，自主创业有可能给大学生带来良好的经济效益。

3. 实现自我价值

一些自我意识很强的大学生，选择自主创业是为了证明自己的能力。在一些企、事业单位，由于制度的约束，大学生无法按照自己的想法做事，自主创业则让大学生有一个空间来自由发挥，既可以实现自我价值，又能得到社会的认可。

4. 替别人打工不如为自己打工

一方面，大部分选择自主创业的学生认为自己的事业做起来会更有激情，会更加投入，从而更容易走向成功。另一方面，他们认为，即使创业失败，也是自己造成的，不会去怪别人，不会感到遗憾。

二、一般创业的过程

广义的创业过程通常包括一项有市场价值的商业机会从最初的构思到形成新创企业，以及新创企业的成长管理过程。狭义的创业过程往往只是指新企业的创建。一般来说，创业过程包括四个阶段。

(一)产生创业动机

创业动机是指引起和维持个体从事创业活动，并使活动朝向某些目标的内部动力。它是鼓励和引导个体为实现创业成功而行动的内在力量。说得通俗一点，创业动机就是有关创业的原因和目的，即为什么要创业。创业的动机大体上可以归为以下四类：对成就的需要、对独立性的偏好、控制的欲望、改变家庭和个人的经济状况。

(二)识别创业机会

创业开始于对某一个富有价值的创业机会的发现。面对众多看似有价值的创意，如何从中发现真正具有商业价值和市场潜力的机会，进而寻找与机会相匹配的发展模式，需要谨慎而独到的眼光，这是创业成功的基石。

自主创业要善于抓住好机会。把握住每个稍纵即逝的创业机会，便等于成功了一半。那么，怎样从众多的机会中寻找合适的创业机会，如何对创业机会进行评估，是创业者首先需要了解的问题。创业机会首先来自创意。通过调查，我们发现机会的途径有以下几点：

第一，从市场中发现机会。市场缺失常给人带来困扰，有困扰就迫切希望得到解决。如果能提供解决的办法，实际上就找到了机会。例如，没有时间买菜，就产生了送菜公司。这些都是从"负面"寻找机会的例子。消费者使用商品时常有不少困扰产生，如果能够针对这些购买商品时所感受到的不便，制造或提供给消费者更多的商品附加值，就可以发现创业的机会。

第二，从顾客的不满中发现机会。一个很好的创业机会也许就隐藏于顾客的抱怨或建议之中。如果顾客认为自己的需求没有得到满足或没有很好地得到满足，他们往往会基于对自己需求的认识而发出抱怨甚至提出建议。发现和评估新的市场机会，具体包括对市场机会的创新性、实际价值、风险与回报、个人能力和目标、市场竞争等方面的综合分析。

(三) 整合有效资源

资源是创业成长的重要基础。在创业过程中，如果没有足够的创业资源，即使出现了好的创业机会，创业者也难以迅速抓住这个机会，而有价值的机会往往是转瞬即逝的。我们将创业资源定义为创业过程中新创企业所需要的各种生产要素和支持条件。按照资源对企业成长的作用将其分为两大类：那些直接参与企业日常生产、经营活动的资源，称为要素资源；而那些虽然未直接参与企业生产，但是其存在极大地提高了企业运营有效性的资源，则称为环境资源。无论是要素资源还是环境资源，无论它们是否直接参与企业的生产，它们的存在都会对创业绩效产生积极的影响。因此，创业者应当积极吸收各类创业资源，同时借助资源整合工具，将其转化为企业的竞争优势。

(四) 创建创业企业

到创建创业企业这一阶段，创业就算是正式上路了。这一阶段包括选择适当的企业法律形式和正确的管理模式，明确创业成功的关键，及时发现运作中出现和可能出现的问题，并完善相应的管理和控制系统，确保企业或店铺的正常运作和健康成长。

三、大学生自主创业贷款申请

在明确了自主创业的动因后，接下来要做的就是进行自主创业贷款申请了。这一步是自主创业的关键,申请者需要从申报材料、商业贷款审核等多方面进行准备,保证申请成功。

【案例直播】

> 小强是某高职院校大二学生,他从小就有一个"自主创业梦"。上了大学之后,他开始着手准备自主创业。可是对于自主创业贷款的基本流程,小强完全不清楚,而网上的流程介绍又过于简单,这让他十分苦恼。

【温馨提示】

1. 申请条件

(1)在读大学生以及毕业两年以内的大学生;

(2)大专以上学历。

2. 贷款期限

国家为大学毕业生提供的小额创业贷款是政府贴息贷款,贷款额度为5万元。贷款期限最长为两年。

3. 贷款方式

大学毕业生自主创业的小额贷款方式为担保、抵(质)押贷款。

4. 有关说明

具体操作办法可向当地劳动和社会保障局咨询。此外,针对大学生自主创业还有其他优惠政策,例如从事个体经营的,一年内免交工商登记类和管理类行政事业性收费;自主创业、自谋职业者还可将户口档案托管在大中专毕业生就业指导服务中心。对于大学毕业生自主创业的各项具体政策应向有关部门咨询。

5. 申请材料的准备

在申请此类贷款时,有三点比较重要:

(1)大学生创业贷款申请者年满十八周岁,具有合法有效身份证明和贷款行所在地大学生合法居住证明,有固定的住所或营业场所;

(2)营业执照及经营许可证,稳定的收入和还本付息的能力;

(3)最重要的一点,就是创业者所投资项目已有一定的自主资金。

具备以上条件的方能向银行申请,申请时需要提供的资料主要包括婚姻状况证明，个人或家庭收入及财产状况等，还款能力证明文件；贷款用途中的相关协议、合同；担保材料，涉及抵押品或质押品的权属凭证和清单，银行认可的评估部门出具的抵(质)押物估价报告。

除了书面材料以外就是要有抵押物。抵押方式较多，可以是动产、不动产抵押；定期存单、有价证券、流通性较强的动产质押；符合要求的担保人担保。发放额度根据具体担保方式决定。

6. 贷款金额要求

创业贷款金额要求：一般最高不超过借款人正常生产经营活动所需要流动资金、购置小型设备以及特许连锁经营所需要资金总金额的70%。期限一般为2年，最长不超过3年，其中生产经营性流动资金贷款期限最长为1年。

个人贷款执行中国人民银行颁布的期限贷款利率，可在规定的幅度范围内上下浮动。

7. 贷款偿还方式

(1) 贷款期限在一年(含一年)以内的个人创业贷款，实行到期一次还本付息，利随本清；

(2) 贷款期限在一年以上的个人创业贷款，贷款本息偿还方式可采用等额本息还款法或等额本金还款法，也可按双方商定的其他方式还款。

图书在版编目(CIP)数据

湖南艺术职业学院学生教育读本 / 曹志超，韩云剑主编. —长沙：中南大学出版社，2020.8(2023.9 重印)

ISBN 978-7-5487-4118-3

Ⅰ. ①湖… Ⅱ. ①曹… ②韩… Ⅲ. ①大学生－入学教育－高等职业教育－教材 Ⅳ. ①G645.5

中国版本图书馆 CIP 数据核字(2020)第 147309 号

湖南艺术职业学院学生教育读本
HUNAN YISHU ZHIYE XUEYUAN XUESHENG JIAOYU DUBEN

主编 曹志超 韩云剑

□**责任编辑** 刘 莉 郑 伟
□**责任印制** 李月腾
□**出版发行** 中南大学出版社

      社址：长沙市麓山南路   邮编：410083

      发行科电话：0731-88876770   传真：0731-88710482

□**印 装** 湖南省汇昌印务有限公司

□**开 本** 710 mm×1000 mm 1/16   □**印张** 23   □**字数** 420 千字
□**版 次** 2020 年 8 月第 1 版   □**印次** 2023 年 9 月第 3 次印刷
□**书 号** ISBN 978-7-5487-4118-3
□**定 价** 45.00 元